Im Osten erwacht die Geschichte

Im Osten erwacht die Geschichte

Essays zur Revolution in
Mittel- und Osteuropa

Herausgegeben von Frank Schirrmacher

Deutsche Verlags-Anstalt
Stuttgart

CIP-Titelaufnahme der Deutschen Bibliothek

Im Osten erwacht die Geschichte :
Essays zur Revolution in Mittel- und Osteuropa /
hrsg. von Frank Schirrmacher. –
Stuttgart : Deutsche Verlags-Anstalt, 1990
ISBN 3–421–06577–2
NE: Schirrmacher, Frank [Hrsg.]

© 1990 Deutsche Verlags-Anstalt GmbH, Stuttgart
Alle Rechte vorbehalten
Typographische Gestaltung: Christine Wegener
Gesamtherstellung: Friedrich Pustet, Regensburg
Printed in Germany

Inhalt

Vorwort 9

Die Idee von Europa

Susan Sontag Europa 13
Noch eine Elegie

György Konrád Der verbale Kontinent 19
Über die unsichtbare europäische Republik

Karl Schlögel Der dramatische Übergang zu einer
neuen Normalität 27
Europa am Ende der Nachkriegszeit

Zum Stand der deutschen Dinge

Michel Tournier Das Land mit dem Janusgesicht . . . 43
Über das komische und über das tragische Deutschland

Über das Aussprechen der Wahrheit 49
Gorbatschows Besuch zum vierzigsten Jahrestag der DDR

Es gibt wieder Hoffnung 57
Deutschland am 9. November 1989

Kurt Masur Man darf nicht schon wieder verfälschen 68
Über den 9. Oktober in Leipzig

Brigitte Seebacher-Brandt Die Linke und die Einheit 74
Unwägbarkeiten der deutschen Geschichte

Günter Kunert Traumverloren 80
Die Idee des Sozialismus scheitert

Martin Walser Zum Stand der deutschen Dinge 85
Vom schwierigen Umgang mit der sanften Revolution

Joachim Fest Schweigende Wortführer 94
Überlegungen zu einer Revolution ohne Vorbild

Helga Königsdorf Bitteres Erwachen 103
Zwischenbilanz zur Lage in der DDR

Johannes Gross Mißtrauen gegen die Freiheit 106
Was die deutsche Vereinigung bedeutet

Karl Heinz Bohrer Warum wir keine Nation sind . . . 111
Warum wir eine werden sollten

Peter Glotz Warum wir eine Nation sind 126
Eine Antwort auf Karl Heinz Bohrer

Christian Meier Der Preis der Gewaltlosigkeit 133
Über die »Revolution« in der DDR

Andrzej Szczypiorski Wo ist die Grenze? 143
Polnische Ansichten zur deutschen Frage

Im Osten erwacht die Geschichte

Hans Magnus Enzensberger Die Helden des Rückzugs   151
Brouillon zu einer politischen Moral der Macht

Pierre Bourdieu Im Osten erwacht die Geschichte . . 159
Die Revolution und die Befreiung der Worte

Andrzej Szczypiorski Politisches Dasein und
geistiges Leben 163
Über die Bedeutung der polnischen Kultur

Angel Wagenstein Im Land der erschossenen Dichter   171
Die Rolle der Literatur und Kultur in Bulgarien

Jacqueline Hénard Die Toten erwachen 179
Bulgariens Umgang mit der Vergangenheit

Milan Šimečka Nach dem Verglühen der
revolutionären Ideen 184
Die Tschechoslowakei in Europa

Mircea Dinescu Ich gebe bekannt, daß ich noch
leben will 192
Offener Brief aus dem Arrest

Mircea Dinescu Die geknebelte Existenz eines Volkes . 196
Zwanzig Millionen Rumänen ohne Öffentlichkeit

Werner Söllner Eine Idee schießt 204
Rumänien nach den Massakern in Temeschburg und Arad

Herta Müller Der Preis des Tötens 208
Rumänien – Massaker und Tribunale

Frank Schirrmacher Aufstieg aus der Unterwelt 212
Die Revolution in Bukarest

György Dalos Der literarische Hyde Park 218
Die neue Lage der Schriftsteller in Ungarn

Frank Schirrmacher Jeder ist mit seiner Wahrheit
allein 225
Die Schriftsteller und die Revolution

Die Autoren 235

Vorwort

Europa – das war lange Zeit die ewige Wiederkehr der gleichen Rituale, die Stagnation, die ständige Wiederholung. Jahrzehntelang schien die Geschichte stillzustehen – jetzt ist sie erwacht. Innerhalb von Monaten entstand ein neuer Kontinent, ein neues Europa, in dem die kommunistischen Diktaturen entmachtet und alte Trennungen überwunden sind. Atemlos hat die europäische Öffentlichkeit die Ereignisse des Jahres 1989 verfolgt. Daß sie dabei nicht zum Nachdenken kam, ist eine Legende. Denn während sich die Welt änderte, haben eine Reihe der bedeutendsten europäischen Künstler und Intellektuellen die Ereignisse bedacht und kommentiert. Ihre Einsichten, Vermutungen und Deutungen sind in diesem Band versammelt.

Schriftsteller und Philosophen, die sich plötzlich in der Politik wiederfanden, kommen zu Wort. Sie gehören zu jenen, die die Revolution in Mittel- und Osteuropa vorbereiteten und auslösten: Mircea Dinescu schreibt über Rumänien, Andrzej Szczypiorski über Polen, Milan Šimečka über die Tschechoslowakei, György Konrád über Ungarn. Andere, wie Martin Walser oder Günter Kunert, denken über die spezifische Situation Deutschlands nach; Michel Tournier zeichnet aus französischer Sicht ein ungewöhnliches Bild der deutschen Verhältnisse. So stehen Intellektuelle aus Ost und West im Gespräch über Europa. Sie reden, wie Mircea Dinescu, aus der unmittelbaren revolutionären Situation. Sie reflektieren, wie Hans Magnus Enzensberger, über die alten und neuen Helden dieses neuen Kontinents, und sie erzählen gemeinsam noch einmal die Geschichte des europäischen Gedankens.

Alle Aufsätze entstanden zunächst für das Feuilleton der »Frankfurter Allgemeinen Zeitung«. Sie sind deshalb nicht nur Analysen, sondern bilden zugleich einen zeitgeschichtlichen Kalender des bewegendsten Jahres der europäischen Nachkriegsgeschichte.

Frankfurt am Main im August 1990
F. S.

Die Idee von Europa

Susan Sontag

Europa

Noch eine Elegie

Die Idee von Europa? Was Europa für mich bedeutet? Es bedeutet nicht: das Europa des Eurobusiness, der Eurodollars – die Europäische Möchtegern-»Gemeinschaft«, die den einzelnen Ländern des kapitalistischen Westeuropas helfen soll, »den gewaltigen wirtschaftlichen Herausforderungen des späten zwanzigsten Jahrhunderts gewachsen zu sein« (ich zitiere aus der »International Herald Tribune«), das Europa des Eurokitsches, der dort als Kunst und Literatur gefeiert wird, das Europa der Eurofestivals und Euroausstellungen, des Eurojournalismus und Eurofernsehens. Dieses Europa verformt unwiderruflich das Europa, das ich liebe, die vielstimmige Kultur, in deren Traditionen ich arbeite und nach deren besten, einschüchternden Maßstäben ich meine eigenen ausrichte.

Amerika ist gewiß von Europa nicht völlig getrennt – obwohl es Europa viel weniger ähnlich ist, viel »barbarischer«, als viele Europäer glauben. Wie die Mehrheit meiner Landsleute bin ich europäischer Abstammung, genauer europäisch-jüdischer Abstammung: Meine Urgroßeltern wanderten vor hundert Jahren aus dem heutigen Polen und Litauen in den Nordosten der Vereinigten Staaten aus. Daher habe ich vielleicht Bindungen an Europa, die leichter zu erneuern sind als die vieler anderer Amerikaner europäischer Abstammung. Doch kümmert mich weniger, was Europa für mich als Amerikanerin bedeutet. Mich interessiert, was es für mich als Schriftstellerin bedeutet, als eine Bürgerin der Literatur – und das ist eine internationale Staatsbürgerschaft.

Wenn ich sagen sollte, was Europa für mich als Amerikanerin bedeutet, würde ich mit »Befreiung« anfangen. Befreiung von dem, was in Amerika Kultur heißt. Die Vielfalt, der Ernst, der Anspruch, die Dichte der europäischen Kultur sind ein Archimedischer Punkt, von dem aus ich im Geiste die Welt aus den Angeln heben kann. Das kann ich von Amerika aus nicht – nicht von dem aus, was mir die amerikanische Kultur an Wertmaßstäben vermacht. Europa ist daher unabdingbar für mich, wesentlicher als Amerika, obwohl ich durch all meine Europa-Aufenthalte nicht heimatlos wurde.

Selbstverständlich bedeutet Europa viel mehr als Vielfalt, verblüffender Reichtum, Freuden, Werte. Sowohl seine überkommene Realität – zumindest seit dem Lateinischen Mittelalter – als auch seine beständigen, oft heuchlerischen Ansprüche haben »Europa« zu einem modernen Schlachtruf für politische Einigung gemacht, der noch jedes Mal die Unterdrückung und Auslöschung kultureller Unterschiede sowie die Konzentration staatlicher Macht förderte. Man darf keinesfalls vergessen, daß nicht nur Napoleon, sondern auch Hitler ein gesamteuropäisches Ideal proklamierte. Die Nazipropaganda im besetzten Frankreich zeigte Hitler als Europas Retter vom Bolschewismus, von den russischen oder asiatischen Horden. Das Schlagwort »Europa« wurde oft mit der Verteidigung der »Zivilisation« gegen fremde Völkerschaften verbunden. In der Regel hieß Verteidigung der Zivilisation Ausdehnung der militärischen Macht und der wirtschaftlichen Interessen eines einzelnen europäischen Landes, das mit anderen europäischen Ländern um Macht und Reichtum rang. Der Begriff »Europa« diente dann der moralischen Rechtfertigung der Hegemonie eines einzelnen europäischen Landes über weite außereuropäische Gebiete.

In dem Bestreben, Nicht-Juden davon zu überzeugen, daß ein jüdischer Staat in Palästina wünschenswert sei, erklärte Theodor Herzl: »Wir werden ein europäisches Bollwerk gegen Asien sein und die Rolle einer kulturellen Vorhut gegen die Barbaren übernehmen.« Ich zitiere diesen Satz aus Herzls »Judenstaat« nicht, um (wie in letzter Zeit üblich) gegen Israel zu hetzen. Ich will betonen, daß praktisch jeder Akt der Kolonisierung durch ein europäisches Volk im 19. und frühen 20. Jahrhundert als eine Ausdehnung der moralischen Grenzen der – europäischen – »Zivilisation« verstanden und als Eindämmung der Fluten der Barbarei gerechtfertigt wurde.

Lange Zeit war sogar der Begriff »universaler« Werte, weltweiter Institutionen, eurozentrisch. In einem gewissen Sinn war die Welt tatsächlich einmal eurozentrisch. Jenes Europa ist »die Welt von Gestern«, wie Stefan Zweig seinen Abgesang auf Europa betitelte. Diese Erinnerungen schrieb er vor fast einem halben Jahrhundert, nachdem dieser hervorragende Europäer gezwungen war, aus Europa vor einer triumphierenden Barbarei zu fliehen, die im Herzen Europas selbst gewachsen war. Man sollte meinen, der Begriff »Europa« sei völlig diskreditiert, zuerst durch Imperialismus und Rassismus, heute durch die Imperative eines multinationalen Kapitalismus. Dem ist nicht so. (Auch der Begriff der Zivilisation ist noch verwendbar, obwohl viele kolonialistische Greueltaten in seinem Namen begangen werden.)

Kulturell am lebendigsten ist die Idee von Europa in der Mitte und im östlichen Teil des Kontinents, wo Staatsbürger von Ländern, die dem anderen Imperium angehören, um ein bißchen Autonomie kämpfen. Ich beziehe mich auf die Diskussion über Mitteleuropa, die von Milan Kunderas wegweisendem Essay vor einigen Jahren begonnen und mit Aufsätzen und Manifesten von Adam Zagajewski, Václav Havel, György Konrád und Danilo Kiš fortgesetzt wurde. Für Polen, Tschechen, Ungarn und Jugoslawen (aus anderen Gründen sogar für Österreicher oder Deutsche) hat die Idee von Europa offensichtlich subversive Bedeutung. Das höchste Ziel der kulturellen und letztlich politischen Gegen-Hypothese eines Mitteleuropa – und im weiteren Sinne eines Europa – ist ein europäisches Friedensabkommen, welches die Rivalität der Supermächte aushöhlen würde, die unser aller Leben als Geiseln hält. Die Ränder der beiden Imperien dort, wo sie in Europa aufeinanderstoßen, durchlässig und weich werden zu lassen läge in jedermanns Interesse... Damit meine ich die, welche glauben, daß es ihren Großenkeln möglich sein sollte, Großenkel zu haben.»Solange es unmöglich ist, von Budapest nach Wien zu einem Opernabend zu gehen, und zwar ohne besondere Genehmigung«, hat Konrád geäußert, »kann man nicht behaupten, daß wir im Friedenszustand leben.«

Haben wir Amerikaner irgend etwas, was dem romantischen Projekt der Mitteleuropäer vergleichbar wäre, diesem Traum vom Europa kleiner Nationen, die frei miteinander kommunizieren können und ihre Erfahrung, ihre große staatsbürgerliche Reife und den Reichtum ihrer Kultur zusammenfließen lassen? Könnte Europa für uns, die wir von Kontinent zu Kontinent fliegen können, ohne eine Genehmigung für einen Opernabend einzuholen, soviel bedeuten? Oder ist die Idee von Europa schon obsolet geworden durch unseren Wohlstand, unsere Freiheit, unsere Selbstsucht?

In einer Hinsicht scheinen europäische und amerikanische Erfahrung vergleichbar. Das liegt vielleicht an dem deutlich fühlbaren Verlust europäischen Einflusses auf beiden Seiten der Imperien. Die neue Idee von Europa ist nicht eine der Ausdehnung, sondern des Rückzugs: der Europäisierung nicht des Rests der Welt, sondern – Europas. Unter Polen, Ungarn und Tschechen ist »Europa« ein nicht gerade behutsamer Slogan zur Einschränkung der Macht und kulturellen Vorherrschaft der plumpen, erdrückenden russischen Besatzer. Im wohlhabenden Europa, in dem wir uns nicht beklagen müssen, voneinander abgeschnitten zu sein, gibt es eine andere Sorge: Europa nicht europäisch machen, sondern europäisch erhalten – natürlich eine verlorene Schlacht.

Während die hochgebildeten Schichten Mitteleuropas unter einer grotesken Isolation und Rationierung kultureller Kontakte leiden, sind sie in Westeuropa von unaufhörlichen, isolierenden Beimischungen fremder Gebräuche bedrängt. Unter den Taxifahrern in Frankfurt gibt es Sikhs, und in Marseille stehen Moscheen. Bald werden die einzigen einigermaßen homogenen Länder in Europa die armen sein, wie Portugal oder Griechenland, dazu die mitteleuropäischen Länder, die nach vierzig Jahren von Moskau dirigierter Planwirtschaft verarmt sind. Durch den ständigen Zustrom von Ausländern in die wohlhabenden europäischen Länder kann das Schlagwort »Europa« wieder einen unschönen Klang bekommen.

Europa, ein Exerzitium in Nostalgie? Ist Anhänglichkeit an Europa, als schriebe man weiter mit der Hand, auch wenn längst jedermann eine Schreibmaschine benutzt? Es ist bemerkenswert, daß eine ernst zu nehmende Idee von Europa ausgerechnet in Ländern blüht, deren starres, furchterregendes, militarisiertes System autoritärer Herrschaft und schlecht funktionierender Volkswirtschaften sie beträchtlich weniger modern, weniger wohlhabend und ethnisch homogener macht als den westlichen Teil des Kontinents. Ein modernes Europa – häufig irrtümlich ein »amerikanisiertes« Europa genannt – ist sicherlich viel weniger europäisch.

Einige Japan-Aufenthalte in den vergangenen zehn Jahren haben mir gezeigt, daß das »Moderne« nicht gleichbedeutend mit amerikanisch ist. (Die Gleichsetzung von Modernisierung mit Amerikanisierung und umgekehrt ist vielleicht das letzte eurozentrische Vorurteil.) Das Moderne hat seine eigene Logik – befreiend und ungeheuer zerstörerisch –, welche die Vereinigten Staaten nicht weniger als Japan und die wohlhabenden europäischen Länder verändert. Inzwischen hat sich das Zentrum verlagert. Los Angeles ist zur östlichen Hauptstadt Asiens geworden, und ein japanischer Unternehmer, der neulich von seinen Plänen erzählte, eine amerikanische Niederlassung im »Nordosten« zu errichten, meinte damit nicht Massachusetts, sondern Oregon. Es gibt eine neue kulturelle und politische Geographie, die synkretistisch sein wird – und zunehmend zerstörerisch für die Vergangenheit. Der vorherrschende Teil Europas wird künftig ein Euro-Land sein, ein Märchenpark in der Größe von Nationen, ein abrufbares Playback, das Einheimische ebenso gierig konsumieren wie Touristen (in Europa ist längst jeder ein Tourist).

Darin werden kleine Europas überleben, in der Form von innerer Emigration oder Isolation. Was bleibt von dem Europa der großen Kunst und des sittlichen Ernstes, der Werte von Intimität und Innerlichkeit und einem nicht von Lautsprechern übertragenen, nicht von Maschinen gemachten Diskurs: von dem Europa, das die Filme Krzysztof Zanussis, die Prosa Thomas Bernhards, die Lyrik Seamus Heaneys und die Musik Avro Pärts ermöglicht? Dieses Europa besteht immer noch und wird für einige Zeit weiterbestehen. Doch es wird mehr und mehr zu einem Geheimnis werden. Und eine wachsende Zahl seiner Bürger und Anhänger werden sich als Emigranten, Exilierte, Fremde verstehen.

Was wird dann mit unseren europäischen Wurzeln geschehen, den materiellen und den geistigen? Ich kann mir keine tröstlichere Antwort darauf denken als die, die eine im Ausland lebende amerikanische Schriftstellerin gab: Auf die Frage, ob sie nach vierzig in Frankreich verbrachten Jahren nicht besorgt sei, ihre amerikanischen Wurzeln zu verlieren, sagte Gertrude Stein – und ihre Antwort war vielleicht eher jüdisch als amerikanisch –: »Aber wozu sind Wurzeln gut, wenn man sie nicht mitnehmen kann?«

28. Mai 1988

György Konrád

Der verbale Kontinent

Über die unsichtbare europäische Republik

Ach, Europa! Eine Stadt an der anderen, hier auf diesem Erdteil entfallen auf einen Quadratkilometer die meisten menschlichen Werke und geschichtlichen Erinnerungen. Hier entwickelte sich das denkende Ich zum wichtigsten Objekt des Denkens. Hier wird uns am stärksten bewußt, daß das Ich und die Welt nicht eins sind. Keineswegs sehnen wir uns aus dieser gegliederten Welt zurück in die ewigeinzige Vollkommenheit.

Was anderswo absolut ist, hier relativiert es sich. Unser Verstand gibt sich nicht zufrieden mit einer eindimensionalen Erklärung. Wir haben gelernt, keiner einzigen menschlichen Behauptung restlos Glauben zu schenken. Wir artikulieren uns, wir führen Tagebuch, wir rechtfertigen und wir kritisieren uns, die Geschehnisse hinterlassen schriftliche Spuren. Von hier aus nahm die Gewohnheit ihren Ausgang, daß wir Beschreibung und Beurteilung voneinander trennen oder daß wir versuchen, uns in die Lage eines anderen Menschen zu versetzen, bevor wir moralische Urteile fällen.

Dem Nachdenken über uns legen wir das europäische Text- und Bilderbe zugrunde. Wir besitzen gemeinsame literarische Helden, von ihnen beziehen wir unser Selbstbewußtsein. Wir leben in einer Mythologie, die uns die Autoren hinterlassen haben. Die Tradition verehren wir, allerdings ohne uns ihr zu beugen. Das Konservative und das Radikale sind untrennbar voneinander. Unsere großen Antinomien stellen wir in Kunstwerken, also überzogen, dar.

In immer wieder neuem Gewande stellen wir uns die alten Fragen. Unlösbar bleiben sie, und das ist das Schöne an ihnen.

Die vielsprachige europäische Literatur ist eine ziemlich komplexe Konversation. Auch wenn bedeutende Bücher der kleinen Nationen nicht übersetzt sind, so ist ihre Literatur dennoch europäisch. In ein und demselben Bücherregal stehen sie in einem wechselseitigen Strahlungsverhältnis mit den in die Nationalsprachen übersetzten ausländischen Klassikern, den bekannteren Zeitgenossen. Die Übersetzer sind die klassischen Europäer, durch sie verstehen wir uns gegenseitig. Das europäische Interesse ist empfänglich für den geheimnisvollen Geschmack der Minoritäten, der Völker und der Individuen. In dem einen Dorf herrschen andere Bräuche als im Nachbardorf. Der Kult der rohen Gewalt, der militärischen Stärke neigt sich dem Untergang zu, die Autonomie des kleinen Volks dagegen, die Autonomie des Unternehmers und des Schriftstellers erweisen sich als aufstrebender Wert.

Fundamentalistische Gleichartigkeit ist eine europafeindliche Idee. Wir wollen die Welt nicht in Weiß und Schwarz einteilen, das ist es ja gerade, wogegen wir uns von Anfang an empört haben, daß wir alles entweder für tugendhaft oder für sündhaft zu halten hätten. Europäisch ist, was vielsprachig ist, was viele Gattungen hat, was mehrdimensional ist. Die Künste und die Wissenschaften wollen der eigenen Anschauungsebene ein selbständiges Gepräge geben, sie erheben Anspruch auf die Würde einer eigenen Entwicklung, und auch die Werke sind individuell bestimmt. Wir bejahen jenes gewisse Etwas, welches sich mit einem Etikett nicht versehen läßt, welches jenes neugeborene Werk wäre, von dem die Eltern nicht wissen, was aus ihm werden wird. Wir bereiten uns darauf vor, daß es von der Mehrheit für ein Ungeheuer gehalten wird, obgleich es lediglich eigenartig ist.

Irgendwie werden hier die Liebe, das Essen, die Wirtschaft und die Politik von mehr Worten, Überlegungen, Zitaten und Analysen begleitet als anderswo. Der wortkarge Mann, der geht, seine Sache macht und nicht mehr als tausend

Wörter benutzt, ist nicht in dieser Region zum Kinohelden avanciert. Wären wir so schweigsam wie die großen Zen-Buddhisten, dann gäbe es in unseren Bibliotheken nicht so viele Bücher. Europa ist ein verbaler Kontinent.

Ich brauche eine eigene, eine private, eine für mich als einzelnen zugeschnittene Weltanschauung, die mir eingibt, wann ich Entscheidungen zu treffen habe. In meiner Widerstandsfähigkeit brauche ich eine gute Kondition, um die Gefahren zu überleben. Die eigene Weltanschauung ist mein unantastbares Privateigentum. Es kann nicht enteignet, es kann nicht verstaatlicht werden. Diese Investition ist sicherer als eine Eigentumswohnung. Ein zivilisierter Mensch braucht eine eigene Weltanschauung ebenso wie einen eigenen Namen, eine Zahnbürste und ein Arbeitszimmer. Wer keine eigene Weltanschauung besitzt, ist arm dran. Man muß nicht unbedingt Philosoph sein, um eine eigene Weltanschauung zu haben. Ich kann sie mir nicht von anderen machen lassen, um mich selbst zu entlasten, ebenso wie ich auch meine Liebe und meinen Tod nicht auf andere abwälzen kann. Meine Weltanschauung kann ich nicht einem bestimmten oder gar mehreren Büchern entnehmen, prägend sind höchstens meine eigenen Entscheidungen. Jedes Phänomen, mit dem ich konfrontiert werde, interpretiere ich mittels meiner gesamten Biographie. Folgend aus der absoluten Komplexität der menschlichen Persönlichkeit, begegnen sich Wissen und Moral im Begriff des Verstehens.

Im neunzehnten Jahrhundert überließ sich die europäische Intelligenz, von der Kirche im achtzehnten Jahrhundert kaum unabhängig geworden, dem Kult des Nationalstaats, dem sakralen Etatismus. Damit lieferte sie sich der Bürokratie und der Armee aus. Auch der linke Universalismus mündete in Etatismen und verausgabte sich geistig dadurch. Während sich die Welt ausdehnte, engte sich der geistige Horizont infolge des wuchernden Etatismus ein. Im vergangenen Jahrhundert kristallisierte sich der Nationalstaat als religiöser Wert heraus. Solange der Nationalstaat heilig ist, so lange herrschen die Politiker im allzu weitgehenden Sinne des Wortes. Wohl gab es zu allen Zeiten auch eine Minderheit, die die Staatskultur als geistiges Verlies empfand und selbst dann noch an den geistigen Aufgaben des europäischen Humanismus weiterarbeitete, als die Mehrheit dem Wahnsinn verfallen war.

Wir brauchen eine neue, eine universale Weltanschauung. Der Schutz der grundlegenden Menschenrechte ist der neue Humanismus des zweiten Jahrtausends. Diese neue Anschauung ist konvertibel, sie läßt sich in jede Sprache und Sensibilität übertragen. Die Philosophie der Menschenrechte verläuft quer durch die politischen Familien. Ob rechte oder linke Phrasen rechtfertigen, daß jemand oder etwas zum Schweigen gebracht werden muß, ist gleichgültig.

Nach so vielen verschiedenen Beschädigungen sehe ich keinen Grund, weshalb ich den Begriff des Humanismus im Sinne der Verteidigung der Menschenrechte nicht benutzen sollte. Ich verstehe darunter die Weltanschauung der menschlichen Art. Grundthese dieser Weltanschauung ist ein Sein jeglichen menschlichen Lebens als ebenbürtig absoluter Wert. Es gibt keine Gemeinschaft – weder eine religiöse noch eine nationale, weder eine politische noch eine soziale –, die das Recht zur Definition des Humanismus für sich beanspruchen könnte. Das Gesetzbuch unseres Humanismus ist die Weltliteratur, und was von ihr in unserer Muttersprache geschrieben worden ist, steht unserem Herzen näher. Jede exaktere Gesetzesauslegung verwerfe ich.

Grundfeste meiner Philosophie ist die Einzigartigkeit der menschlichen Person. Diese Eigenartigkeit halte ich für ein göttliches Attribut. Niemand ist ersetzbar. Die Blitze des Heiligen und des Profanen durchzucken sich gegenseitig; in der Literatur sind sie voneinander nicht zu trennen. Lassen sie sich dennoch voneinander trennen, so ist der Text unredlich. Die U-Bahn ist ebenso ein heiliger Ort wie die Kathedrale. Jedes heilige Buch ist profan, die Ambitionen des Autors liegen ihm zugrunde. Die gesamte Weltliteratur ist eine einzige Offenbarung. Religion, Politik und Wissenschaft haben ihre unpersönlich erhabene Sprache. Alle geben sie zu verstehen, daß nicht eigentlich sie es sind, die da sprechen, sondern eine universale Autorität. Literatur? Hier spricht der Autor. Für jedes Wort übernimmt er die Verantwortung. Auf eine wie auch immer geartete Autorität beruft er sich nicht. Dies ist ein anderer Geist als jener, der in der Armee oder in der Beamtenschaft herrscht. Während des Schreibens bist du allein, und du bestehst nicht unbedingt darauf, mit einem jeden einer Meinung sein zu müssen.

Zwei absolute Pole gibt es, die Menschheit und das Individuum. Gemessen an diesen beiden Polen ist der Wert der Gemeinschaften relativ. Jegliche Gruppierung von Individuen ist zweifelhaft. Von Eigenlob behaftet ist meist ein affirmatives Verbundensein mit der Existenz derjenigen Gemeinschaft, der du angehörst. Das Vergnügen an diesem Verfahren ist die Möglichkeit, andere aus dieser angeblich phantastischen Gemeinschaft auszuschließen.

In Budapest zu leben heißt für mich, daß ich mich mit dem einen Kopf dem Osten und mit dem anderen dem Westen verschrieben habe. Wir leben hier an der Westflanke des Ostens, an der Bruchlinie zweier Zivilisationen, wo man infolge eines praktischen Relativismus nicht umhin kann, Werte und Institutionen miteinander zu vergleichen. Im östlichen Mitteleuropa sind West und Ost beisammen, verwickelt in ein beharrliches Ringen miteinander – rationale Kritik und Ständehierarchie. Sowohl im System als auch in uns, in unserer gesamten Kultur. Nichts davon läßt sich verleugnen, und dadurch ist unsere Sicht der Dinge paradox. Hierin ist zugleich unsere Besonderheit zu sehen.

Nirgendwo sind wir wirklich zu Hause. An unserem ständigen Wohnort verspüren wir Sehnsucht nach etwas Unerfindlichem. Eine glückliche Entfaltung, einen gesunden Kampf, eine schöne Partie gibt es in unserer Region nicht. Die Begabungen können sich nicht in ihrer vollkommenen Pracht vorstellen; still und fast erstickt schwelen sie. Unser Zuhausesein ist immer ein bißchen bedrückend, unser Fernsein von zu Hause ist immer ein bißchen Heimatlosigkeit. Die Lage des Kontinents erscheint uns absurder als anderen, die westlich oder östlich von uns leben. Mit der bestehenden Lage sind wir nicht zufrieden. Die bestehende Lage begreifen wir als permanente Krise, komplizierte Krankheit, Rückschritt und Angst. Solange unsere Lage so bleibt, wie sie ist, wird es in Europa keinen stabilen Frieden geben.

Das Geflecht Europas setzt sich teils aus den einzelnen Staaten zusammen, teils aus dem, was sie durchströmt – unterhalb und oberhalb, außerhalb und innerhalb. Eine symbolische, dennoch aber nicht zu vernachlässigende Bedeutung könnte es haben, wenn wir uns zu Bürgern einer unsichtbaren europäischen Republik erklärten, mit anderen Worten: zu europäischen Republikanern. Das wäre weder mehr noch weniger als eine ideologische Erklärung. In der Literatur gibt es schon jetzt keine zwei Europa mehr.

Unschuldig sind wir nicht. Hinter jedem Terror sind die Autoren als Ideenlieferanten auszumachen. Mit ihren Irrtümern und Feigheiten haben sich die Bücherschreiber an den großen Finsternissen der Weltgeschichte mitschuldig gemacht. Die Lagerwelt besitzt ihren eigenen kulturellen Mondhof. Es gibt Pupillen, die den Wachturm nicht sehen, sondern nur den Schmetterling.

Die Praxis der Erinnerung ist mein Beruf, ein Anhänger des Vergessens bin ich nicht. Meine Handlungen passe ich höflich den mich umgebenden Menschen an, meine Gedanken nicht. Von der kollektiven Eigenliebe, die den Haß des Andersartigen auf ihre Fahne geschrieben hat, distanziere ich mich. Ich bleibe bei meiner geistigen Hausmannskost. Persönlichsein und Korrektsein sind mit den offiziellen Weltanschauungen unvereinbar. Engagement gleicht einem großen Verzicht, denn gerade die Emphase des Denkens mit all seinen Möglichkeiten verleiht dem Text intellektuelle Schönheit.

Die Menschen wissen nicht, wozu sie von der Sprache verführt werden. Ideologien, mit leidenschaftlicher Logik in die Tat umgesetzt, bewirken höllische Geschehnisse, die sich weder von den Opfern noch von den Tätern vorausahnen lassen. Deren satanische Quelle solltest du nicht in der Tiefenpsychologie suchen, sondern vielmehr im kollektiven Über-Ich. In den Ideologien, in den Texten, in den Rechtfertigungen. Menschen, die töten wollen, gibt es immer zur Genüge. Aber nicht immer erhalten sie dafür einen Legitimationstext. Sie töten erst dann, wenn es ihnen von der Autorität befohlen wird oder wenn sie wenigstens durch ein Augenzwinkern dazu ermutigt werden. Die großen Schändlichkeiten brauchen immer begabte Autoren und eine idealistische Jugend. Voran die Fahne, dahinter das Massengrab. Für eine Weile graut es den Menschen dann vor dem Blut.

Es reift die zivile Gesellschaft Europas heran. Eine Gesellschaft von Zivilisten, die sich jeglicher Uniform verweigern, die sich jedwedem Klischee entziehen. Die internationale Gesellschaft ist die Assoziation der internationalen Intelligenz. Hierin ist ein jeder durch sein persönliches Recht anwesend. Nicht als Vertreter, nicht als Abgesandter einer Institution. Gerade deshalb ist diese Gesellschaft eine ziemlich stabile Macht. Sie kann nicht abberufen, nicht abgelöst werden. In Ost und West gleichermaßen tastet sich die Intelligenz an die Ideologie der zivilen Gesellschaft heran. Ja, im achtzehnten Jahrhundert richtete sich diese Idee gegen die Ständehierarchie, im zwanzigsten Jahrhundert gegen die Totalitarismen. Verbunden mit der aufklärerischen Idee einer zivilen Gesellschaft ist die Idee einer moralischen Ebenbürtigkeit und einer politischen Gleichberechtigung des einzelnen.

Durch die Idee der zivilen Gesellschaft wird es möglich, daß die Zehn Gebote und die Ethik der Bergpredigt nicht in einem heuchlerischen Widerspruch zur gesellschaftlichen Praxis stehen. Erst wenn die Intelligenz zur Ideologie der zivilen Gesellschaft gelangt, wird sie erstmals ihre eigene Sprache, wird sie sich selbst gefunden haben.

Die Akteure suchen nach einer Rolle. Noch ist die Eschatologie des Jahrtausendendes nicht in Erscheinung getreten. Die Autoren wissen bereits, was hinter ihnen liegt, doch – abweichend von ihren Vorfahren zu Beginn des Jahrhunderts – sind sie nicht mehr verliebt in die Zukunft. Als echte Autoren sind sie allerdings nach wie vor verliebt in die eigene Profession und in all das, was aus ihr hervorgegangen ist; in die Weltliteratur im weiteren Sinne des Wortes, in jene zeitliche und geistesgeographische Wirklichkeit. Eine anspruchsvolle und über Jahrtausende funktionierende Konfraternität. Eine Wirklichkeit, die sich nicht durch irgendeine unmenschliche Dummheit kompromittiert hätte, gibt es nicht. Europa ist in meinen Augen eine Bibliothek, worin sich die lebenden und die toten Autoren zwischen den Lesern bewegen.

Europa existiert dadurch, daß sich die Europäer dessen bewußt sind, daß sie sich nicht mehr nur der engeren Grenzen ihrer eigenen Patria bewußt sind. Ihr Blick richtet sich auf Europa als Ganzes, insbesondere dann, wenn sie sich außerhalb Europas aufhalten. Europa ist eine Metapher, die zusehends Gestalt annimmt. In der Kunst und in der Geschichte, im Essen und in der Liebe. Vor der europäischen Frage kann man die Augen nicht verschließen. Gemessen an dieser Metapher, erscheinen die europäischen Staatsgrenzen als konservative Kleinigkeitskrämerei. Noch gibt es Grenzen, an denen geschossen wird, die Interkommunikation aber ist stärker.

2. Juli 1988

Karl Schlögel

Der dramatische Übergang zu einer neuen Normalität

Europa am Ende der Nachkriegszeit

Die Europäer verfolgen atemlos, was auf ihrem Kontinent geschieht. Mit jedem Tag lernen sie etwas Neues dazu. Was die Morgenzeitung noch vom Vortag berichtet, ist in den Abendnachrichten vielleicht schon überholt. Im Fernsehen läuft ab, was auch die beste Regie nicht zuwege bringt: Zeitgeschichte. Alles wird direkt von den Originalschauplätzen übertragen, es gibt wirkliche Personen mit wirklichen Texten. Wie die Handlung ausgeht, weiß niemand. Wir fangen an, uns an die Ereignisse, die vor kurzem noch Sensationen waren, zu gewöhnen. Andrej Sacharow, dessen Bild wir lange nur von den heimlich in seinem Verbannungsort Gorki gedrehten Videofilmen kannten, spricht nun von der Bühne des sowjetischen Parlaments. Wir sehen eine Revolution, die nicht aus einem Krieg geboren ist, und Opfer, auf die keine Hinrichtung wartet, sondern nur die Pensionierung. Regime werden in Warschau und Budapest nicht weggefegt, sondern in Gesprächen an »Runden Tischen« und durch Neubildung von Regierungen überwältigt. Wir fangen an, auf jede Veränderung im Detail und in der Nuance achtzugeben, denn ein Happening in Prag, das nicht verboten wurde, kann bedeuten: auch dort kommt alles in Fluß. Selbst wenn wir von den Stalinschen Lagern wußten, so ist es jetzt, da die Häftlinge von einst öffentlich selber zu Wort kommen, doch etwas anderes.

Wir sehen die Flaggen untergegangener Republiken wieder auf den Dächern ihrer Hauptstädte wehen. Bücher, an deren Nichterscheinen jahrzehntelang der Bestand eines Imperiums gehangen hat und deren Lektüre schwere Folgen hatte, erscheinen in Millionenauflage. Wir sehen zu, wie Grenzanlagen demontiert werden und den Weg freimachen für Reisen, die auch wieder nach Hause führen. Es ist nicht bloß die Bewegung von Hunderttausenden in den baltischen Hauptstädten, die uns in Atem hält, sondern der Umstand, daß man sie gewähren läßt. Wir haben uns immer auf das böse Ende, das kommen muß, eingestellt, und nun bleibt es zum ersten Mal aus. Das ungläubige Staunen ist der Reflex einer Zeit, die eben im Begriffe ist, Vergangenheit zu werden. Auch die Bilder von den Botschaften, die zu Fluchtburgen, von den Kirchen, die zu Katakomben werden, bekräftigen nur: so kann man in Europa heute keinen Staat mehr machen.

Das Bild, das die Europäer so lange von sich haben konnten, stimmt nicht mehr. In rasendem Tempo und fast unter unseren Augen ändert sich die ganze Szenerie. Mit den Bildern aus den Hauptstädten Mittel- und Osteuropas zerfällt der Horizont, in dem sich die Vorstellung der Europäer von sich selbst so lange gebildet hat. Mit den Bildern von dort kehren auch Erfahrungs- und Handlungsräume ins europäische Bewußtsein zurück. Europa hört auf, nur noch entweder West- oder Osteuropa zu sein. Die eine Grenze, die aus Europa zwei Europas gemacht hat, verschwindet. Es gibt noch eine Mauer, aber schon keinen »Eisernen Vorhang« mehr. Alte Grenzen verlieren ihre Trennkraft, neue werden errichtet. Die Grenze wandert. Der »östliche Block« hat sich aufgelöst in einen Archipel mit Inseln der Freizügigkeit und Inseln der Abschließung. Dort, wo die veraltete Grenze gefallen ist, wird eine neue spürbar: die Grenze, wo der »hard currency«-Bereich beginnt und der Hoheitsbereich der Cocom-Liste endet. »Technological gap« ist der neue Name für den modernen Grenzgraben.

Das Scheinwerferlicht, das sich auf die Ereignisse richtet, fällt in einen Raum, der weithin terra incognita war. Ins Bewußtsein der Europäer treten die Namen von Städten und Orten, die aus dem Horizont der Gegenwart herausgefallen waren. Nun stellt sich heraus, daß untergegangene und totgeglaubte Welten leben. Die historische Silhouette von Riga, Reval oder Wilna wird über Nacht zur Kulisse dramatischer Ereignisse. Touristen werden zu Augenzeugen des Wiedereintritts versunkener Regionen in die europäische Gegenwart. In den schönen Cafés, die man dort noch findet, wird nicht von der Vergangenheit geträumt, sondern an der Zukunft gearbeitet. Was bisher allenfalls Provinzstadt war, entpuppt sich nun als Hauptstadt einer Nation mit eigener Sprache, Kultur und Geschichte, von denen wenig zu wissen man sich bisher erlauben konnte. Das verändert die Topographie im Kopf. Erst wenn sogenannte »Randstaaten« wieder im Bewußtsein sind, hat der Kontinent seine Kontur zurückgewonnen. Europa erweitert sich auch ohne unser Zutun, wenn plötzlich wieder Kiew und Lwow dazugehören und wenn es wieder selbstverständlich geworden ist, daß man von Warschau aus nach Paris fährt.

Unter der Decke des zweigeteilten Europas wird wieder ein reichgegliederter Kontinent sichtbar. Er wird nicht nur bewohnt von Ost- und Westeuropäern. Im »Osten« haben sich Ukrainer, Weißrussen, Litauer, Letten, Esten, Serben, Kroaten, Polen, Ungarn, Tschechen, Slowaken, Deutsche, Armenier, Georgier, Moldavier, Juden, Russen, Tataren, Albaner, Slowenen zurückgemeldet oder sind dabei, es zu tun. Mit ihnen kommen ihre Sprachen, Kulturen, ihre Geschichten und ihre Götter zurück, und die Zeit, in der man nur die eine einzig wahre Lehre kannte, erscheint von heute aus unvorstellbar arm. Die Sprachregelung des Blocks hat aufgehört, verbindlich zu sein, die Völker fangen wieder an, in vielen Zungen zu sprechen, weil das, was sie sagen wollen, sich in einer Sprache längst nicht mehr sagen läßt.

Europa ist dabei, sich wieder um seine natürlichen und nicht nur seine Herrschaftszentren zu gruppieren, seine Regionen geben sich der Fliehkraft hin, die frei wird, wenn Zusammenhänge alt und schwach geworden sind, es fängt wieder an, in Lebens- und Geschichtszusammenhängen zu denken, nicht bloß in Bündnissen, die aus der Not geboren waren. Die politische Formenwelt des Blocks läßt sich nicht mehr auf einen Nenner bringen. Es gibt Länder, in denen es noch die Einparteienherrschaft gibt und die Diktatur. Es gibt

Länder, in denen es offiziell nur eine Partei gibt, aber in Wahrheit die Macht bei den Volksfronten liegt. Es gibt Länder, in denen die Kommunisten ihren Einfluß verspielen, weil sie die Macht, die sie usurpiert haben, nicht hergeben wollen, und solche, in denen sie Einfluß zurückgewinnen, weil sie sich von der Macht trennen. Es gibt Länder, in denen Wahlen stattfinden, in denen über historische Alternativen entschieden wird, und es gibt Parlamente, die vielleicht nicht ganz demokratisch zustande gekommen sind, dafür aber eine Tribüne für Menschen geworden sind, die etwas zu sagen haben.

Wo alles sich ändert, erscheinen die Herrschaften, die in der Flucht nach vorn verharren wollen, obgleich ihnen die Luft ausgegangen ist, erst recht anachronistisch. Osteuropa ist in eine Gründerzeit der politischen Öffentlichkeit eingetreten, und ihre Gruppen, Fraktionen, Parteien sind mancherorts so zahlreich wie die Freundeskreise, aus denen sie hervorgegangen sind. Die Teilnehmerzahl der von ihnen organisierten Kundgebungen umfaßt manchmal einen Großteil der einheimischen Bevölkerung. Manche Hauptstädte ertrinken in einer Flut von Ausstellungen, Zeitungs- und Organisationsgründungen und Debattierclubs. Parteien, deren Namen fast nur noch Historikern geläufig waren, tauchen aus der Versenkung auf. Osteuropa gewöhnt sich daran, in aller Öffentlichkeit das zu tun, was es privat längst gedacht und getan hat. Der Samisdat geht in die Tagespresse ein, und die gejagten Autoren der Untergrundpresse von einst avancieren zu den Vordenkern der neuen Öffentlichkeit, in der aus Menschen Bürger und aus Bevölkerungen Völker geworden sind.

In den Hauptstädten des östlichen Europas kommt jetzt das Netzwerk zum Tragen, das parallel zum Delegationstourismus herangewachsen ist. Die Infrastruktur des zivilen Europas tritt zutage. Ein neuer Kosmopolitismus tritt an die Stelle des alten dort, wo Bankiers, Ingenieure, Schriftsteller, Schwarzhändler angefangen haben, eine unterbrochene Zirkulation von Ideen, Gütern und Menschen wieder in Gang zu setzen. Am neuen Internationalismus haben alle teil, die die eigene Hemisphäre nicht für das Ganze halten. Über Nacht vollzieht sich die Entprovinzialisierung lange verödeter Städte. Aus dem Rinnsal vereinzelter freundschaftlicher Treffen ist ein Strom von Seminaren, Symposien, Konferenzen geworden. Es kommt zu einer Europäisierung der Parteienlandschaft, wenn Stiftungen und Parteien anfangen, dort ihre Büros zu eröffnen, und Politiker wieder anfangen, sich auf Bahnen zu bewegen, die von keinem Protokoll vorab geebnet sind. Zeitungen werden wieder zu europäischen Zeitungen. In der neuen Migration werden Bekanntschaften gemacht und Schocks abgebaut. Man fängt an, sich auf das, was man mit eigenen Augen gesehen hat, zu verlassen. So gewinnt man Zuversicht, ohne sich etwas vorzumachen. So stellt man sich auf eine Realität ein, die ansonsten nur bei phantasiereichen Leuten vorkommt.

Inmitten der Bewegung dieses neuen östlichen Europas tauchen neue Gesichter auf. Der neue Typus tritt dort ans Tageslicht, wo die Physiognomie des Staats- und Parteifunktionärs blaß geworden ist. Er ist es, der den radikalen atmosphärischen Wandel bewerkstelligt hat. Er ist leicht zu erkennen. Er hat gelernt, sich mit anderen zu unterhalten, ohne sie belehren zu müssen. Er hat die Fähigkeit, schamrot zu werden, wenn es einen Grund dafür gibt. Er ist fähig, frei zu sprechen und vom Konzept abzuweichen. Er hält Fragen nicht nur aus, sondern freut sich, daß er gefordert wird. Seine Leidenschaft ist diszipliniert. Er hat Geduld, denn alles, was erreicht worden ist, verdankt sich dieser Tugend. Seine Sprache ist nuancenreich wie bei Menschen, die mit allen Wassern gewaschen sind. Sie beherrschen alle Register der Ironie. Er kann von Dingen sprechen, ohne die Nerven zu verlieren. Er schien aus dem Nichts aufzutauchen, doch hinter ihm liegt eine lange und schwierige Bildungsgeschichte. Jetzt ist er da. In Warschau, Budapest oder Moskau hat er seinen Platz am »Runden Tisch« oder im Parlament eingenommen, leitet Zeitungen oder ein neues Ressort, während er sich anderswo noch mit subalternen Beamten und Zensoren herumschlagen muß. Er arbeitet mit der Zeit im Rücken und nicht mit Durchhalteparolen, die doch nichts bewirken. Er hat sich daran gewöhnt, daß Konflikte der Normal- und nicht der Ausnahmefall sind. Er stellt sich auf

Krisen ein, statt sie zu leugnen. Er repräsentiert eine Gesellschaft, die fähig geworden ist, mit ihren Problemen zu leben, ohne den Kopf zu verlieren. Inmitten von Umbruch und Krise wächst eine neue Souveränität. Osteuropa öffnet die Grenzen, weil es deren Abschließung nicht mehr braucht.

Das Neue mutet phantastisch an, aber es ist eigentlich eher ein Offenbarungs- denn ein Schöpfungsvorgang. Es wird vorerst darin nichts Neues geschaffen, sondern nur sichtbar, was an neuen Kräften nachgewachsen und wie moribund das Alte ist.

Nicht die Krise des Kommunismus ist das Neue, sondern daß sich die Kräfte gefunden haben, die aus ihm und über ihn hinausführen. Osteuropa leistet sich endlich die Krise, die so lange verdrängt worden ist und die doch die einzige Chance seiner Gesundung ist. Was so dramatisch vor unseren Augen abläuft, ist nicht der Aufbruch in eine große Utopie, sondern der Übergang zu einer neuen Normalität. Gerade das aber ist das unvorstellbar Schwierige. Die Entstaatung des Gesellschaftskörpers ist keine politische »Maßnahme«, kein organisatorisches Revirement, sondern ein gesellschaftlicher Zerfalls- und Wachstumsprozeß, in dem um Macht, Positionen und Einfluß gekämpft wird. In dieser Umwälzung geht es nicht so sehr nach den Gesetzen des guten Willens, sondern des Überlebenskampfes zu. Es kommt zur Massenentlassung einer ganzen politischen Kaste, die außer Kommandieren wenig gelernt hat, und ganzer Segmente der Arbeiterklasse, die nicht dort arbeitet, wo es Sinn macht. In einer grandiosen Entwertungsaktion stürzen die Hierarchien fiktiver Preise und überlebter Werte. Aus Staatsabhängigen und Staatsversorgten werden Einzelexistenzen, denen im Kampf ums Überleben nichts geschenkt wird.

Die bessere Ausgangsposition hängt nun nicht mehr an der Stellung in der Nomenklatura, sondern an individueller Beweglichkeit oder am Besitz von Devisen. Eine ganze Ökonomie wird vom Kopf auf die Füße gestellt, wenn das Produzieren und nicht mehr das Verteilen des schon Produzierten wieder zum A und O allen Wirtschaftens wird. Eine ganze Zivilisation, in der den Menschen der Glaube an die eigene

Initiative und Arbeit ausgetrieben wurde, zerfällt. Nicht überall ist die Lage so, daß der Zerfall der Staatswirtschaft von der Schattenwirtschaft, die sich in ihren Poren gebildet hat, aufgefangen werden kann. Nicht überall ist die Differenz von fiktiven und wirklichen Preisen so verringert und die Gewöhnung an den schwarzen, aber effektiven Kurswert so vorangeschritten, daß ein Übergang ohne größere Erschütterungen bewerkstelligt werden kann. Eine Unternehmer-Klasse, die man nur rufen müßte, um die Führung der Geschäfte wieder in die Hand zu nehmen, steht nicht zur Verfügung; eine Bauernschaft, die aus eigenem Interesse die Versorgung des Landes sicherstellen könnte, gibt es nicht überall; das mittelständische Element bildet sich erst wieder neu. Erst jetzt, da mancherorts das Einmaleins effizienten und sparsamen Wirtschaftens wieder gelernt wird, da Lehrbücher der Nationalökonomie aus der Zwischenkriegszeit und Max Webers »Protestantische Ethik« wieder aufgelegt werden, wird sichtbar, was unter der Welle sozialistischer Modernisierung im östlichen Europa verschwunden ist und was sich heute nicht aus dem Stand regenerieren läßt.

Die Situation, in der sich die Erosion der Staatswirtschaft mit der Blüte eines vorerst krüppelhaften Spekulationskapitalismus verbindet, in der der Staat nicht mehr leistet, was er leisten sollte, und die neue Wirtschaftsform noch nicht wirklich funktioniert, in der die Desintegration der Planökonomie mit der mangelnden Integrationskraft des neuen Marktes zusammenfällt und sich die Menschen in der Organisierung ihres Alltagslebens auf nichts und niemanden mehr verlassen können – in einer solchen Situation schwinden alle Sicherheiten. Das Europa, das dem Ende der Nachkriegszeit entgegengeht, ist kein idyllischer Ort. In der Dynamisierung aller Verhältnisse brechen Widersprüche auf, die für überwunden, und Probleme, die für erledigt gehalten wurden. Der Übergang von einer unhaltbar gewordenen alten zu einer noch ungefestigten neuen Stabilität ist riskant und voller Gefahren. Aber bewerkstelligen können ihn nach aller Erfahrung nicht die staats- und parteiherrschaftlichen, sondern die zivilgesellschaftlichen Elemente, die an der Lösung und nicht an der Unterdrückung von Konflikten interessiert sind und die verstanden haben, daß man Potentiale der Gewalt am besten dadurch entschärft, daß man ihre Ursachen beseitigt. Und dort, wo in der Destabilisierung des Ancien régime und in der Dynamisierung aller Verhältnisse die alt-neuen Gebrechen Europas aufgebrochen sind – Nationalismus, autoritäre Tendenzen, alter und neuer Antisemitismus und Minderheitenfragen –, da sind sie es, die sie wirksam auffangen können.

Dem neuen Nationalismus, der überall dort frei wird, wo die Unabhängigkeit der Nation so lange negiert worden ist, stellen sie sich, anstatt ihn – gleich hilflos – leugnen oder verbieten zu wollen. Sie schaffen den Raum, in dem sich die spannungsreichen Beziehungen zwischen der alten Hegemonialmacht und den subordinierten Völkern zu halbwegs normalen Nachbarschaftsverhältnissen wandeln können. Sie schaffen den Rahmen, in dem die Gesundung des gekränkten Nationalbewußtseins ohne die Demütigung des Feindes von gestern auskommt. Die zivilen Kräfte können sich eine Blüte der nationalen Kultur leisten, ohne daß daraus ein Nationalismus anderen gegenüber wird. Sie beruhigen sich angesichts des neuen Antisemitismus nicht mit den Verdiensten eines historischen Antifaschismus, sondern fragen, was daran oberflächlich gewesen ist.

Das zivile Europa, das aus dem Kommunismus herauswächst, erinnert sich wohl daran, daß die nationalistische Kur selber etwas von der Krankheit ist, die geheilt werden soll. Nur in der Öffentlichkeit einer zivilen Gesellschaft lassen sich die Extremismen neutralisieren und jene Kräfte mobilisieren, die das Land braucht, um aus der Krise herauszukommen. Sie schafft das Netz von Institutionen, die den energischen Kräften des Volkes den Weg zu Mitsprache und Verantwortung eröffnen, anstatt sie an den Rand der Gesellschaft oder außer Landes zu treiben. Ihr ist die gesellschaftliche Versöhnung wichtiger als die Rechthaberei, und sie verzichtet auf Revanche, wenn nur das Ganze vorankommt. Die schmerzvolle Sanierung ist nur möglich auf der Basis eines Konsenses, der nicht verordnet, sondern gewachsen ist. Von diesem Wunder an Gelassenheit und Selbstdisziplin von Menschen in einer verzweifelt schwierigen Lage konnte sich in der letzten Zeit ein jeder überzeugen, der die Demonstrationszüge in den Straßen Budapests, Warschaus oder Tallinns gesehen hat.

Europa hat mehr als ein Menschenalter mit der Grenze gelebt. Die Ökonomie seiner Kräfte, sein Horizont, sein Selbstbehauptungswille, seine Koalitionen, seine innere Spannung waren bestimmt durch die Grenze. Nun verschwindet sie, und Europa muß lernen, ohne sie und ohne »Barbaren« zu leben. Das ist manchmal schwieriger als ein Leben im Belagerungszustand. Erst jetzt, da der Druck weicht, wird deutlich, wie tief die Spaltung wirklich ist. Das Staunen darüber, wie rasch jetzt alles geht, ist nicht nur das Staunen über die unvorhersehbare geschichtliche Wendung, sondern auch das Staunen der Überrumpelten. Jene, die jetzt dort die neue politische Klasse stellen, kommen nicht aus dem Nichts, sondern aus einer Geschichte, für die die meisten sich wenig interessiert haben, obgleich sie nicht weit von uns und zeitgleich zu unserer eigenen Gegenwart abgelaufen ist. Man hat es ihnen nicht zugetraut, den Polen, den Ungarn, den Russen und Balten – und nun haben sie den Horizont Europas verändert. Man verfiel, da nur der offizielle und nur der notwendigste Kontakt gepflegt wurde, auf die Meinung, mehr gebe es nicht.

Erst jetzt wird das ganze Ausmaß der Verwüstung sichtbar, die die Weltkriegsepoche und die auf sie folgende Spaltung in Europa angerichtet haben. Jetzt, da man sich auf beiden Seiten der Grenze zutraut, von der eigenen Leidens- und Schreckensgeschichte zu sprechen und nicht bloß von den Siegen und Triumphen; jetzt, da sich die Gegnerschaft in der Gegenwart erledigt und es keinen Sinn mehr macht, die Opfer der einen gegen die der anderen Seite aufzurechnen – jetzt kann die europäische Geschichte erst eine wirklich europäische werden.

Die Toten, die früher dazu herhalten mußten, die Verbrechen des einen oder anderen Totalitarismus zu beweisen, läßt man endlich in Ruhe. Europa, vor allem derjenige Streifen, der zwischen die Fronten von Nationalismus und Kommunismus geraten ist, wird retrospektiv zur Szenerie eines furchtbaren Massakers, in dem Völker deportiert und ermordet, Menschen-Klassen liquidiert und ganze Generationen um ihre aktivsten Kräfte dezimiert worden sind. Das Gelände reicht von Dachau bis Workuta. Ganze Kulturen, soziale Schichtungen, der ganze Bau sittlicher Anschauungen sind in diesem Massaker, das 1914 begann und 1945 vorläufig endete, untergegangen. Es gibt keine Bilanz, die zeigen könnte, was der Verlust der nationalen Eliten, die Auslöschung des Judentums, die Dezimierung der Bauernschaft in vielen Ländern, die zwischen die Fronten geraten waren, für die Substanz der betreffenden Nationen bedeutet. Millionen Menschen, von deren Talent, Standfestigkeit und Kraft Völker und Kulturen leben, fehlen in der Kette der Generationen. Europa, vor allem aber das mittlere und östliche, leidet bis heute an den Spätfolgen dieses entsetzlichen Blutverlusts.

Doch das östliche Europa hat auch die Nachkriegsfolgen anders zu spüren bekommen. Die Elementarleistungen, die der Sozialismus-Aufbau mancherorts zuwege gebracht hat, können nicht vergessen machen, daß zugleich die Ergebnisse einer reicher dimensionierten Lebenskultur nivelliert worden sind. Wenn bis heute die Leistungen der »ersten«, der bürgerlichen Modernisierung als Vorbild und Maß auch für heutigen Progreß gegenwärtig sind, dann nicht als Nostalgie, sondern weil sich diese Leistungen bis heute sehen lassen können und ihre Dienste tun. Die Häßlichkeit des Sozialismus wird dort besonders augenscheinlich, wo sich die Formen einer raschen und expansiven Modernisierung – dem Westen nicht ganz unähnlich – dem Vergleich der europäischen Moderne aussetzen.

Nicht von ungefähr geht die Diskussion über den Ist-Zustand immer wieder zurück in die Zeit vor dem Beginn der Katastrophensequenz vor 1914, vor 1938, vor 1939 und dann noch einmal vor 1948. Das gegenwärtige Europa sucht ein Maß an dem Europa, das untergegangen ist. Das heißt, es sucht seine Einheit, der es nicht gewachsen war. Und selbst die Mauer ist nicht das zufällig 1961 errichtete Bauwerk, das Ost- und West-Berlin teilt, sondern die letzte, die bröckelnde Frontlinie, die aus der europäischen Bürgerkriegszeit herüberragt.

Doch jetzt, da die katastrophale Wirtschaftslage des östlichen Europas ins Bewußtsein rückt, entdecken die Europäer zugleich, wie reich sie sind. Über Nacht sind sie um Völker, Sprachen, Kulturen und Geschichten, von denen man nicht allzuviel wissen wollte, reicher geworden. Eine neue Komplexität, ein neuer Reichtum an Differenzen, Nuancen, Verflechtungen, Spannungen. Europa wächst über die Vereinfachungen, die eine Zeitlang genügten, und die Bündnisse, die ein Notbehelf waren, hinaus, ohne daß vorab erwiesen werden könnte, ob es der neuen Komplexität auch gewachsen sein wird.

Was jetzt noch Sensation ist, wird für die jetzt heranwachsende Generation schon alltägliche Voraussetzung sein. Der Erfahrungshorizont, in den sie hineinwächst, ist nicht mehr der ihrer Väter, die im Schatten der Teilung aufgewachsen und im Entweder/Oder groß geworden sind. Die Reeuropäisierung des gesamten Lebenshorizonts ist ein Einschnitt von unerhörter Radikalität. Es ist der Beginn der Zeit, die auf die Nachkriegszeit folgt.

Das Reden von Europa ist von Europa eingeholt worden. Europa geht aus einem Gleichgewichtszustand in einen anderen über, und es kann die Risiken, die damit verbunden sind, nicht ausschalten, sondern nur minimieren. Die erste Bedingung ist, sich darauf einzustellen und sie nicht zu ignorieren, nur weil der alte Zustand der vertraute ist. Nicht an den militärischen Kräften hängt primär, ob Europa ohne Konvulsionen zu einem neuen Gleichgewicht findet, sondern an der elementaren Stärkung seiner zivilen Substanz. Die Öffnung Europas, die jetzt beginnt und die alles andere als eine Idylle sein wird, ist kein Abenteuer, sondern ein Feld für intelligente und verantwortungsvolle Politiker und Nichtpolitiker.

Doch gerade das scheint das Schwierigste zu sein: sich einzustellen auf das, was vor sich geht, mit den Kräften zu rechnen, die nachgewachsen sind. Jahrzehntelang verging keine Rede ohne die Forderung nach der Öffnung der Grenzen. Jetzt, da sie schwinden, werden neue aufgerichtet. Jahrzehntelang wurde der freie Verkehr von Menschen gefordert, nun, da eine neue Migration einsetzt, fällt es schwer, einzulösen, was man in Aussicht gestellt hat. Das Ende der Teilung fordern ist das eine, die Öffnung aushalten das andere. Erst jetzt zeigt sich, wie sehr der Westen Zuschauer geblieben ist und wie wenig er auf die neue Situation innerlich vorbereitet ist. Die Kräfte, die die Zivilisierung imperialer Gewalt betreiben konnten, verschwanden in der Arithmetik der Raketensprengköpfe. Die Militarisierung des Denkens hat die Organe einer anderen Wahrnehmung verkümmern lassen. In der Fixierung des Blicks auf »Fünf vor Zwölf« auf einer angeblich unaufhaltsam tickenden Uhr vergaß man die Zeiteinheiten, in denen politische Umwälzungen sich vorbereiten. Und die Kriechströme, die sich gebildet haben, galten wenig, solange sie noch nicht Funken schlugen.

Die anspruchsvollsten Zukunftsprojekte wurden ausgedacht, während die Dinge bereits im Fluß und manchmal darüber hinaus waren. Jetzt passiert, was sich kaum jemand hat träumen lassen, obwohl der »Traum von Europa« in aller Munde war. Jetzt, da die Sache selber wächst, bedarf es keiner mühsamen Konstruktionen mehr. Die Imagination von Mitteleuropa kann sich nun von der Bewegung im mittleren Europa selber tragen lassen – oder sie wird zur Ideologie. Gefragt sind nicht Phantasien, die aus der Verlegenheit des Stillstands geboren sind, sondern eine Imagination, die aus dem Reichtum des Vorhandenen schöpft. Gefragt sind nicht Visionen, sondern genaues Hinsehen.

Nicht das Ende der Teilung Europas ist gekommen – sie zu überwinden wird die Arbeit von mehr als einer Generation erfordern –, sondern der Augenblick, in dem die Teilung aufhört, die einzige Möglichkeit einer europäischen Existenz zu sein. Europa hält auf der Flucht nach vorn inne und wendet sich sich selber zu. Es hat die innere Souveränität zurückgewonnen, die ihm eine Sicherheit zurückgibt, die so lange nur durch die Waffen anderer verbürgt erschien. Die Atemlosigkeit der gegenwärtigen Vorgänge ist in Wahrheit eher das Gegenteil: ein Zu-Atem-Kommen eines Kontinents, der wieder zu Kräften kommt. Europa bricht nicht zu neuen Ufern auf, sondern tritt jetzt erst aus dem Schatten des Krieges und seiner Folgen heraus. Es fängt an, das Undenkbare zu denken: Europa als Einheit, die es in der Welt- und Bürgerkriegsepoche verloren hat. Das ist grandios, aber besagt zugleich nur, wie langsam Geschichte arbeitet, wenn sich am Ende des Jahrhunderts wieder eine Normalität einstellt, die es fast schon einmal gegeben hat, die sich aber als zu schwierig erwies.

In diesem Zu-sich-Kommen könnten auch Kräfte freigesetzt werden, die so lange durch die Fixierung auf das Vis-à-vis gebunden und in der Polarisierung aufgerieben worden sind. Sie sind nötig für schöpferische Lösungen auf dem Weg zu einem Europa, das im Westen die Kraft hat, den Exzessen, die eine reiche Zivilisation nicht nötig hat, zu widerstehen, und das im Osten stark genug ist, einen Ausweg aus der Armut, die erniedrigend und gefährlich ist, zu finden. Vielleicht finden sich diese Kräfte endlich auch dort, wo sich die Frontlinien der Nachkriegszeit noch nicht aufgelöst haben; dort, wo sich die innere Souveränität, die Gelassenheit möglich macht, noch nicht eingestellt hat und wo die Worte, die den leisen Veränderungen vorausgehen, noch nicht gefunden sind: in Deutschland.

7. Oktober 1989

Zum Stand der deutschen Dinge

Michel Tournier

Das Land mit dem Janusgesicht

Über das komische und über das
tragische Deutschland

»Deutschland hat nur noch einen Ehrgeiz: eine große Schweiz zu werden.« Dieses Wort hörte ich schon 1949 aus dem Munde des späteren Bundestagsvizepräsidenten Carlo Schmid. Zur gleichen Zeit feierte Carol Reeds Film »Der dritte Mann« auf der Leinwand weltweit Triumphe. Darin entwickelt Orson Welles bei der Fahrt auf dem Riesenrad im Wiener Prater eine Theorie, wonach Gewalt und Verbrechen – wie das Beispiel Italiens zur Zeit der Borgia beweise – die Grundbedingungen des Genies seien. »Was hat« – so sagt er – »die Schweiz in fünfhundert Jahren voll Frieden und Demokratie hervorgebracht? Die Kukkucksuhr!«

Das sind kurzschlüssige Vorstellungen, die schon einer oberflächlichen Prüfung nicht standhalten. Nein, die Schweiz ist nicht das Urbild eines friedlichen und blühenden, aber unschöpferischen und engstirnigen Landes. Sie ist – um es bei der ersten Hälfte des zwanzigsten Jahrhunderts zu belassen – die Heimat der Psychologen Jung und Piaget, des Malers Paul Klee, des genialen Clowns Grock, des Komponisten Honegger, des Architekten Le Corbusier, des quirligen Forscher-Zwillingspaars Piccard, die Wahlheimat von Lenin, Tristan Tzara, Hermann Hesse, Thomas Mann und anderen. Was die Bundesrepublik angeht, darf man sich füglich fragen, wieviel Ironie an der programmatischen Formulierung von Carlo Schmid beteiligt war. Denn ebenso wie die Schweiz ist die Bundesrepublik kein Land, das einem so ganz geheuer, und erst recht keines, das langweilig ist, es ist im Gegenteil für seine Feinde ein unheimliches, für die, die es lieben, ein hinreißendes Land.

Der Föderalismus, der politisch das Gesicht der Bundesrepublik formt, fördert wohl das Aufkommen kraftvoller, stark ausgeprägter Persönlichkeiten. Mit Konrad Adenauer fängt alles an. Ausländer können kaum glauben, daß zur Hauptstadt der ganz jungen Bundesrepublik deshalb Bonn anstatt Frankfurt gewählt wurde, weil Bonn in der Nähe von Adenauers Anwesen in Rhöndorf liegt; sie sehen in einer so egoistisch-persönlichen Wahl die nonchalante Dreistigkeit eines orientalischen Despoten. Nach Adenauer wurde die politische Szene beherrscht von dem Gegensatz zwischen dem Mann aus dem Norden, Willy Brandt, und dem Mann aus dem Süden, Franz Josef Strauß. Wie Strauß noch die Steuerbefreiung für Flugbenzin durchsetzte und kurz darauf starb (man weiß nicht, ob aus Scham oder aus Genugtuung darüber) – das, so scheint es, konnte nirgends sonst geschehen als in Deutschland.

Daß die Bundesrepublik unter einer Maske von Wohlstand und stabilem Gleichgewicht erschreckende Traumata und Neurosen verbirgt, merkt der ausländische Beobachter schnell. Sie bietet ein deutliches Bild von Spannungen, die stets bereit sind, sich bei nächstbester Gelegenheit zu äußern. Während der Mai 1968 in Frankreich nur ein kurzlebiges Strohfeuer war, zu dem Daniel Cohn-Bendit als erfahrener deutscher Agitator erst seine Ratschläge beisteuern mußte, ist die Bundesrepublik ein ständig brodelnder Kessel. Auf der einen Seite steht eine virulente Linke, stehen äußerst streitbare »Grüne«, auf der anderen Seite ein Konservatismus, der zuweilen zum Neo-Nazismus hindriftet. Die Demonstrationen junger Leute gegen die Erweiterung des Frankfurter Flughafens wecken bei gleichgestimmten Franzosen Bewunderung. Sieht man jedoch, wie der damalige Verteidigungsminister Manfred Wörner den General Kießling ausbootete, weil er ihn homosexueller Beziehungen verdächtigte, so fragt man sich, ob er nicht gar das Lesen mit Heinrich Himmlers Geheimen Reden gelernt hat (S. 97: »Der

Homosexuelle ist natürlich das geeignete Objekt für jede Erpressung, erstens weil er selbst straffällig ist, zweitens aber auch, weil er ein weicher Kerl ist, und drittens, weil er willenlos und schlapp ist«), und was da wohl passiert wäre, wenn sich herausgestellt hätte, daß ein Offizier der Bundeswehr eine jüdische Großmutter gehabt habe. In Frankreich, wo antihomosexuelle Ressentiments gesetzlich verboten und strafbar sind, hätte diese Affäre den Schlußpunkt für Wörners Karriere bedeutet.

Wenn man Menschen in aller Welt nach der hervorstechendsten Eigenschaft der Bundesrepublik fragte, würden wohl, denke ich, die meisten ihren Reichtum anführen. Im Gegensatz zur UdSSR – die politisch ein Riese und wirtschaftlich ein Zwerg ist – wäre die Bundesrepublik hiernach wirtschaftlich ein Riese und politisch ein Zwerg. Unwillkürlich denkt man an einen einstigen Krieger, der, besiegt, bei der Niederlage seine politischen Testikel eingebüßt hat und nun nur noch seinen Wohlstandsbauch pflegt. Die Karikaturen von dem netten, dicken Ludwig Erhard, dem Vater des »Wirtschaftswunders«, haben diese Vorstellung lange Zeit noch verstärkt. Diesen Eindruck von Reichtum spürt der Ausländer, der in der Bundesrepublik landet, sogleich daran, daß er die Bevölkerungsdichte sieht und sie auch körperlich fühlt, eine Bevölkerungsdichte, die fast dreimal so hoch ist wie in Frankreich. In seinem Buch »Unterwegs« (»Chemin faisant«) führt Jacques Lacarrière ein Tagebuch über seine Fußwanderung von Straßburg nach Biarritz. Und er berichtet, auf dem Weg durch die Departements Creuse oder Corrèze sei er manchmal einen Tag lang gegangen, ohne einer Menschenseele zu begegnen.

In der Bundesrepublik wäre das undenkbar! Hier fühlt sich der Franzose, auf dem Bürgersteig in der Stadt ebenso wie auf dem Markt, im Kino oder auf den Straßen, von der Masse bedrängt. Es frappiert ihn, vor jeder Nachrichtensendung eine lange Liste von Autobahnstrecken zu hören, an denen sich der Verkehr staut. Diese Bevölkerungsdichte ist freilich ein Wohlstandsfaktor, denn entgegen der Nazitheorie vom Lebensraum sind die Menschen um so zupackender und leistungsfähiger, je mehr sie zusammengepfercht sind.

Doch Reichtum ist nicht synonym mit Glück, und der Bürger der Bundesrepublik ist von einem extremen Bewegungsdrang befallen. Kein Mensch auf der Welt reist so viel wie er, und um die dreißig Milliarden D-Mark Defizit jährlich in der deutschen Tourismusbilanz sind der Preis für diese hektische Reisesucht.

Eine andere Folge der hohen Bevölkerungsdichte ist die Verschärfung der Umweltprobleme. Waldsterben und Gewässerverschmutzung ebenso wie Unfälle in Chemiewerken sind für die Franzosen typisch deutsche Probleme. Freilich ist auch das »ökologische Gewissen« in Frankreich noch nicht so wach wie in Deutschland, aber es hat auch weniger Anlaß dazu.

Ich spreche hier nur von der Bundesrepublik, ohne Bezug zur DDR. Meinen Landsleuten hingegen sage ich wieder und wieder, daß man nichts von der Bundesrepublik versteht, wenn man das »andere« Deutschland vergißt. Man muß immer zurückgehen zum Ausgangspunkt, das heißt zu Adenauer. Dieser Rheinländer, ultrakatholisch, noch im 19. Jahrhundert geboren, empfand keinerlei Verwandtschaft mit seinen protestantischen Landsleuten im Nordosten, mit den Preußen, Sachsen, Pommern und Ostpreußen. Leichten Herzens stieß er sie hinaus in die äußerste Finsternis und brachte die Bundesrepublik entschlossen auf Westkurs. Er ist der Verantwortliche für die Teilung Deutschlands und für die Entstehung der DDR. Mit der Währungsreform des Jahres 1948 und mit dem Eintritt der Bundesrepublik in die Nato begann alles, und es endete 1959 mit der Ablehnung des Chruschtschow-Vorschlags, der, ähnlich wie die ältere Stalin-Note, eine freie Wiedervereinigung zusammen mit einer Neutralisierung Deutschlands vorsah: keine Uniform, keine Waffe, kein Bündnis. Die Katastrophe Deutschlands, von Hitler herbeigeführt, wurde erst von Adenauer ganz vollendet.

Entstanden ist dabei eine Germania bifrons, wie der Janus der Römer oder das Symbol des griechischen Theaters mit seinen zwei Masken, die eine komisch, die andere tragisch. Die beiden Deutschland sind ihrem jeweiligen Beschützer – den USA und der UdSSR – so treu, daß sie den Foxterrier von den Pathé-Marconi-Platten »Die Stimme seines Herrn« zum gemeinsamen Emblem nehmen könnten. Drüben, im Osten, hört man oft den Witz: Die beiden Deutschland haben das Erbe von Karl Marx unter sich aufgeteilt; das eine nahm das Kapital, das andere das Kommunistische Manifest. Davon abgesehen freilich ist die DDR kein kommunistischer, sondern ein sozialistischer Staat, das heißt: das genaue Gegenteil. Kommunismus bedeutet das Absterben des Staates; Sozialismus ist die Hypertrophie des Staates. Sollte eines Tages in einem sozialistischen Staat eine kommunistische Revolution ausbrechen, sollte etwa die UdSSR gewaltsam zur UdKSR werden, so wäre das Ergebnis – die physische Liquidierung der gesamten Nomenklatura – ein Blutbad, neben dem der Oktober 1917 wie eine kleine Lustpartie anmuten würde.

Adenauer und Ulbricht sind tot und vergessen. Gorbatschow schüttelt mit viel Lärm die Teppiche aus. Träumen darf man ja: Gegenüber seinen Appellen kann die deutsche Jugend beiderseits des »Eisernen Vorhangs« unmöglich taub bleiben. Wie, wenn er eines Tages herginge und auf den grünen Knopf des großen Friedens drückte? Wie, wenn er den Vorschlag von einem wiedervereinigten, neutralisierten Deutschland wieder aufs Tapet brächte – im Grunde die Lösung, mit der Österreich seit dreißig Jahren glücklich ist? Wer kann sagen, wie die junge Generation reagieren würde bei der Aussicht auf ein Deutschland mit 75 Millionen Einwohnern, ein Deutschland, befreit von Atombomben und Raketen, von Panzern und Kampfflugzeugen, das von Wohlstand strahlt und der Welt das Beispiel eines absoluten Pazifismus überwältigend vor Augen führt? Andere Nationen müßten auf Biegen oder Brechen auf ihre selbstmörderischen Rüstungsausgaben verzichten, um es mit diesem Koloß wirtschaftlich und kulturell aufnehmen zu können.

Nein, Deutschland ist keine große Schweiz im falschen, albernen Sinne des Wortes. Manche Menschen fürchten sich vor der gewaltigen Macht, die der Koloß eines vereinigten Europas besitzen würde. Gewiß würde ein wiedervereinigtes Deutschland, ein Land also, das seine wahre Ausdehnung zurückerhalten hätte, nach Einwohnerzahl und an Wirtschaftskraft alle anderen europäischen Staaten übertreffen. Aber warum sollte man in diesem Ungleichgewicht eine Drohung sehen? Fühlt sich denn Belgien von Frankreich bedroht, Portugal von Spanien, die Schweiz von Italien? Die Geschichte lehrt, daß die Chinesen zwar das Schwarzpulver erfunden haben, zu dem einzigen Zwecke jedoch, damit Feuerwerke zu veranstalten. Die Deutschen müßten die Chinesen Europas werden und in Berlin ein gewaltiges Faß mit Schwarzpulver zu Unterhaltungszwecken aufstellen. Ein Pulverfaß, voll von Feuerwerk, um welches die Flämmchen der Hoffnung tanzen würden.

29. März 1989

Über das Aussprechen der Wahrheit

Gorbatschows Besuch zum vierzigsten Jahrestag der DDR

Am 7. Oktober 1989 beging die DDR ihren vierzigsten Jahrestag. Der Besuch Gorbatschows zu diesem Anlaß sollte für die Revolution in der DDR von entscheidender Bedeutung werden. Am 6. Oktober antworteten Schriftsteller, Künstler und Intellektuelle auf die Frage: »*Was erwarten Sie von Gorbatschows Besuch in der DDR?*«

Rolf Henrich
Für sehr viele DDR-Bürger ist Gorbatschow vermutlich der Größte und zugleich der Beste unter den Großen dieser Welt. Folglich hat das, was er anläßlich seines bevorstehenden Staatsbesuchs in der DDR sagen und tun wird, allergrößten Einfluß. Meine Erwartung in diesem Zusammenhang ist, daß sich Gorbatschow bei uns nicht für Zwecke einspannen läßt, gegen die er bei sich zu Hause seit Jahren ankämpft. Für mich gilt als Prüfstein der Satz: Daß Gorbatschow wirklich meint, was er in seinen Reden sagt, kann er nur mit der Konsequenz seines politischen Handelns, nicht aber durch Beteuerungen glaubwürdig vermitteln! Will er wahrhaftig bleiben, muß er seinen diesbezüglichen Anspruch auch während seines Staatsbesuchs in der DDR einlösen. Da Gorbatschow genau weiß, wie es gegenwärtig um die politische Kultur in der DDR bestellt ist, darf er nichts tun, was den vormundschaftlichen Staat stärkt. Wünschen würde ich mir aber auch, daß Gorbatschow im Zusammenhang mit den bei solchen Staatsbesuchen üblichen Treffen mit in der DDR

stationierten Militärs eine Ausgangsregelung für seine Soldaten durchsetzt, welche diese aus ihrer totalen Isolierung gegenüber der DDR-Bevölkerung befreit. Wir brauchen das Erlebnis der Begegnung mit Sowjetmenschen. Denn nur aus der Begegnung der Menschen kann Freundschaft erwachsen – deutsch-sowjetische Freundschaft.
Rolf Henrich ist Mitbegründer des »Neuen Forums«. Er lebt in Eisenhüttenstadt.

Martin Walser
Es ist an uns. Wie gern würde man von dem großen Veränderer einen belebenden Einfluß auf das erstarrte deutsch-deutsche Verhältnis erwarten? Aber können wir vom Moskauer Reformer Belebung erwarten, solange wir selber nichts tun? Drei deutsche Kanzler (Adenauer, Schmidt, Kohl) haben sich ihrer nahezu freundschaftlichen Beziehungen zu den französischen Staatspräsidenten gerühmt. Aber sie haben von ihren französischen Freunden nicht erwartet, daß die sich für die Vereinigung des getrennten Deutschlands aussprechen, geschweige denn einsetzen. Die SPD hat sich, formelfreudig wie sie ist, zur Parole durchgerungen, man könne auch in zwei verschiedenen Staaten Deutscher sein. Offenbar macht es aber auch der SPD mehr Spaß, Deutscher im Westen zu sein. Die drüben haben eben Pech gehabt. Sippenhaftung für nationalsozialistische Großväter. CDU und SPD benutzen die deutsche Frage ausschließlich dazu, einander Vorwürfe zu machen. Solange das Ausland sieht, daß die Deutschen selber sich kein bißchen einig sind, ob sie wieder ein ungeteiltes Deutschland wollen, können wir auch von dem Reformer aus Moskau nichts erwarten. Und die Schriftsteller, die Intellektuellen, die Philosophen: ein ungeteiltes Deutschland ist ihnen entweder das Unwichtigste oder das Unerwünschteste. Wer bei uns die Trennung nicht hinnehmen will, dem wird die intellektuelle und die moralische Zurechnungsfähigkeit bestritten.

Solange unsere Parteien aus der unseligen Teilung nur Wahlkampfstimmungen produzieren, solange die CDU nur Kerzen anzündet und nie wahr gewesene Adenauersche Wiedervereinigungsfloskeln nachsagt, solange die SPD in vollkommen inhaltslosem Europäismus macht, solange die Medien diesem Parteien-Leerlauf nichts hinzuzufügen haben, solange die Intellektuellen die Aufhebung der Teilung als Nationalismus verteufeln, so lange können wir von Gorbatschow rein gar nichts erwarten. Erwarten wir doch, bitte, zuerst etwas von uns. Von uns Westdeutschen. Die Ostdeutschen zeigen ja, was sie wollen. Wenn wir nicht so erstarrt oder abgelenkt oder eingeschlafen oder geistesabwesend wären, könnte gerade jetzt eine Art deutscher Frühling anbrechen, der keinem Menschen Angst machen müßte. Auch nicht denen in der DDR, die sich in die importierte Diktatur verstrickten. Solange wir als Richter, als Wiedervereiniger, als die Besseren auftreten, so lange setzen wir ja die Teilung der Deutschen in solche und solche fort. Die Überwindung der Teilung in uns selbst können wir nur von uns erwarten, nicht von Gorbatschow.

Der Schriftsteller Martin Walser, der am Bodensee lebt, veröffentlichte 1989 den Band »Über Deutschland reden«.

Walter Jens

Ein eingeladener Festredner, der auf sich hält, wird weder die Gastgeber vor den Kopf stoßen noch die Wahrheit unterschlagen. Ich denke also, Michail Gorbatschow müßte eine diplomatische Ansprache halten, eine Ansprache mit vielen Haupt-, Neben-, Zwischen- und Unter-Tönen. Die Errungenschaften des Sozialismus preisend (was im Hinblick auf die Menschen und Märkte vernichtenden Praktiken à la Daimler/MBB nicht eben schwer ist), wird Gorbatschow, an die Adresse der Funktionäre gerichtet, zugleich den Satz Rosa Luxemburgs bedenken, gerade am Jubiläums-Tag, der da lautet: »Ohne ungehemmte Presse- und Versammlungsfreiheit, freien Meinungskampf erstirbt das Leben in jeder öffentlichen Institution, wird zum Scheinleben, in dem die Bürokratie das tätige Element bleibt.« Summa summarum erwarte ich von Gorbatschows Besuch in der DDR also eine Unterstreichung der

These Rosa Luxemburgs, daß es ohne Sozialimus keine Demokratie und ohne Demokratie keinen Sozialismus geben könne.
Walter Jens ist Schriftsteller, Journalist und emeritierter Professor der Universität Tübingen.

Peter Schütt
Überall stehen die Kommunisten an einer Wende, sie haben ein letztes Mal die Wahl zwischen Freiheit und Diktatur. Wenn Gorbatschow in dieser Stunde der Entscheidung nach Berlin kommt, erwarte ich von ihm keine Wunder und keine Drohungen: ich erhoffe mir den Einsatz seiner wichtigsten Waffe: das Aussprechen der Wahrheit. Wenn schon das russische Original, mit Hilfe Stalinscher Gewalt eine Hundertschaft von Völkern zum Sozialismus zu zwingen, gescheitert ist, wieviel mehr gilt das für die deutsche Kopie! Wenn Gorbatschow in der DDR seine Vision vom europäischen Haus entwirft, dann sollte er sagen: Die DDR wird darin auf Dauer ihr Wohnrecht nur sichern können, wenn sie mehr Demokratie, Freiheit und Menschenrechte wagt als ihr kapitalistischer Flurnachbar Bundesrepublik. Sie wird nur bestehen, wenn sie schleunigst die Mauer überflüssig macht.
Peter Schütt lebt als freier Schriftsteller in Hamburg.

Manfred Wekwerth
Solidarität und neue Impulse. Wir können beides gebrauchen.
Manfred Wekwerth ist Regisseur, Theaterleiter und Professor der Akademie der Künste in Ost-Berlin.

Richard Wagner
Nichts. Er wird kommen und gratulieren, und die Beteiligten werden den jeweils eigenen sozialistischen Gang loben. Die Suspendierung der Breschnew-Doktrin ist ein Freibrief, nicht nur für Budapest und Warschau, sondern auch für Ost-Berlin oder Bukarest.

Veränderungen in der DDR müssen von den Menschen in der DDR ausgehen.
Der im Banat geborene Schriftsteller Richard Wagner verließ 1987 Rumänien und lebt jetzt in West-Berlin.

Günter Kunert
Wäre ich, Gott bewahre, ein Mitglied der DDR-Führungsclique, würde ich antworten: »Eine Stärkung des ersten Arbeiter- und Bauernstaates auf deutschem Boden.« Denn das ist ja wohl die Besuchsabsicht. Zwar war Gorbatschow Hoffnungsträger für viele Menschen, auch für die in der DDR, doch gerade dort hat sich bisher keine dieser Hoffnungen erfüllt. Die Gründe dafür hat Herr Reinhold dargelegt: Die DDR, bar jeder nationalen Basis, löst sich ohne ihr eisernes Korsett in Luft und Liberalismus auf. Und auch der große Zauberer und Zauderer Gorbatschow kann am gegenwärtigen Status der DDR nichts ändern, ohne sie »aus dem Lager zu entlassen«. Daher wird sich in Ost-Berlin kaum mehr ereignen als eine heftige, aber bedeutungslose Bewegung der altbekannten »Winkelelemente«.
Der aus Berlin stammende Schriftsteller Günter Kunert übersiedelte 1979 in die Bundesrepublik.

Jurek Becker
Nicht viel. Da es die Sowjetunion, vor allem dank Gorbatschow, mit einer Politik der Nichteinmischung nun ernst meint, wird Gorbatschow zum Jahrestag der DDR kaum Kritik an der DDR üben. Der offiziellen DDR wird das als Beleg dafür dienen, daß es keine Meinungsverschiedenheiten gibt und daß man in der DDR, wie schon seit jeher, auf dem richtigen Weg ist.
Der Schriftsteller Jurek Becker, geboren in Lodz, lebte bis 1977 in Ost-Berlin, seitdem in West-Berlin.

Erich Loest
Gorbatschow sollte Honecker daran erinnern, wie Ulbricht, altersstarr, Breschnew belehren wollte. Ulbricht äußerte sich so: Er sei der einzige politische Führer des Ostblocks, der noch mit Lenin gesprochen habe. Da war er blitzschnell aufs Altenteil abgeschoben, sein Nachfolger hieß Honecker. »Lieber Genosse Honecker«, könnte Gorbatschow nun fragen, »bist du der Meinung, du seist der einzige lebende Mensch, der noch Marx begegnet ist?«
Der Schriftsteller Erich Loest wurde in der DDR wegen »konterrevolutionärer Gruppenbildung« zu sieben Jahren Zuchthaus verurteilt und lebt seit 1981 in der Bundesrepublik.

Lutz Rathenow
Eigentlich erwarte ich von dem Besuch nichts. Natürlich wünsche ich mir die Erkenntnis bei Gorbatschow und anderen Sowjetmächtigen, daß die momentane DDR-Regierung und die Art ihrer Machtausübung eine Zumutung für das regierte Volk und ein potentielles Sicherheitsrisiko für ganz Europa sei. Wenn manche nicht so von der Droge »Macht« abhängig wären, könnte ein Angebot, den Lebensabend in einer reizvollen Gegend der Sowjetunion komfortabel zu verbringen, vielleicht zur Abdankung verführen. Für die DDR hoffte ich dann auf Zustände, bei denen ein Brief von der F.A.Z. bis in meinen Briefkasten keine 10 Tage mehr braucht. Und ich noch froh sein kann, daß er überhaupt ankam, da ich auf einige Post seit Monaten vergeblich warte. Auch wünschte ich mir ein Telefon, das ich regelmäßig benutzen kann. Um zum Beispiel diesen Text termingemäß durchzugeben. Statt dessen grüble ich in eine tote Leitung hinein, ob etwas defekt sei oder ob mein Apparat bewußt zeitweilig abgeschaltet worden ist, ob mein Zweitanschluß telefoniert oder ob nur ein paar Leitungen nahe der Protokollstrecke für einige Stunden gekappt worden sind, da Sicherheitskräfte sie zur zusätzlichen Kommunikation benötigen. Und wenn der Apparat dann doch noch funktioniert, wähle ich mir die Finger wund, bis ich tagsüber das

bundesdeutsche Telefonnetz erreiche. Die postfeudalistischen Kommunikationsverhältnisse und die realitätsverleugnende Paranoia der Regierung ergänzen sich, ein Fehler stützt den anderen, der den dritten stabilisiert. Lauter Katastrophen fügen sich zur sinnlosen Ordnung, die zu funktionieren scheint.

Der Schriftsteller Lutz Rathenow stammt aus Jena und lebt heute in Ost-Berlin.

Peter Maiwald
Der Staatsbesuch
Gestern erhielten wir den langerwarteten Besuch eines Staates, und der große Bahnhof, den wir zu diesem Zweck eingerichtet hatten, konnte, was ankam, kaum fassen. Zuerst kam wie üblich die Spitze des Staates, welche uns aber wenig beeindruckte, da ein schmales Häufchen von Befrackten und Uniformen wenig Eindruck macht und leicht übersehen werden kann, vor allem, wenn man daran mißt, was danach kommt.

Die sozialen Vergünstigungen, die der besuchende Staat aufzuweisen hatte, waren dagegen ein anderes Schauspiel. Sie wurden im Zug der Besucher nach vorne geschoben und erregten das lebhafteste Interesse unserer Landsleute. Überall, wo sie auftauchten, war ein achtungsvolles Klatschen und Raunen zu hören, oder Pfiffe und Gelächter, wenn die eine oder andere Vergünstigung die Vergünstigungen unseres Staates übertraf oder ihr unterlegen war.

Hinter den sozialen Vergünstigungen marschierten die Gefangenen des Staates, der uns gerade besuchte. Ausrufe des Mißfallens waren hörbar, wenn Aussehen und Haltung der Gefangenen Würde vermissen ließen oder ihre Menge für uns am Straßenrand nicht mehr verständlich war, weil sie daß Maß an Kriminellen, das wir jedem Staat zubilligen, überstieg.

Der Augenblick des Staatsbesuches jedoch war gekommen, als die riesige Menge seiner Bürger von der riesigen Menge unserer Bürger empfangen wurde. Es war ein beeindruckendes Bild, als die unübersehbaren Gruppen nach der

Art ihrer Interessen und Neigungen aufeinandertrafen und sich auflösten. Neue und alte Erfahrungen wurden ausgetauscht, probiert, kritisiert, belacht und bewundert, und der erste Abend war ganz den Witzen vorbehalten, die beide Staaten in der Lage waren zu ertragen und über sich machen zu lassen, wie ein weiterer Abend dem Ernst galt, Verlusten und Fehlern.

Die Feierlichkeiten dauerten Tage, und wir kamen uns schon aufgrund der Enge, die zwei Staatsvölker auf einem Territorium verursachen, näher. Es lag nahe, daß wir zu einem Gegenbesuch eingeladen wurden und annahmen.

Der Schriftsteller Peter Maiwald lebt in Düsseldorf.

Rolf Schneider

Nichts Nennenswertes. Er wird, sofern er überhaupt öffentlich redet, die einzige Ansprache von kritischem Rang halten. Er wird, sofern er überhaupt in die Straßen geht, viel massenhafte Sympathie erfahren. Er wird abreisen, und die DDR wird sein wie zuvor: voll der unentschiedenen Konflikte, zerrissen zwischen Selbstlob, Verzweiflung und Apathie.

Der aus Chemnitz stammende Schriftsteller Rolf Schneider lebt in Schöneiche bei Ost-Berlin.

Reiner Kunze

Entscheidend ist einzig und allein, was Gorbatschow in der Sowjetunion gelingt, und da ist auf lange Sicht nichts entschieden. Also erwarte ich von seinem Besuch in der DDR nichts Entscheidendes. (Eine Sowjetunion, die nicht mehr interveniert, ließe sich notfalls auch ausladen.)

Der Schriftsteller Reiner Kunze stammt aus dem Erzgebirge, verließ 1977 die DDR und lebt seitdem in der Bundesrepublik.

Es gibt wieder Hoffnung

Deutschland am 9. November 1989

Am 6. Oktober 1989 wurden Schriftsteller und Künstler befragt, was sie von Gorbatschows Besuch in der DDR erwarteten. Die Antwort der meisten hieß: nichts oder nur wenig. Am 9. November 1989 war diese Umfrage zum historischen Dokument geworden, denn Gorbatschows Besuch hatte den Sturz Honeckers und die grundlegende Veränderung der DDR eingeleitet. Millionen von Zuschauern, die das Geschehen in Berlin oder am Fernsehschirm verfolgten, sahen an diesem 9. November Menschen, die über die Berliner Mauer kletterten. Die »Frankfurter Allgemeine Zeitung« fragte am Tag danach Menschen in aller Welt nach ihren Empfindungen bei diesen Ereignissen. Sie sprach mit Politikern, Schriftstellern, Bischöfen, mit Musikern und Regisseuren, mit Deutschen, Polen, Engländern und Russen.

Andrej Sacharow
Die Ereignisse in der DDR und an der deutsch-deutschen Grenze sind von historischer Bedeutung für die ganze Welt. Vor allem aber haben sie einen weitreichenden Einfluß auf die Entwicklung der Beziehungen zwischen West- und Osteuropa. Sie sind die Fortsetzung des Demokratisierungsprozesses in Polen und Ungarn mit seinen positiven Auswirkungen auf das gesamte Europa. Die konkreten Entscheidungen sind selbstverständlich die innere Angelegenheit der DDR, des Volkes und der Regierung. Ich persönlich wünsche dem Volk der DDR, daß die innere Entwicklung in seinem Land in friedlichen und demokrati-

schen Bahnen verläuft, und ich verfolge diese Ereignisse
mit großer innerer Anteilnahme.
Der im Dezember 1989 verstorbene Physiker und Friedensnobelpreisträger Andrej Sacharow war zuletzt Mitglied des Obersten Sowjets.

Wolf Biermann
Ich habe fünfundzwanzig Jahre gesungen und gesprochen,
als die meisten in der DDR schwiegen oder schweigen mußten. Für heute kann endlich mal ich schweigen. Ich muß
weinen vor Freude, daß es so schnell und einfach ging. Und
ich muß weinen vor Zorn, daß es so elend lange dauerte. In
vier Tagen soll ich in Ost-Berlin auftreten. Meine Phantasie
reicht nicht aus, mir das vorzustellen.
Wolf Biermann ging 1953 aus Hamburg in die DDR, wurde 1963 aus der SED ausgeschlossen und 1976 aus der DDR ausgebürgert.

Sarah Kirsch
Nie war es schwerer als im Moment, etwas über die laufenden Ereignisse in beiden Deutschlands zu sagen, weil sie ihre
eigenen mutwilligen Füße besitzen und niemand die Phantasie hat, sich als gültiges Orakel auf die Grenze zu setzen.
Vielleicht ist es so: alles war leichter als man befürchtet und
schwerer als man erhofft. Wenn die jetzige SED prompt alle
Fehler macht, die ihr aus Gier unterlaufen können, so kömmt
doch stets noch was Gutes raus möchte man sagen. So wie
gestern bei dem Mißverständnis der erweiterten Möglichkeiten für die Ausreisewilligen, was wohl auf tschechisches
Murren zurückging. Als Herr Schabowski das widerwillig
noch vorlas sagte ich mir, jetzt gehen die Berliner sich fix mal
besuchen – leicht und heiter war noch die Nacht. Jetzt möchten sie wieder stempeln, ich fürchte nur, daß es nicht lange
geht, denn die Warteschlangen dürfen nicht so lang werden,
daß die Freude verraucht. Das Beste für die SED wäre, daß
sie ihr Monopol, das sie nicht hat, sofort aufgibt und Neuwahlen fürs Frühjahr vorschlägt, das Strafrecht ändert und
was sonst noch dringlich ansteht. Dann würden endlich
weniger Menschen den Staat verlassen. Aber ich halte nichts

von Appellen an die zu gehen Entschlossenen. Sie sind es, die die Ereignisse in Schwung und Bewegung halten, nachdem sie die in Gang gebracht haben. Erst wurde über die Grenze gemacht, dann auf die Straße gegangen. Beides gehört zusammen. Die Intelligenz spielt ihre kleine hübsche wichtige Rolle erst später. Außerdem kann man alles locker und in größeren Zeiträumen sehen. Selbst wenn die Menschen, die alles verließen, wozu Mut und Kraft auch gehört, nun etwas schwierige Zeiten erleben, so ist das interessanter und lehrreicher auch als die lähmende Langeweile vorher. Jahre voll Nebel. In einer Gummizelle für den der keine Privilegien oder wenigstens Westgeld besaß. Egalité muß hergestellt werden. Sie werden also ihre Erfahrungen machen, die Möglichkeiten und Unmöglichkeiten hier ergründen, und viele oder andere werden eines Tages oder nach Jahren zurückgehen, und sie verteilen sich, wenn im ersten Teil meines Landes gute Möglichkeiten bestehen, wo sich vielleicht inzwischen andere Menschen – Polen oder Neapolitaner – aus eigenen anderen Gründen niedergelassen haben. Für dieses Land hier wird eine Durchdringung mit DDR-Bürgern sehr günstig sein, weil die etwas mitbringen, was es hier nicht im Überfluß gibt und von dem sie selber kaum wissen. Man soll alles nicht so preußisch sehen, will ich nur sagen. Und das noch: vor Volk und Volksmund zieh ich den Hut, doch was macht man mit denen die Wendemäntelchen tragen? Man sollte ihnen vielleicht alle Orden die es hier oder da gibt geben daß man sie sieht.
Die Dichterin Sarah Kirsch übersiedelte 1977 aus der DDR nach West-Berlin.

Bruno Kreisky
Ich empfinde unbeschreibbare Freude und Genugtuung, daß es keiner blutigen Zusammenstöße bedurfte, um zu diesen großen Ereignissen zu gelangen. Es ist ein gewaltiger Triumph der Demokratie. Man kann nur hoffen, daß es so bleibt.
Bruno Kreisky war von 1970 bis 1983 Bundeskanzler der Republik Österreich.

Andrzej Szczypiorski
Alles, was jetzt in der DDR geschehen ist, finde ich sehr, sehr wichtig, nicht nur für die polnische Gesellschaft und nicht nur für das deutsche Volk, sondern auch für ganz Europa. Es ist für uns, also für Polen, sehr wichtig, einen Nachbarn in westlicher Richtung zu haben, einen Nachbarn, der auch in Freiheit und in der Demokratie leben will. Das ist eine wichtige Erfahrung für uns alle, weil wir just in diesen Stunden in Warschau zwei historische Ereignisse erleben. Zum einen den Besuch von Bundeskanzler Kohl. Dieser Besuch ist ein großer Schritt auf dem Weg der Versöhnung und Verständigung zwischen beiden Völkern: aus meiner Sicht zugleich eine Fortsetzung des Besuches von Bundeskanzler Willy Brandt im Dezember 1970. Und nun zum anderen die Ereignisse in der DDR. Ich bin sehr glücklich. Nach vielen Jahren erlebt das polnische Volk seine deutschen Nachbarn in einer völlig neuen Situation. Diese Ereignisse bilden eine ganz neue Perspektive, es klingt paradox, ich bin sicher, sie bilden eine neue Perspektive für die Stabilität in Mitteleuropa. Jetzt wird es vorbei sein mit der totalitären Herausforderung des zwanzigsten Jahrhunderts. Das ist schon die Vergangenheit Europas. Bei uns haben wir das schon vor ein paar Monaten beseitigt. Auch Ungarn und die Sowjetunion erleben eine große historische Wende. Und jetzt die DDR. Ich wünsche dem deutschen Volk alles Gute.
Der polnische Schriftsteller Andrzej Szczypiorski wurde in Deutschland durch seinen Roman »Die schöne Frau Seidenman« bekannt.

Martin Walser
Zum erstenmal in diesem Jahrhundert, daß deutsche Geschichte gut verläuft. Zum erstenmal, daß eine deutsche Revolution gelingt. Die Deutschen in der DDR haben eine Revolution geschaffen, die in der Geschichte der Revolutionen wirklich neu ist: die sanfte Revolution. Das ist eine Revolution, die die Leute selbst vollbringen, ohne importierte Theorie. Diese sanfte Revolution wird die Welt davon überzeugen, daß die Deutschen eine neue politische Form brauchen. Nachkriegszeit und kalter Krieg haben gedauert

bis zum 9. November 1989. Wir sind jetzt friedfertig. Und kämen jetzt alle Deutschen herüber, sie wären alle willkommen. Wir haben etwas gutzumachen an ihnen. Wo jeder schließlich bleibt, wird sich finden. Jetzt ist es wichtig, daß wir mit unseren Landsleuten vollkommen solidarisch sind. Zuerst richten wir uns jetzt das deutsche Zimmer ein, bevor wir vom europäischen Haus reden. Und wenn es zwei Zimmer werden sollten, so müßten sie doch enger miteinander verbunden sein als die anderen Zimmer dieses Hauses. Jetzt ist die Zeit, glücklich zu sein, sich zu freuen, daß Deutschen auch einmal Geschichte gelingt.

Der Schriftsteller Martin Walser erregte mit seinem Beitrag »Über Deutschland reden« 1988 großes Aufsehen. 1987 veröffentlichte er den Roman »Dorle und Wolf«, der sich mit der Teilung Deutschlands auseinandersetzt.

Günter Krusche
Ich habe bisher immer Gelassenheit gepredigt. Aber die Nachrichten überstürzen sich derart, daß Besonnenheit im Moment schwer ist. Was sich diese Nacht in West-Berlin abgespielt hat, ist seit 28 Jahren so unvorstellbar, daß die meisten DDR-Bürger, besonders die Berliner, keine innere Seelenruhe bewahren können. Die Menschen schwanken zwischen Vertrauen und Mißtrauen hin und her. Wir plädieren für weitere, neue Versuche, um das Vertrauen zu erwerben. Zu den vertrauensbildenden Maßnahmen gehören an wichtiger Stelle ein neuer Geist in der Schule und die Einführung des Wehrersatzdienstes. Zur Glaubwürdigkeit würde jetzt vor allem die Ankündigung freier Wahlen mit einem neuen Wahlgesetz und einer konkreten Terminangabe beitragen. Wenn die Menschen merken, »meine Stimme zählt«, werden sie allmählich auch Vertrauen fassen. Bisher wußten sie, »meine Stimme zählt nicht«, und zogen die Konsequenz, indem sie weggingen. Ich denke, daß viele auch jetzt noch gehen werden, weil nun in der nächsten Zukunft die Quittung für die unverantwortliche Mißwirtschaft bevorsteht. Die DDR hat durch andauernde Versprechungen die Mentalität des Wohlstandsbürgers selber heran-

gezüchtet. Die Bürger meinten, sie brauchten immer nur die Hände aufzuhalten. Ich denke, jetzt muß dafür ein Verantwortungsgefühl wachsen, daß man nicht mehr genießen kann, als man ehrlich erwirtschaftet hat. Wir möchten als Kirche dazu beitragen, daß diese neue Moral um sich greift. In den letzten Wochen sind wir als Partner der politischen Entwicklung schon ziemlich ernst genommen worden und regelrecht um Rat gebeten worden. Trotzdem zögere ich, die Kirche als die vollgültige Expertin hinzustellen, weil wir bei uns selber genügend Schwachstellen haben.
Günter Krusche ist Generalsuperintendent für Berlin der Evangelischen Kirchen in Berlin-Brandenburg.

Günter Grass
Die plötzlichen, überraschenden Ereignisse, in erster Linie an der Grenze zwischen Ost- und West-Berlin, rufen bei mir Erinnerungen wach an den Mauerbau vor achtundzwanzig Jahren, an das damalige Gefühl der Ohnmacht, auch an den Protestbrief, den Wolfdietrich Schnurre und ich damals geschrieben haben. Jetzt wird sich zeigen, ob der jahrzehntelangen Rhetorik von den »Brüdern und Schwestern« auch entsprechendes politisches Handeln folgen wird. Meine Befürchtung ist, daß die Schwäche der DDR-Führung ein vorschnelles Wiedervereinigungsgeschrei provozieren wird. So könnten die Hoffnungen der Opposition in der DDR, die einen demokratischen, doch gleichwohl eigenständigen Staat anstrebt, überdeckt werden von Maximalforderungen.
Der Schriftsteller Günter Grass stammt aus Danzig und lebt heute in West-Berlin und in Behlendorf bei Mölln.

Alan Bullock
Wir sehen, wie die Geschichte des zwanzigsten Jahrhunderts zerfließt, als sei sie ein alter Teppich, der aufgetrennt wird: Das ganze Muster löst sich auf. Ich bin niemals seit dem Ende des Zweiten Weltkriegs so bewegt gewesen wie am heutigen Tag. Das Kriegsende war eine Desillusionie-

rung, so viele Hoffnungen wurden enttäuscht. Jetzt gibt es auf der ganzen Welt wieder Hoffnung, von Kiel bis Kambodscha. Überall brodelt es. Die dunkle Wolke von Angst und Unterdrückung verzieht sich, und erleichtert stellen wir fest: Die Leute, die hervorkriechen, sind Menschen geblieben, sie sehnen sich noch nach Freiheit. Die Gehirnwäsche hat nichts genutzt. Ich bin fünfundsiebzig Jahre alt und froh, das noch erleben zu dürfen. Das letzte Jahrzehnt des Jahrhunderts verspricht das erregendste von allen zu werden.
Der Hitlerbiograph Lord Bullock lebt in Oxford.

Kardinal Meisner

Am 9. November 1989 sind es genau neun Monate her, daß ich meine bischöfliche Wohnung im Ostteil der Stadt Berlin verlassen habe, um über den Westberliner Flughafen Tegel nach Köln zu fliegen. Drei Tage später habe ich das Amt des Erzbischofs von Köln im Hohen Dom in einem bewegenden Gottesdienst übernommen. In diesen neun Monaten hat sich in meiner Heimat, in der DDR, eine Entwicklung vollzogen, die damals niemand dort und hier zu ahnen gewagt hätte. Sie kann noch nicht als abgeschlossen betrachtet werden, aber der 9. November 1989, an dem die Grenzen von der DDR zur Bundesrepublik Deutschland und Westberlin geöffnet wurden, ist ein Markierungspunkt, der dem Gedächtnis des deutschen Volkes unvergeßlich bleiben sollte. Was die Bürger in der DDR in den vergangenen 40 Jahren gelitten haben, wie sie enttäuscht und in ihrer Menschenwürde verwundet, verletzt wurden, ist unbeschreiblich. Viele junge Menschen konnten aufgrund ihrer religiösen Praxis die Berufsziele nicht erlangen, die ihnen aufgrund ihrer Begabung hätten zukommen müssen. Soll ein Neubeginn gelingen, muß dem Leidenspotential der Menschen ein Verantwortungsbekenntnis der bisher Regierenden in Wort und Tat entsprechen. Die Grenzübergänge an der Berliner Mauer und an der deutschen Grenze wurden vom Mut und der Courage der tapferen Ungarn und Polen mitgeöffnet. Sie unterstützten den

Freiheitswillen junger DDR-Bürger, so daß eine reale Abstimmung mit den Füßen möglich wurde, die nun vieles im eigenen Land in Bewegung gebracht hat. Wir Deutschen sollten das den Ungarn und Polen nie vergessen.
Kardinal Meisner, Erzbischof von Köln, stammt aus Breslau und war von 1980 bis 1989 Bischof von Berlin.

Tilo Medek
Als ich 1959 von Jena nach Ostberlin zum Studium kam und in einem Prenzlauer-Berg-Hinterhaus ein Zimmer bewohnte, das wieder nur die Aussicht auf andere Hinterhöfe bot, da nahm ich akustisch an jedem Wochenende an großen Familienfeiern von Ost- und Westberliner Verwandten und Bekanntschaften teil: Akkordeons erklangen durch die geöffneten Fenster bis tief in die Nacht. 1961 wurde es friedhofsstill, das Efeu an den Brandmauern der Hinterhöfe paßte plötzlich, kein Akkordeon störte mehr den Schlaf. Und nun nach 28 Jahren diese nächtliche Überraschung: Menschen zählen die Hausnummern einer Berliner Straße auf der anderen Seite weiter und rechnen sich damit eine neue Zukunft aus. Lassen wir die Kräfte, die sich dort demokratisch erneuern, möglichst mit westlichen Hohen-Roß-Ratschlägen in Ruhe und überlegen, ob es nicht auch hier über die andauernde Militärpräsenz anderer Staaten auf deutschem Boden etwas nachzudenken gibt. Dann träfen am Ende eine sozialistische Demokratie aus eigener Kraft mit einer bürgerlichen Demokratie zusammen, aus der – wie selbstverständlich – ein geeintes Deutschland hervorgehen könnte, ein schreckloses Gespenst in der Mitte Europas!
Der aus Jena stammende Komponist Tilo Medek lebt seit 1977 in der Bundesrepublik.

Gerhard Schröder
Die Mauer in Berlin hat ihren Schrecken verloren. Die Freude darüber teile ich mit allen Deutschen. In der Erinnerung stehen mir noch die Tage, in denen Berlin zerrissen wurde und die uns tief erschüttert haben. Dies ist ein Tag der

Hoffnung. Wir hoffen darauf, daß bald alle Deutschen die Freiheitsrechte in vollem Umfang genießen können.
Gerhard Schröder war in Adenauers Kabinetten Bundesminister des Inneren (1953 bis 1961) und Bundesaußenminister (1961 bis 1966). Während der Großen Koalition war er Verteidigungsminister (bis 1969).

Melvin Lasky
Als Amerikaner in Berlin habe ich 1945 miterlebt, wie ein abscheulicher Sklavenstaat hinter einem Eisernen Vorhang und Betonmauern errichtet und von käuflichen Troubadouren besungen wurde. Ich wußte, daß er eines Tages zusammenbrechen würde. Ich hoffte, lange genug zu leben, um mitzuerleben, wie das Gerede vom besseren Deutschland und von der neuen Gesellschaft hinweggeschwemmt werden würde. Jetzt tanzen die Leute auf der Mauer, und eine friedfertige, aber dennoch wahrhaft glorreiche Revolution nimmt ihren Weg. In Berlin und Leipzig, in Warschau und in Budapest geht ein Alptraum nun zu Ende. Nachdem ich ein halbes Jahrhundert lang das Gefühl der Bedrängnis mit den unglücklichen Bürgern der »Zone« geteilt habe, teile ich mit ihnen nun auch die Freude, die sie für die Jahre der Verzweiflung entschädigen wird. Der kalte Krieg war es wert, geführt zu werden. Unser Kampf gegen Stalinismus und Kommunismus hielt das demokratische Ideal einer offenen Gesellschaft am Leben. Ich grüße unsere Freunde, die demonstrierende Menge, die sich nach Freiheit sehnt. Und ich wünsche diesen Freiheitskämpfern anhaltenden Erfolg in ihrem Kampf für das Menschenrecht.
Der Publizist Melvin Lasky ist Herausgeber der Zeitschrift »Encounter«.

Dieter Dorn
Man sitzt davor und heult. Warum soll ich mich genieren? Am meisten hat mich beeindruckt, daß es Leute gab, die zehn mal über die Mauer rüber und wieder hinüber sind. Die Größe der historischen Stunde zeigt sich in Kleinigkeiten: Da will einer nur mal »rüber, ein Bier trinken gehen«. Daß

das möglich ist, darin besteht die historische Lektion. Wenn unsereiner historische Stunden zu Kunst machen und sie inszenieren wollte, würde er sie todsicher in irgendwelchem Bombast begraben. Die Kleinigkeiten sind es, die zählen.
Der in Leipzig geborene Regisseur und Intendant Dieter Dorn lebt seit 1956 in der Bundesrepublik.

Günter Kunert
Das Volk steht auf, der Sturm bleibt aus: glücklicherweise. Das Volk, von dem man nun wieder glaubhaft sprechen darf, ist über die unerwartete Erfüllung eines Traumes selber dermaßen perplex, daß ihm die Worte des Triumphes fehlen. Aber der erste Schritt in die Freiheit ist zugleich der erste auf dem steinigen Weg mühseliger wirtschaftlicher Wandlungen. Wie das Ende aussehen wird, wissen wir nicht. Wir wissen nur: Seit gestern nacht ist die bisherige DDR in das zerfallen, was sie immer war: reines Augenpulver.
Der aus der DDR stammende Schriftsteller Günter Kunert lebt seit 1979 in der Bundesrepublik.

Richard Löwenthal
Was sich in diesen Tagen in der DDR abgespielt hat, ist eine wesentliche Veränderung für diesen Teil Deutschlands. Es ist klar, daß die Führer dieser Organisation nach wie vor bestimmte Grundsätze ihres Systems behalten wollen. Aber es ist auch klar, daß sie begriffen haben, daß ohne wesentliche Veränderungen die nichtkommunistischen Menschen sich nicht zufriedengeben werden. Neue Beziehungen zu anderen Organisationen innerhalb und außerhalb des Ostblocks sind notwendig geworden. Wir können heute nicht wissen, wie es auf die Dauer gehen wird, aber es ist nach dem heutigen Stand wahrscheinlich, daß es in den Beziehungen zwischen Ost- und Westdeutschland ernsthaft besser gehen wird. Es ist nicht notwendig, sich jetzt schon in Prophezeiungen über eine gemeinsame Nation zu verlieren: das spielt in der DDR viel weniger eine Rolle, als im Westen angenommen wird. Aber möglich erscheint ein gemeinsames Gefühl

zwischen West und Ost, das einschließt, daß es Unterschiede, aber erträgliche Unterschiede, weiterhin geben wird.
Der Politologe Richard Löwenthal, in Berlin geboren, emigrierte 1935 nach England und lebt seit 1961 wieder in seiner Heimatstadt.

Michel Tournier
Ich hoffe, daß nun viele Ostdeutsche auch nach Frankreich kommen, das bekanntlich weniger dicht besiedelt ist als die Bundesrepublik und noch sehr viel Raum hat. Frankreich hatte schon nach dem Algerienkrieg sehr profitiert von der Ankunft der nordafrikanischen »Pieds noirs« und kennt eine lange Tradition der Gastfreundschaft. Andererseits hoffe ich ebenso, daß nun auch die Franzosen in großer Zahl die neue Gelegenheit nützen, um in die DDR zu reisen, ein Land, in dem manche meiner besten Freunde wohnen und wo sich demnächst Atemberaubendes abspielen wird.
Der französische Schrifststeller Michel Tournier veröffentlichte in deutscher Sprache zuletzt den Roman »Der Goldtropfen« (1987).

Thomas Langhoff
Es bewegt mich sehr, allerdings zwiespältig. Ich möchte Fontane zitieren: »Die Freiheit, wie alles im Leben, kocht auch nur mit Wasser.«
Thomas Langhoff ist Regisseur am Deutschen Theater Ost-Berlin.

Kurt Masur

Man darf nicht schon wieder verfälschen

Über den 9. Oktober in Leipzig

Kurt Masur, Kapellmeister des Leipziger Gewandhausorchesters, hat in den politischen Auseinandersetzungen um die Demonstrationen am 9. Oktober in Leipzig eine herausragende Rolle gespielt. Am Abend dieses Tages wandte er sich gemeinsam mit dem Theologen Peter Zimmermann, dem Kabarettisten Bernd-Lutz Lange und den Sekretären der Bezirksleitung Kurt Meyer, Jochen Pommert und Roland Wötzel in einem Aufruf zur Vermeidung von Gewalttätigkeiten an die Leipziger. Im November 1989 haben die »Leipziger Sechs« ihre »Leipziger Postulate« der Presse vorgestellt, eine programmatische Grundlage für eine »Demokratische Republik Deutschland«. Kurt Masur gab bei dieser Gelegenheit sowie in Gesprächen mit Lothar Mattner eine Schilderung der Leipziger Ereignisse.

Es begann eigentlich mit den ersten Friedensgebeten. Das liegt schon eine ganze Weile zurück. Wir haben hier in Leipzig in der Nikolaikirche die Friedensgebete abgehalten vor immer größerer Beteiligung der Christen. Und nach und nach bildeten sich dort, durch die öffentlichen Aussprachen, durch die offene Atmosphäre, Gruppen, die hinzukamen, die einfach davon angezogen waren, daß man dort frei reden konnte. Eigentlich ganz normal, es kamen dann natürlich auch solche in die Kirche, die im Prinzip gar nichts mehr mit der Kirche zu tun haben wollten, sondern denen es wirklich nur darum ging, sich auch einmal aussprechen zu können. So nach und nach stellte sich heraus, daß die Polizei die Szene beobachtete und immer mehr Polizei hinzugezogen wurde zur Absicherung. Ich erinnere mich, so etwa im Mai/Juni standen dort immer am Montagabend um die gleiche Zeit vier bis fünf Transportwagen mit Polizisten, die nun die aus der Kirche Kommenden empfingen. Wir alle haben diese Eskalation mit angeschaut, weil wir einfach das Überangebot an Polizei unangemessen fanden. Es wurde dann schon eine Art Protestdemonstration daraus, die, so glaube ich, teilweise mit Verhaftungen einzelner geendet hat. Die Eskalation und die Gegenüberstellung an der Nikolaikirche nahmen immer mehr zu. Wir alle empfanden die Stimmung durch die Ausreisewelle vieler junger Menschen in die Bundesrepublik. Und wir empfanden unseren vierzigsten Geburtstag als unangemessen gefeiert. Es war für uns der Geburtstag einer zerstrittenen Familie. Das alles führte zu Spannungen im Volk, die dann zur ersten Eskalation und zu Gewalttätigkeiten zwischen Polizei und der Bevölkerung führten. In Berlin gab es dann noch einmal, ich glaube sogar, schlimmer noch am 7. Oktober als am 8., jene Konfrontation. Und wir wußten, daß am Montag darauf, das war der 9., hier in Leipzig mit Sicherheit eine Demonstration stattfinden würde, bei der Gewalt eine große Rolle spielen könnte. An diesem Tag gab es Konzerte hier im Gewandhaus, und wir waren in größter Unruhe. Ich rief am frühen Nachmittag Dr. Meyer an, er war sofort aktiv, verständigte die anderen Herren und fragte, ob wir uns nicht treffen könnten. Wir taten es dann bei uns zu Hause in der Wohnung und berieten, was nun zu tun sei. Wir haben uns wiedergetroffen ungefähr 45 Minuten, bevor die Demonstration losgehen würde. Wir hatten uns darauf geeinigt, im Leipziger Rundfunk, in der Rundfunkstation und im Stadtforum und während der Friedensgebete, die an diesem Abend in vier verschiedenen Kirchen stattfanden, einen Aufruf verlesen zu lassen. Die Demonstration war damals angewachsen auf etwa 70 000 Menschen ...

Es war alles eine Frage von Minuten. Hier in der Bezirksleitung wurde geklärt, daß die Sicherheitskräfte über den Kommandeur veranlaßt wurden, sich zurückzuziehen, auch möglichst nicht so sichtbar zu werden, daß sie die Menge in irgendeiner Weise provozieren könnten. Wenn Mut haben heißt, daß man Angst überwinden lernt, dann war das an diesem Abend so. Die Verantwortung, die wir übernommen haben, ist weit über unsere Befugnisse hinausgegangen. Es war fast unglaublich für uns alle, daß kein einziger Zwischenfall, keine einzige Verhaftung, keine gewaltsame Handlung stattfand. Das wurde dann eigentlich zum Modellfall für unser ganzes Land.

Es fällt auch heute Verantwortlichen schwer zuzugeben, daß Sicherheitskräfte die Aufgabe hatten, diese sogenannte Konterrevolution niederzuschlagen. Das war eindeutig. Ich sage das als Parteiloser. Ich kann es mir leisten. Es wird keiner zugeben, und wir haben es nicht kontrolliert. Aber wir wissen, daß hier Wasserwerfer, daß hier Tränengas bereitstanden. Und wenn die Sicherheitskräfte Gewehre hatten, dann werden sie auch Munition gehabt haben. Die DDR ist haarscharf an einem Bürgerkrieg vorbeigegangen.

Während der Messe noch gab es eine Demonstration, die auch gewaltsam auseinandergetrieben wurde, mit dem Schlachtruf »Wir wollen raus«. Am 9. Oktober war ich fasziniert, berührt und erschüttert, als Sprechchöre kamen: »Wir sind das Volk«, »Wir bleiben hier«. Das war eigentlich die Umwandlung, das Bekenntnis, wir wollen hier unsere Heimat aufbauen, aber nicht so, wie ihr es uns immer vorerzählt habt, und nicht so, wie ihr uns belehrt habt, daß es sein müßte.

Aber es werden immer noch Beschönigungen verwendet, es werden Dinge nicht ehrlich ausgesprochen, es wird schon wieder gesucht nach Worten – das stört mich schon wieder. Unruhe ist jetzt die erste Bürgerpflicht. Unruhig und ungeduldig müssen wir bleiben. Wir haben in den Ämtern immer noch dieselben Verwaltungsmenschen sitzen, wir haben in den Volksvertretungen immer noch dieselben trägen Leute, die sich über zehn oder zwanzig Jahre alles haben sagen lassen, die sich alles haben vorbeten lassen, die ständig mit dem Kopf genickt haben. Und das geht von unten bis oben. Und wenn wir die Veränderungen nicht von unten bis oben durchbekommen, dann werden sie leer bleiben.

Das Zurücktreten von einem Posten beinhaltet noch nicht sehr viel. Ich bin aber auch nicht für größere Schauprozesse gegenüber Menschen, die vielleicht eine ganze Zeit lang da ehrlich ihre Pflicht getan haben im Bewußtsein, daß sie recht taten. Aber überall da, wo nachweisbar Straftaten festgestellt worden sind – Vergehen gegen die sozialistische Idee, würde ich sagen –, da müßte man aufdecken, damit in Zukunft solche Fehler gar nicht mehr passieren. Die Ursache der Spannungen zwischen Volk und Regierung liegen fast durchweg im Staatsapparat, während vor dem 9. Oktober unsere Regierung immer behauptet hat, insbesondere die westlichen Medien oder irgendwelche fremden Mächte hätten unsere Menschen verhetzt. Unsere Menschen haben bewiesen, daß sie genau auseinanderhalten, was sie wollen oder nicht, daß sie Reife besitzen. Sie möchten hierbleiben. Sie möchten sich etwas bauen, was anders aussieht als eine Gesellschaft, in der der Egoismus so gewachsen ist, daß er die Hauptrolle spielt.

Was den Schießbefehl betrifft: Zugeschlagen hätten sie ohnehin, und sie hätten hart zugeschlagen, und sie hätten Verhaftungen vollzogen, und es wäre Blut geflossen. Es geht mir aber vor allem um eins: Ich bin nicht bereit, eine Rolle zu spielen, die uns unterschoben wird, daß wir ja eigentlich gar nicht so mutig gehandelt hätten, weil ja die Garantie von Egon Krenz bereits da war, daß alles gutgehen würde. Da erbitte ich die ehrliche Stellungnahme aller derer, die unmittelbar beteiligt waren. Ich habe mich auch an die Parteisekretäre gewandt und nicht umgekehrt, wie behauptet wird. Man darf nicht schon wieder verfälschen. Das sind diese Verbrämungen, die uns in der Vergangenheit geschadet haben. Ich will nicht den Helden spielen. Aber es geht darum: Es ist das Verdienst dieses Volkes und dieser jungen Menschen, die ihr Leben aufs Spiel gesetzt haben. Das darf nicht verunglimpft werden dadurch, daß man irgendwelche Leute decken will. Es ist völlig klar: Egon Krenz hatte die verhängnisvolle Haltung bei den Vorgängen in China. Das hat ihm große Antipathie eingebracht, besonders bei den Demonstrierenden. Wie es weitergehen würde, war an diesem 9. Oktober absolut nicht klar. Wir waren nahe dran. Bitte nichts beschönigen. Nicht schon wieder.

Es muß auch klargestellt werden, daß Krenz jemand war, der gegen die starre Politik von Erich Honecker anging im engsten Bereich des Politbüros. Nachdem diese Demonstration erfolgreich unblutig verlaufen war, war er einer der ersten, der darauf hinwies, daß es so funktionieren könnte. Erst dann hat er gesagt: Macht das weiter so in dieser Richtung. Das ist das, was ich weiß, und das ist das, was stimmt.

Wir sind in Opportunismus trainiert, sehr lange trainiert. Wir sind ja auch schon eine Wohlstandsgesellschaft geworden, wir wollen das nicht verleugnen. Wir haben zwar zuwenig Autos, aber wir leben gut, und das macht träge. Die Qualität dieser Aktivität aus dem Volk hat mich deswegen besonders berührt, weil nicht einer von denen um mehr Geld, um bessere Lebensbedingungen demonstriert hat. Es ging nur um ideelle Fragen. Es ging um eine Art der Freiheit, die uns eingeengt hat, die unsere Jugend dazu geführt hat, daß sie in schizophrener Weise sich angewöhnt hat, nicht die Wahrheit zu sagen. Die ganze Situation bei uns im Lande heute macht es notwendig, daß wir alle nicht hassen. Ich habe auch persönlich für mich in diesem Land sehr harte und schlimme Zeiten hinter mir. Das hat meine Wachheit mitgeprägt. Ich werde nicht aufgeben, solange ich hier aktiv sein darf, dafür zu kämpfen, daß all das, was jetzt in den Zeitungen gestanden hat, Wirklichkeit wird; sei es das Aktionsprogramm der SED, in dem eigentlich alle Punkte sind, die das Volk auf der Straße gefordert hat, das ist die Trennung von Staat und Partei, Kirche und Jugendorganisationen, das ist die Schaffung von frei gewählten Gremien, einer echten Volksvertretung, das ist alles das, was die Aktivität unserer Menschen freiwerden läßt, damit sie wieder schöpferisch arbeiten können. Unsere Menschen konnten nicht mehr kreativ sein. In den letzten Jahren habe ich nicht mehr so viele leuchtende Augen in den Straßen gesehen wie in der letzten Zeit. Das macht einen glücklich. Wir dürfen nicht wieder in die Selbstzufriedenheit fallen, die Vorstellung, das geht mich nichts an, das wird der andere schon tun. Für uns ist dieses Gewandhaus ein Beweis. Es gab manchmal Schulklassen, die haben sich das angeguckt, und da kamen manchmal so die Kinderweisheiten heraus: Das ist ja wie im

Intershop. Nein, das ist angewandter Sozialismus, weil wir es selbst in die Hand nehmen, weil wir wach geblieben sind. Man muß seine Freiheit dahingehend benutzen, daß man sich endlich kreativ Gedanken macht, was will ich denn machen? Das sind Fragen der Verantwortung des einzelnen, die wir alle erst wieder lernen müssen.

Das kulturelle Bedürfnis, das hier gepflegt wird, ist in langen Jahren entstanden. Ich habe Erich Honecker, nachdem er abgetreten ist, einen persönlichen Brief geschrieben, in dem ich ihm persönlich wünsche, daß er diese Enttäuschungen gut übersteht, und habe ihm gedankt für die Entscheidung, dieses Gewandhaus zu bauen, die Dresdener Semperoper und das Schauspielhaus. Das war auch eine einsame Entscheidung. Die hat er eigentlich wider alle Vernunft getroffen, denn bereits zu diesem Zeitpunkt waren wir so tief verschuldet, daß wir uns das gar nicht haben leisten können. Was mich am meisten beeindruckt hat in den zurückliegenden Wochen, war, daß die Menschen in unserem Land ein Wissen, eine Ehrlichkeit, die Fähigkeit, sich zu artikulieren, hatten, die vielleicht viele von ihnen vorher selbst gar nicht vermutet haben. Es war von mir nicht vorstellbar, daß die erste Veranstaltung hier im Gewandhaus zu solchen Ergebnissen führen könnte. Als Prämisse war von mir als Hausherr gesagt worden: Ich garantiere jedem, der sich hier befindet und sich äußert, daß ihm kein Schaden entsteht. Und wenn, dann müßtet ihr mir halt aus der Haft schreiben. Man merkt auch heute, daß unterschwellig diese alte Furcht noch vorhanden ist. Das Selbstbewußtsein aber, der aufrechte Gang ist nicht mehr wegzudenken. Das ist die größte Hoffnung, die ich habe. Die Menschen haben sich selbst entdeckt, und sie haben entdeckt, daß sie Fähigkeiten entwickeln, die weit über das hinausgehen, was sie an sich selbst gekannt haben. Das wird uns alle dahin bringen, ohne Unterlaß zu ringen, daß dieses Land, daß der Sozialismus dazu geschaffen wurde, daß die Menschen sich darin wohl fühlen. Das sollte unser Ziel bleiben.

21. November 1989

Brigitte Seebacher-Brandt

Die Linke und die Einheit

Unwägbarkeiten
der deutschen Geschichte

Der SPD-Führung ist die Demonstration 800 000 Mark wert. Soviel nämlich kostet die Verlegung des Parteitages Ende 1989 nach Berlin (West). Doch damit nicht genug des Tributs, der der deutschen Frage gezollt wird. Die Beratung über das neue Programm erhält einen deutschlandpolitischen Vorlauf am Tage, nachdem die Sozialistische Einheitspartei in Berlin (Ost) ihr vorläufiges Schicksal besiegelt hat; mit dem ersten Sonderparteitag in ihrer Geschichte wird der Anfang vom Ende der aus Zwang erwachsenen SED eingeläutet sein. Ob die räumliche und zeitliche Nähe beider Kongresse zu nationalem und ideologischem Brückenschlag einlädt? Ob jenes verwandtschaftliche Band aufgeknüpft wird, das mit soviel Leid und Opfer durchwirkt ist? Oder bleibt weiterhin vergessen, wie 1946 eine dreiviertel Million Sozialdemokraten erst verführt, dann vergewaltigt und schließlich in die SED verwiesen wurden?

Die Entschließung, die die SPD in Berlin fassen wird, inspiriert und entwirft Egon Bahr. Längst nicht unumstritten, gibt er doch weiterhin den Ton an – weit über die eigene Partei hinaus. Gegenpositionen mit Aussicht auf Echo zeichnen sich nicht ab. So läßt sich vorhersagen, daß die Zweistaatlichkeit fest- und die Nichteinmischung in die Angelegenheiten der DDR großgeschrieben wird. Einheit, so der Befund, stelle sich auch auf diese Weise her, und nationales Bewußtsein gelte es dadurch zu untermauern, daß alliierte Besatzungsrechte abgebaut und beide deutsche Staaten souverän würden. Die Forderung nach je einem Friedensvertrag liegt in der Logik dieses Kurses. Egon Bahr und Günter Gaus, erster Ständiger Vertreter in der DDR, stehen in dem Ruf, »kleine Metternichs« zu sein. Beide verkehrten gern und oft mit den einst Mächtigen der SED, nicht weil sie kommunistenfreundlich gewesen wären, sondern in Kategorien hoher Diplomatie denken und Politik für eine Sache der Kabinette halten. Daß auf diesem Wege auch Nutzen gestiftet und der einvernehmliche deutsche Auftritt bei den Wiener Abrüstungsverhandlungen vorbereitet wurde, sei vermerkt.

Konnte ausbleiben, daß die Kontaktfreude sich verselbständigte und einherging mit der Neigung derer, die in der DDR zwar keine gesellschaftliche Alternative suchten, aber Defizite in ihr aufgehoben fanden? Defizite, die im deutschen Westen ausgemacht wurden. Vom »Diktat des Profits und der Unternehmerherrschaft« (Steinkühler), der »Macht des großen Kapitals« (Schmude), der »Ellbogengesellschaft« (Momper) und der vielfach beklagten »sozialen Kälte« ist der Glaube nicht weit, daß etwas Drittes her müsse, etwas, das den Auswüchsen beider Systeme den Boden entziehe und den Namen des wahren, des nun hüben wie drüben beschworenen humanen Sozialismus verdiene. Wie einer die DDR deutet, ob sie bleiben oder – auf welchem langen Weg auch immer – angeschlossen werden soll, hängt von jener Brille ab, durch die er die bundesrepublikanische Demokratie sieht. Denn daß ein dritter Weg gesamtdeutsch beschritten werde, ist kein Glaubensinhalt mehr; die Anziehungskraft des Westens ist offensichtlich und manch einem unheimlich geworden. Die gesamtdeutsche Losung, einst eine antikapitalistische Zuflucht der Linken, gehört der Vergangenheit an.

Woher die selbstquälerische Angst vor Ratschlägen und Maßstäben? Woher die selbstzweiflerische Manie, dem Ruf nach Reform drüben den nach Reform hüben hinterherzuschicken? Das Selbstverständnis der Linken schließt Stolz auf die deutsche Nachkriegsdemokratie nicht ein, und die Bundesrepublik als die Antwort zu verstehen, die aus dem Abgrund der deutschen Geschichte hinausgeführt hat, käme ihr nicht in den Sinn. Anders gewendet: Die Zweistaatlichkeit gilt heute als Strafe für alles, was Deutschland der Welt angetan hat. Tatsächliche oder vermeintliche Vorbehalte der Nachbarn, naher und ferner, werden so oft strapaziert, daß man sich an ein Wort Churchills erinnert fühlt; er hatte gefunden, man habe die Deutschen entweder an der Gurgel oder an den Füßen. Wer Selbstbestimmung auch den Deutschen zugesteht, müßte die Einheit als nahezu selbstverständlich einrechnen und im übrigen sich der Erfahrung stellen, daß sie sich täglich vollzieht – diesseits aller diplomatischen Finessen und ideologischen Träume.

Die Schwierigkeiten im Umgang mit der Nation sind älter als deren nazistische Epoche. Zweifel und Zwiespalt reichen weit zurück und waren der deutschen Arbeiterbewegung in die Wiege gelegt, vor allem weil ihr der Platz am Tisch der Nation verwehrt wurde. Ferdinand Lassalle hatte Sinn für Macht gehabt und auf die preußisch bestimmte Reichseinheit gesetzt. Aber er duellierte sich beizeiten zu Tode; daß er nicht der Führer sein würde, nach dem man verlangt, mag er geahnt haben. August Bebel, 1866 österreichisch gesonnen, verlieh der jungen Partei jenes Doppelgesicht, das sie sich bis in den Ersten Weltkrieg hinein bewahrte. Den Zusammenbruch des Systems vorherzusagen, ihm folglich »keinen Mann und keinen Groschen« zu gewähren, und doch zu versichern, die SPD werde »das Vaterland« immer verteidigen helfen, dieses Wechselspiel von Flucht und Identifikation löste sich am 4. August 1914 nur scheinbar auf. Die Kriegskredite zu bewilligen, verstand sich, mangels Alternative, von selbst und führte doch zu neuer Verwirrung, weil man sich von Abläufen und Stimmungen überrollt fand und Demokratie und Nation auch jetzt nicht auf den Begriff gebracht wurden. Ludwig Frank, der badische Parteiführer, der beides verkörperte, meldete sich vom Reichstag aus freiwillig an die Front. Er wollte zeigen, daß das Ja zu den Krediten nicht taktisch bedingt gewesen sei, sondern es den Sozialdemokraten »mit der Pflicht zur Verteidigung der Heimat bitter ernst ist«.

Ludwig Frank, der das Zeug, aber nicht die Chance hatte, Bebel nachzufolgen, begründete eine Tradition, die der deutschen Linken fremd blieb und ihr vielleicht gar nicht zuzurechnen ist. Als die Weimarer Republik zu veroden begann, führte die nationale Blutleere von Partei, Gewerkschaft und deren intellektuellem Umfeld einen »rechten« Flügel zusammen, der die Linke an die Nation zu binden suchte – vergebens. Julius Leber beschwor noch 1933 einen Nationalismus, der jedem Volk lasse, »was ihm von Rechts wegen zukommt«, und »mit den hohen Bestrebungen, Verständigung, Frieden und Freiheit zwischen allen Völkern, groß wie klein, herbeizuführen«, trefflich zu vereinbaren sei. Hätte er überlebt, er hätte wieder gesagt: »Zertreten wir... den Zweifel, den die Vergangenheit in uns legen könnte«. Daß die führenden Männer dieses Kreises den Weg in den Widerstand suchten, war von todbringender Konsequenz. Für die deutsche Nachkriegsdemokratie wiegt ihr Beispiel schwer, sehr schwer. Warum ist es in der Linken nicht lebendig? Warum ist das Bekenntnis versunken, das Theodor Haubach, hingerichtet im Januar 1945, inmitten der zwanziger Jahre ablegte? »Für ein neues Deutschland oder für nichts. Es gibt kein Drittes! Dieses neue Deutschland ist noch nicht da, aber es wird, und wir kämpfen um sein Werden. Und wenn wir für Deutschland kämpfen, dann kämpfen wir für ein neues Europa.« Haubach kam in der Linken der Weimarer Jahre sowenig nach oben wie einer, der sich in seinem Erbe sähe, in der Bundesrepublik nach oben käme.

Klaus von Dohnanyi, dessen Vater zu den Verschwörern des 20. Juli gehörte und noch am 8. April 1945 umgebracht wurde, hat nun zu Papier gebracht, was er – ohne Echo – auch schon vor den Führungsgremien seiner Partei äußerte. Er spießt jene »Position der angeblichen politischen Vernunft« auf, die das Thema einer staatlichen Vereinigung »in der politischen Dunkelkammer« verstecken möchte – als »gefährliches Wiedervereinigungsgerede«; Günter Grass sprach, der F.A.Z. gegenüber, von »Wiedervereinigungsgeschrei«. Der Außenseiter, der Dohnanyi schon war, als er noch nicht privatisierte, legt jene innere Dynamik frei, die vom Bankrott des Kommunismus und der SED über Selbstbestimmung und freie Wahlen hin zur Einheit führt. Er schlägt den Bogen von einer wissenschaftlich-technischen

Gesellschaft über Privateigentum und Markt hin zu Demokratie und Nation und huldigt im übrigen dem schönen Glauben, der Linken rasch etwas beibringen zu können.

Die Linke und die Historiker, die sich ihr verpflichtet fühlen, haben sich immer schwergetan, die großen Wechselfälle der Geschichte zu begreifen, die sozialen und seelischen Bruchstellen im Leben der Völker und der Menschen auszuloten und sich vorzustellen, daß im Gang der Ereignisse auch in Zukunft Sprünge gemacht werden und Neues hervorbricht. Analogien und Gesetze der Geschichte hat die Linke noch nie auseinanderzuhalten vermocht, sie wird es auch künftig nicht tun und immer hochrechnen, was ist und sich in vorgefertigte Muster fügt. So besteht einer ihrer Irrtümer auch darin, von den aktuellen Oppositionsgruppen in der DDR auf die Stimmung der Bevölkerung insgesamt zu schließen. Dabei decken sie nur einen Teil ab – das eher grünalternativ und basisdemokratisch ausgerichtete Spektrum – und sprechen nicht für die Millionen, die sich in westlichen Kaufhäusern oder Fußballstadien tummeln und von denen niemand sagen kann, wohin sie sich in freien Wahlen wenden werden.

So werden auch in der Diskussion der deutschen Frage Formeln wiederholt, über die die Zeit hinweggegangen ist; wer wollte noch zwischen Freiheit und Einheit wählen wollen? Es werden Feststellungen getroffen, die von nutzloser Richtigkeit sind; wer wollte nicht Rücksicht nehmen auf die Welt um uns herum? Und wer nicht zugeben, daß sich das russische Sicherheitsinteresse mit deutscher Einheit vorerst nicht verträgt? Den einen Nenner gibt es weder in vergangenem noch in gegenwärtigem Leben, und Widersprüche löst nur auf, wer selbst weiß, was er will. Es werden schließlich Fronten aufgerissen, die mit Glück und Verstand in den vergangenen Jahrzehnten zugeschüttet worden sind. Die deutsche Einheit gegen die europäische Integration ausspielen zu wollen, hieße viele Räder zurückdrehen und dem eigenen Wohlstand den Boden entziehen.

Klaus von Dohnanyi meint, die Linke vor der Wiederholung eines folgenschweren Fehlers warnen zu sollen. Das Nein zur sozialen Marktwirtschaft habe sie auf lange Zeit die

Mehrheit gekostet, das Nein zur deutschen Nation werde sie aufs neue von der Macht verbannen. Handelt es sich tatsächlich nur um Fehler? Irrtümer, die korrigiert werden könnten? Kaum. Von der Linken wird etwas verlangt, was sie 1948 nicht leisten konnte und vierzig Jahre später nicht leisten kann – Einsicht zu nehmen in die Unwägbarkeiten der Volksseele.

21. November 1989

Günter Kunert

Traumverloren

Die Idee des Sozialismus scheitert

Vor kurzem wurde dem staunenden Zuschauer elektronisch vorgeführt, wie Extreme sich zu berühren vermögen. Da saßen, friedlich vereint, der Staatsratsvorsitzstellvertreter Manfred Gerlach und Oppositionspfarrer Eppelmann vor der Kamera, in völliger Übereinstimmung der Ansicht, daß der Sozialismus erhalten, renoviert, reformiert, zumindest jedoch dessen »Gutes« bewahrt werden müsse. Eppelmanns Aufrichtigkeit will ich gar nicht in Frage stellen. Nur, was dort erläutert wurde, wie in anderen ostwestlichen Talkshows übrigens auch, klang und klingt »traumverloren«. Der deutsche Intellektuelle nebst seinen Visionen vom Guten, Schönen und Humanen ist durch keine noch so massive Tatsachenfülle widerlegbar.

Man hat unabweislich ein *Déjà-vu*-Gefühl: Als erlebe man auf groteske Weise die Wiederholung einer klassischen deutschen Misere, der einst so wunderbare Geistesblüten entsprangen. Die gegenwärtigen aber sind bereits welk. Trotz überwältigender Kenntnis der trostlosen Lage und ihrer kaum minder trostlosen Ursache wird die längst mumifizierte Utopie beschworen. Ob Christa Wolf auf dem Alexanderplatz in Ost-Berlin oder der aus seiner Versenkung auferstandene Rudolf Bahro im Fernsehen – entgegen jeder Erfahrung, auch ihrer eigenen, meinen sie ernsthaft, nun sei der Zeitpunkt gekommen, den »demokratischen Sozialismus« einzuläuten. Blindlings fallen die großen Worte, denen man abgeschworen hatte, auf die Zuhörer nieder und gemahnen den etwas kritischeren unter ihnen an die Früchte des Tantalus. Würde man die Hand danach ausstrecken, sie entzögen sich dem Zugriff wie eh und je.

Die nach vierzig Jahren Tristesse ungeduldige Mehrheit jedoch greift lieber nach dem Nächstliegenden: den Bananen bei »Aldi«. In die ferne Zukunft zu schweifen, ist ihr die Lust vergangen. Mit dem Postulat: »So wie wir heute arbeiten, werden wir morgen leben!« ist den zwangsläufig an der tatsächlichen Arbeit Beteiligten eine Perspektive nach der anderen ausgetrieben worden. Im Status halber Leibeigenschaft, an den Boden gebunden wie im Mittelalter, haben sie ihr Leben, wie nun deutlich wird, sinnlos hinbringen müssen. Denn der einzige, ihnen vorgetäuschte Sinn, die Scheinlegitimation der Herrschenden, nämlich die neue, menschlichere Gesellschaft, erweist sich als pure Fiktion.

War der alte Traum vom Sozialismus nicht mehr als ein Phantasma? Trifft diesen Traum nicht ganz genau Goyas Radierung: Der Schlaf der Vernunft gebiert Ungeheuer? Und sind nicht gerade wir Deutschen immer zu leicht bereit gewesen, auf Vernunft, Vernunft im Sinne kritischer Skepsis zu verzichten – falls wir überhaupt jemals zur Selbstreflexion fähig waren? Eilfertig und begeistert haben wir uns oft genug unter das Gebot von Schemen gestellt; der Ausgang war, zurückhaltend gesagt, stets unerfreulich. Das von Marx beschworene Gespenst des Kommunismus, das ehedem Europa beunruhigte, ist mittlerweile – als hätte der Alte unbewußt eine Prophezeiung ausgesprochen – zum Gespenst geworden, zum Schreckgespenst sogar. Jetzt, gegen Ende des Jahrtausends, verschwindet der Spuk, um demnächst verblassende Erinnerungen und gemischte Gefühle zu hinterlassen.

Dies vorausgesetzt, wirkt die gegenwärtig erhobene Forderung nach einer Erneuerung des Systems übertüchtiger Ruinenbaumeister wie ein später und deplazierter Scherz. Nun endlich, heißt es, werde man auf den Trümmern des zusammengebrochenen ein wahrhaft bewohnbares Haus errichten. Ergo jene angestrebte Gesellschaft, die ihre Widersprüche und Gegensätze gewaltfrei und menschlich behandeln würde. Diese Hoffnung ist trügerisch. Denn sie ignoriert den ökonomischen und ökologischen Zustand des Landes, aber nicht nur diesen; sie mißachtet vor allem die Kondition des Menschen, jenes Geschöpfes, das eine Idee nur zu realisieren vermag, indem es diese in ihr Gegenteil verkehrt. Um Ideen zu verwirklichen, all die Vorstellungen der Aufklärung vom Menschen, müßte dieser zuallererst zu dem Papier werden, auf dem er idealtypisch vorgezeichnet wurde.

Der »demokratische Sozialismus«, die »freie Assoziation freier Menschen« basieren auf der irrigen Überzeugung, der Mensch wäre ein durchaus rationales Wesen, das zur Einsicht in Notwendigkeiten in der Lage sei. Auch der »demokratische Sozialismus« geht von der vorpsychologischen Prämisse aus, der Mensch bestünde aus einem Körper mit Bewußtsein, und zwar mit einem Bewußtsein, das veränderbar, belehrbar, also formbar ist. Mir scheint, diese gedankliche, vor allem von Intellektuellen gepflegte und gehegte Voraussetzung stammt selber aus seelischen Tiefenschichten – um nicht zu sagen: aus der archaischen Grundstruktur des Gehirns. Denn der Traum vom »demokratischen Sozialismus«, in welchem die Brüderlichkeit obenansteht, als wären nicht Kain und Abel das »paradigmatische« Brüderpaar gewesen, kommt aus dem Unbehagen an der Industriezivilisation. Sie, die die in ihrem Bereich Befindlichen in Rädchen und Schräubchen verwandelt und ausschließlich Funktionalität honoriert und weniger ethisches Verhalten, ist der eigentliche Hauptfeind unserer Tage: der Versucher, der die Seelen aufkauft.

Insofern kann innerhalb dieser Megamaschine, die ja deutlich den aktuellen Sozialismus sich anverwandelt, eine »freie Assoziation freier Menschen«, nichts anderes werden als ein Feierabend-Club oder ein Traditionsverein, in welchem man gemeinsam das Kommunistische Manifest liest, um sich dem Aufwachen zu entziehen. Des weiteren, und damit beziehe ich mich auf unser archaisches Ego, auf unsere »Antiquiertheit«, wie Günther Anders uns definiert, des weiteren also sind wir hilflose Opfer unserer bisherigen Vergangenheit.

Jahrzehntausende lebten wir in Großfamilien, in Clan-

Verbänden, in Stämmen unmittelbar aufeinander bezogen; diese Bindungen hat die Industrialisierung aufgelöst. Die »Klassenzugehörigkeit« war das letzte Relikt vordem natürlicher Gemeinschaft und Gemeinsamkeit, aber ebensowenig künstlich am Leben zu erhalten. Kein Gesellschaftsentwurf unseres Jahrhunderts, am allerwenigsten der Marxsche, ging vom real existierenden Individuum aus. Stets waren solche Entwürfe Spiegelungen der Individualität ihres jeweiligen Begründers: Unglückselige Personen, selber familiärer, religiöser, gesellschaftlicher Bindungen verlustig, umarmten kompensatorisch das Volk, die Nation, die Arbeiterklasse, die Menschheit. Oftmals gelang der Versuch, sich selber zu transzendieren, aufs Genialische. Die Monade, innerhalb der um sich greifenden Industrialisierung, erdachte sich ein Kollektiv Gleichgesinnter und Gleichgestimmter, das seinen organisatorischen Zusammenschluß zum Gesetz erheben und dieses dann der faktischen Realität überstülpen würde. Die Folgen sind bekannt.

Im Zeitalter der Isolation des Subjektes boten Parteien, politische Bewegungen dem unaufgehobenen und sich selbst überlassenen Herrn Jedermann einen Ersatz für den historisch unaufhaltsamen Verlust. Und der dergestalt Inkorporierte wußte sich unter Gleichen; auch wenn ihm einige gleicher vorkamen. Er war eingebunden, beachtet, wahrgenommen und umsorgt: unter Kameraden oder Genossen. Diese Bindung zu erhalten schien wichtiger, als einen möglichen Zweifel laut werden zu lassen. Zu drohend stand einem die Ausstoßung und Verfluchung biblischen Ausmaßes vor Augen. Gerade die kommunistischen Parteien zogen aus der seelischen Abhängigkeit der Mitglieder ihre Stärke. Man kann das alles nachlesen, über das Gezappel im Netz psychischer, ja psychotischer Verstrickung. Kein Wunder, daß selbst alte Genossen, die im »GULag« waren, die Partei nicht aufgaben: Die Beziehung hatte die Qualität eines bedingten Reflexes erreicht.

Frühere Gemeinschaften und Gruppen hielt ein Kollektiv-Ich zusammen, der Konsens des Glaubens, die gemeinsamen Riten, Freuden und Ängste. Ähnliches in der Industriegesellschaft wiederbeleben zu wollen ist naiv. Das Individuum ist längst zum Handlanger seiner eigenen Vermarktung geworden; seine Interessen, Motive und Antriebe sind längst »wertfrei«, wenn man den Schwund »höherer« Werte in diesem Zusammenhang nennen will. Anstelle besagter Werte ist etwas anderes zum letzten Halt der Massen geworden: der neue *Deus ex machina* und seine unheilige Dreieinigkeit: Funktionalität, Produktivität, Konsumtion. Und es ist abzusehen, daß die Menschen in der DDR mit dem Gewinn an äußerer Freiheit die innere, nämlich ihre *Reservatio mentalis,* einbüßen werden.

Aber selbst wenn die kommunistische Partei ihre eigenen Ideale und Wertvorstellungen nicht durch ihre Praxis so gründlich liquidiert hätte: den Kommunismus aufzubauen wäre ihr auf jeden Fall versagt geblieben – wie die Kirche in Europa, bis auf das Reservat in Rom, nie eine dauerhafte Theokratie zu schaffen vermochte. Und den theokratischen Anspruch hat die Partei ja erhoben mit der Formel von der »führenden Rolle«. Jetzt aber, nach ihrem Scheitern, zeigt sie sich als eine Konstruktion, die in einem leidlich modernen Staat völlig überflüssig ist und nichts anderes war als kostspielig, nichts als eine Verdoppelung ohnehin vorhandener staatlicher Einrichtungen und Verwaltungsvernetzungen. Freilich: Es gibt keinen Zauberspruch, der sie von heute auf morgen verschwinden lassen kann.

Auch der Zauberspruch vom »demokratischen Sozialismus« wird wohl eher verhallen, als daß er irgendwelche Wirkung zeitigt. Nach vier Jahrzehnten einer am grünen Tisch erdachten, der Bevölkerungsmajorität aufgenötigten Ordnung kann eine Modifikation dieser oder analoger Ordnungen keine Chance mehr haben. Solange der Traum vom »demokratischen Sozialismus« von unbeweisbaren Hypothesen zehrt, werden wir gewiß noch manchem Schlafwandler begegnen. Aber der Moment des Erwachens läßt sich nur hinausschieben. Dem zu erwartenden Palaver in Permanenz folgt unausweichlich die Enttäuschung, auf die ein Aphorismus des polnischen Satirikers Lec nur zu gut paßt: »Schon wieder scheiterte eine Wirklichkeit an den Träumen!« Man könnte auch sagen: An den Träumern.

30. November 1989

Martin Walser

Zum Stand der deutschen Dinge

Vom schwierigen Umgang mit
der sanften Revolution

Jeder von uns hätte etwas anderes zu tun. Das Leben hat Konjunktur. Die Politik ist eine schon fast schmerzliche Einschränkung auf einen Ausschnitt. Aber was in diesem Ausschnitt passiert, ist leider das Wichtigste. Und schon ist man wieder dabei und gafft und gibt zu, daß man das nicht versäumen darf. Eine neue Rolle für Zeitgenossen: Zuschauerin und Zuschauer. Man begreift von Abend zu Abend mehr, daß die sanfte Revolution in Leipzig, Dresden, Ost-Berlin nicht so stattfinden könnte, wenn die Fernsehkameras nicht dabei wären. Eine Bedingung dieser unheimlichen Friedlichkeit ist die Öffentlichkeit. Wir sind Zeugen. Geschichte live. Das ist dann doch etwas ganz anderes als Politik. Störend in diesen Bildern von gelingender deutscher Geschichte: die BRD-Vertreter, wenn sie auftreten wie Sieger. Sieger wirken wahrscheinlich immer unangenehm. Unsere Politiker, Publizisten und so weiter, die jetzt über die DDR triumphieren, wirken peinlich bis scheußlich. Ekelerregend der Fernsehjournalist, der den neuen Generalsekretär nicht interviewt, sondern verhört. Dieses angemaßte Bessersein! Das Fernsehen ist ein Medium der Information, nicht der Rechtsprechung. Und die DDR ist nicht der arme Vetter, der es zu nichts gebracht hat, sondern der Bruder, der erwischt wurde und auch für uns den Kopf hinhielt.

I.

Die Leute in der DDR erklären sich zum Volk. Das Wort ist unseren vom Mißbrauch eingeschüchterten Lippen fremd geworden. Jede Sprache, die sich nicht soziologisch sterilisieren ließ, verfiel bei uns sofort dem entsetzlichsten Verdacht. Genaueres Hinschauen nicht nötig. Wer statt Gesellschaft Volk sagt, darf, nein, der muß niedergeschimpft werden. Jetzt gibt es also das DDR-Volk. Es will einen anderen Staat. Ob es mit uns in einem Staat leben möchte, wissen wir nicht. Nach dem, was wir jetzt erlebt haben, wissen wir nur, daß das DDR-Volk sich keinen Staat mehr verpassen läßt, in dem es nicht leben will. Keine Partei mehr, die alles, was sie verbricht, mit marxistischem Wahrheitsmonopol legitimiert. Wir haben erlebt, daß das demokratische Ausdrucksmittel Demonstration zu unerwarteten Genauigkeiten fähig ist. Hunderttausende, also Massen, haben sich wahrhaftiger und genauer, also richtiger ausgedrückt als alle Intellektuellen. Dann sind sie herübergekommen, ein Bier zu trinken, 100 Mark auszugeben, Leute auf unserer Seite zu umarmen. Hat es solche Umarmungen nach Polen hin auch gegeben? Haben DDR-Bürger in Budapest Ungarn auch so umarmt? Oder ist es schon wieder verdächtig zu vermuten, daß in Hof, Berlin und Lübeck Deutsche einander umarmten? Ich habe diese Umarmungen erlebt als Geste des Wiedersehens. So lacht und weint man nicht, wenn man nicht daheim ist. Eine selbstverständliche Zusammengehörigkeit durfte sich endlich ausdrücken. Nach achtundzwanzig beziehungsweise nach vierzig Jahren. Um das Staunen nicht zu verlernen, muß man angesichts des deutsch-deutschen Zusammenflutens daran denken, welche Feindseligkeiten in diesen beiden Staaten vierzig Jahre lang gezüchtet wurden! Der exzentrischen Schauspielerin Aurelie legt Goethe im »Meister« in den Mund: »Ich muß es eben bezahlen, daß ich eine Deutsche bin; es ist der Charakter der Deutschen, daß sie über allem schwer werden, daß alles über ihnen schwer wird.« Wenn gegen Ende des 18. Jahrhunderts so bestimmte Aussagen möglich waren, ist es doch seltsam, daß sich heute viele Intellektuelle der deutschen Frage gern mit der Begründung entziehen, Deutschland müsse es heute nicht mehr geben, da es ja früher auch keines gab. Nur eben in den unrühmlichen Jahren 1871 bis 1945, also bitte.

Eine Nebenbemerkung: Ich habe versucht, auszudrücken, daß man ein Geschichtsgefühl haben kann, das weiter zurückreicht als ins Jahr 1871. Das Wort Geschichtsgefühl reizt bei Intellektuellen offenbar die Hohndrüse. Unter Bewußtsein tun sie's nicht. Sie sind stolz und scharf darauf, mit dem Kopf zu denken. Ich halte mich zwar auch für einen Intellektuellen, behaupte aber doch, Geschichtsbewußtsein sei kein bißchen weniger metaphorischer Sprachgebrauch als Geschichtsgefühl. Geschichtsbewußtsein hält sich vielleicht nur deshalb für zuverlässiger, weil es als Wort den, der mit ihm umgeht, in eine Wolke der Rationalität einlullt. Auch so eine Metapher: Rationalität. Vielleicht muß mancher eben Fichtes Wissenschaftslehre doch zweimal lesen, um zu bemerken, daß Geisteswissenschaft metaphorisch operiert. Als sie meine Unfähigkeit, die deutsche Teilung anzuerkennen, zu tadeln hatten, wiesen drei aufklärerisch auftretende Intellektuelle, ganz unabhängig voneinander, heftig darauf hin, daß ich doch vom Bodensee stamme und dort jetzt auch noch wohne. Das hieß deutlich: Und so einer kümmert sich um die deutsche Einheit! Mir kommt dieser Hohn nicht so aufklärerisch vor, wie er gemeint war, weil er sich von einem verwitterten Klischee nährt, das die Blut-und-Boden-Ingredienzien nicht verbirgt. Daß die aufklärerisch gesinnten Kollegen das nicht bemerkten, zeigt nur, daß nicht nur Liebe, sondern auch Zorn unser Sehvermögen eher einschränkt als steigert. Das Zusammenleben der deutschen Länder hat in vielen Jahrhunderten immer nach Ausdrucksformen gesucht, die der Epoche, nicht nur in Deutschland, gemäß waren. Dazu gehörte in der Epoche des europäischen Imperialismus eine Zeitlang jenes deutsche »Reich«. Zu unterstellen, man träume vom »Reich«, wenn man für einen Bund der deutschen Länder ist – ein für die SPD denkender Intellektueller hat das genußvoll getan –, zeigt nur, wie schnell wir uns, wenn es um die deutsche Sache geht, in Positionen begeben, die eine möglichst weitgehende Verurteilung des Andersdenkenden ermöglichen. Ende der Nebenbemerkung.

Was unsere Politiker, unsere Medien, unsere Literatur, unsere Philosophie, unsere Filme der Welt nicht vermitteln konnten, diese sanfte Revolution hat es fertiggebracht: Der Stand der deutschen Dinge ist offenbar geworden. Auch in Paris und Marseille haben Zuschauer vor den Fernsehapparaten geweint. Das angejahrte und aus schlimmster Erfahrung mit den Deutschen stammende Mißtrauen hat sich mit jeder Stunde Zeugenschaft in Verständnis, Rührung und Zustimmung verwandelt. Die Politiker – das ist eine Unterstellung – haben um so zustimmender reagiert, je mehr sie für unmittelbare Demokratie aufnahmefähig sind. Also: Mitterrand und Bush haben zustimmender reagiert als London und Moskau. Das heißt: In Paris und Washington war – ich weiß nicht, für wie lange – die deutsche »Wiedervereinigung« plötzlich kein Alptraum mehr. Gorbatschow hat zwar als der gelehrige Schüler seiner eigenen Aufbruchsphantasie im Oktober in Ost-Berlin gesagt, was in der DDR geschehe, werde in Berlin und nicht in Moskau entschieden, aber als es dann geradezu irrsinnig prompt soweit war und die Ost-Berliner tatsächlich anfingen, selber zu entscheiden, wurden Gorbatschow und seine Mitarbeiter wieder ganz, ganz vorsichtig. Daraus wird klar: Auch Gorbatschow ist es lieber, die Politiker entscheiden und nicht das Volk. Die Deutschen sind eine Nation, heißt es jetzt in Moskau, aber das sollen sie gefälligst in zwei Staaten sein. Die einschüchternde Begründung: Die Nachkriegsgrenzen sind unverrückbar. Das ist der jetzt am häufigsten genannte Grund; in der DDR, in Moskau, in London und sonstwo. Diese durch den Krieg entstandenen Grenzen hätten vierzig Jahre Frieden garantiert. Mir kommt es so vor, als seien Grenzziehungen, die durch Kriegsverlauf zustande gekommen sind, nicht schon durch die Art, wie sie zustande gekommen sind, anerkennenswert. Das sogenannte »Dritte Reich« war ein Unrechtsgebilde, ein Verbrechen also, trotzdem ist nicht alles, was die als Befreier wirkenden Sieger mit der Konkursmasse Deutschland anfingen, von bleibendem Wert. Was allein hat der kalte Krieg diesem Kriegsergebnis hinzugefügt!

II.

Die deutsch-deutsche Grenze ist ja ebenso ein Produkt des kalten Krieges wie des Zweiten Weltkriegs. Darüber schummeln sie sich immer hinweg, im Ausland und im Inland. Und dem kalten Krieg auch nur im mindesten eine Vernunft nachzusagen ist schlechthin unmöglich. Der kalte Krieg war unsere zeitgenössische Version der früheren Religionskriege, also des Dreißigjährigen Krieges zum Beispiel. Und haben die Nachbeter der Formel von der friedensgarantierenden Kraft der Grenze, die auch »Eiserner Vorhang« hieß, einmal überlegt, was das für ein Frieden war, den diese Nachkriegsgrenze garantierte?! Vierzig Jahre kalter Krieg: das hat diese Grenze gebracht, die wir jetzt um ihrer friedensstiftenden Qualität willen anerkennen sollen! War eine Grenze je grausamer als diese? Der kalte Krieg hat einen Rüstungswahnsinn produziert, der jährlich Millionen Menschen verhungern ließ. Millionen sind umgebracht worden in den begrenzten Kriegen in Korea und Vietnam, die zur Philosophie des kalten Krieges gehörten. Und diese aus christlichen Kreuzzugsphantasien und marxistischem Weltbekehrungswahn entstandene Grenze mitten durch ein Land sollen wir als vernünftig hinnehmen?! Wahnsinn! Was diese Grenze geleistet hat, ist nirgends so erlebbar geworden wie in den Polarisierungszwillingen Adenauer und Ulbricht. Es muß beiden noch im Grab gleich weh tun, in einem Atemzug genannt zu werden. Schuld sind beide gleich wenig. Schuld sind die zwei Wahrheitslager, die Religionsquartiere, die mit politisiertem Christentum und messianisiertem Marxismus die Verweltlichung der Welt für ein weiteres Mal verhinderten. Utopie sollte regieren, so blutig und böse wie immer. Jetzt möchte man endlich im Namen der Gegenwart Säkularisierung fordern.

Ganz zweifellos ist die Oder-Neiße-Linie eine wesentlichere, geschichtlich qualitätsvollere Grenze als die, die mitten durch Deutschland geht. Die deutsch-deutsche Grenze war und ist eine verrückte, blödsinnige, künstliche Linie. Die mieseste Grenze der Welt. Nein, das war sie. Sie existiert nur noch zum Schein. Die sanfte Revolution des

DDR-Volks hat der ganzen Welt die Illegitimität dieser Grenze bewiesen. Und trotzdem soll sie bleiben? Darf das einem nicht wieder verrückt vorkommen? Jeder kommt sich realistisch vor, wenn er diese Grenzgroteske mit den beiden Militärbündnissen rechtfertigt, die mitten in Deutschland aufeinanderstoßen. Das kommt vom Krieg. Den haben wir verschuldet. Aus. So läuft die Formel. Zur gleichen Zeit redet der Realist aber vom europäischen Haus. Europa gehe bis zum Ural. Wir werden schönstens integriert, also wahrhaft aufgenommen. Aber was ist das für ein europäisches Haus, das von zwei Militärbündnissen gespalten wird? Nato und Warschauer Pakt sind Folge des völlig idiotischen kalten Kriegs. Haben wir den nicht hinter uns? Wir sind doch gerade dabei, friedfertig zu werden. Zum ersten Mal gelingt Abrüstung. Warum dann nicht eine hellere Formel: Die deutsch-deutsche Grenze ist so sinnvoll wie zwei Militärblöcke in dem einen europäischen Haus. Und ein europäisches Haus mit zwei gegeneinander wirkenden Militärbündnissen ist kein Haus, sondern eine Falken-Voliere. Es gibt das Volk. Das ist jetzt bewiesen. Also darf diesen Sandkastenmonstern nicht mehr erlaubt werden, ihre paranoiden Konstruktionen zu unserem Realitätsprinzip zu machen. Und schon marschiert die nächste Formel auf: 75 Millionen Deutsche in einem Staat – das ist zuviel. Aber ein in Europa vollkommen integrierter Deutscher Bund ist dank seiner Verflochtenheit militärisch und politisch doch wirklich harmlos. Die Integration nimmt mit jedem Tag zu. Das Schreckbild der 75 Millionen Deutschen stammt aus hegemonialen, imperialistischen Zeiten. Aber ebendie sind in jeder Hinsicht zu überwinden, wachsen wir doch ins Europäische hinein. Schon die Wirtschaft wird für eine gegenseitige Durchdringung sorgen, die uns von unseren Erbübeln einigermaßen erlöst. Eine Art amerikanischer Vielfalt und Weite ist auf diesem Kontinent vom Ural bis zum Atlantik wirklich vorstellbar. Und wie viele Kulturen existieren in Amerika von Neuengland bis Neu-Mexiko konfliktreich zusammen! Wenn jetzt also zum Glück so viel von Europa geredet werden kann, so ist das auch eine deutsche Möglichkeit, das deutsche Katastrophenprodukt in etwas Besseres fortzuentwickeln. Kein bißchen Wiedervereinigung! Aber auch kein bißchen Anerkennung der aus nichts als mißlungener Geschichte entstandenen deutsch-deutschen Grenze!

Es ist schwer, das Selbstverständliche noch einmal anders auszudrücken. Sollen sie doch einmal die millionenfachen Verwandtschaftsbeziehungen zwischen den deutschen Teilen zusammenzählen. Sollen sie eine Volksabstimmung zulassen. Wichtig genug wäre das Thema. Schon die Frage, ob Deutsche das Selbstbestimmungsrecht nicht in einer Abstimmung ausüben können sollten, wurde mir von einem zornigen Kollegen als »Stammtisch« disqualifiziert. Aus der DDR schreibt mir jetzt jemand, der offenbar die innerdeutsche Grenze auch nicht vernünftig finden kann: »Wer in den letzten zwei Jahrzehnten sich für eine friedliche Einheit der beiden Staaten ausgesprochen hatte, wurde sofort als konterrevolutionär, Feind des Sozialismus und auch als Anhänger des Faschismus hingestellt. Und in dieser Ecke es auszuhalten war wahrlich nicht einfach.« Prangerproduktion also dort und hier.

Im Augenblick ist man bei uns fein heraus, wenn man alles ins Europajahr '92 verschiebt und so tut, als löse sich da auch Innerdeutsches ganz von selbst. CDU- und SPD-Sprecher reden zur Zeit enorm vertröstungssicher und vertrauenheischend von diesem Prozeß. Mir kommt es vor, als seien diese Sprecher zu lange mit Automatik gefahren. Als gebrannter Zeitgenosse muß ich da an die fünfziger Jahre denken. Damals ging die Formel so: Aus Westintegration folgt Position der Stärke, aus Position der Stärke folgt Wiedervereinigung. Ob Stalin-Note und Grotewohl-Brief in den fünfziger Jahren nicht doch eine von uns verpaßte Gelegenheit waren, verfiel dann der Exegese in den Seminaren. Behandeln wir wieder eine Gelegenheit so, daß wir später wieder lang und breit beweisen können, es sei keine gewesen? Man kann wahrscheinlich nicht andauernd nuscheln, um dann immer erst hinterher laut mitzuteilen, was man damals genuschelt habe. Bis zu diesem Augenblick hat keiner unserer Politiker sich so deutlich gemacht wie Klaus von Dohnanyi. Von seinen drei gleichermaßen schätzenswerten Präzisierungen hier nur die erste, als Beispiel für die jetzt fällige Deutlichkeit: »Wir wollen die staatliche Vereinigung der beiden deutschen Staaten in einem freien Europa, und zwar über den Weg der Selbstbestimmung in der DDR und in Ost-Berlin.« Wie könnte man das Selbstverständliche selbstverständlich machen? Offenbar ist das das Schwierigste. Die mißlungene Geschichte soll den Ausschlag geben. So wie es nicht hätte kommen dürfen, soll es bleiben. Den in der Bundesrepublik erprobten Föderalismus kann man doch anbieten, der hat sich bewährt. Wenn nur nicht, aus welch ehrwürdigen Bedenken auch immer, die Status-quo-Mentalität den Ausschlag gibt. Wenn wir uns nur nicht Europa gegenüber so in eine Zweistaatlichkeit hineinreden, daß dann wieder vierzig Jahre lang nichts mehr geht. Wenn wir nur vor jedem Gremium zu fragen wagen, womit, bitte, die Zweistaatlichkeit gerechtfertigt werden kann. Wenn wir uns nur angewöhnen, ein europäisches Haus erst für eine Unterkunft zu halten, wenn es keine gegeneinander wirkenden Militärblöcke mehr enthält. Wenn die Auflösung dieser Blöcke Zeit braucht, dann darf in dieser Zeit eben auch keine deutsch-deutsche Grenze festgeschrieben werden. Die Auflösung der Militärblöcke und die Auflösung der deutsch-deutschen Grenze sind aneinander gebunden. Das sollte unser *ceterum censeo* sein. Die Geschichte ist ein Prozeß, der zu keinem Zeitpunkt Fertigprodukte liefert. Es ist nach unserer Geschichte verständlich, daß wir dazu neigen, den Augenblick zum endgültigen zu erklären, der für uns der ungünstigste war. Aber wäre es nicht auch naheliegend, die Verantwortung für das, was Deutsche getan haben, gemeinsam zu übernehmen? Reizt das denn gar nicht: der Welt ein friedfertiges, friedvolles Deutschland zu bieten? Eines, das wirklich viel tun könnte für eine Welt, in der Not die Tagesordnung diktiert. Und für uns im Westen wären die DDR-Deutschen, wenn wir eine Verantwortungsgemeinschaft wären, wirklich erwünscht. Das erlebt man in der DDR: dort ist nicht jeder in sich selbst gefangen wie bei uns. Wir könnten bei unseren Landsleuten Solidarität lernen. Das ist eine Art Freundlichkeit, die im Westen irgendeiner Wohlstandssäure zum Opfer gefallen ist. Wenn wir nur nicht – und sei's aus ehrwürdigen

Gründen – klein beigeben und eine Gelegenheit versäumen, die, im Unterschied zu den fünfziger Jahren, nicht nur vielleicht eine, sondern wirklich eine ist. Offenbar gehört das auch zu diesem Prozeß, den wir Geschichte nennen, daß eine Gelegenheit, wenn sie versäumt wird, keine mehr ist. Das Volksfest an der Mauer. Baumelnde Füße und lachende Polizisten. Das haben wir erlebt. Deutsche Geschichte darf auch einmal gutgehen. Baumelnde Füße. Lachende Polizisten. Leute, die einander nie gesehen haben, umarmen einander. Diesem Niveau muß Politik jetzt entsprechen.
5. Dezember 1989

Joachim Fest

Schweigende Wortführer

Überlegungen zu
einer Revolution ohne Vorbild

Mitunter ist das Stummsein sprechender als alles Reden. Zu den Auffälligkeiten des zurückliegenden Jahres gehört das Schweigen, mit dem die intellektuelle Klasse der Bundesrepublik auf die revolutionären Vorgänge in den östlichen Nachbarländern reagiert hat. Die Sache hat einen durchaus ironischen Aspekt. Denn die im Sommer begangene Zweihundertjahrfeier der Französischen Revolution, die einen Epochenbruch in toter, museal präparierter Form in Erinnerung rief, hat eine Flut von Publikationen und Veranstaltungen zur Folge gehabt. Die dabei bis zum Überdruß sich öffnenden Schleusen der Beredsamkeit machen das Schweigen über die Revolution im Wirklichen nun um so lauter vernehmbar. Von respektgebietenden Ausnahmen abgesehen, haben die Intellektuellen gedanklich oder in der Empfindung daran sowenig teilgenommen wie in den vorausliegenden Jahren an der gesamten Entzauberung des Sozialismus, die spätestens mit Solschenizyn einsetzte und in Leipzig oder Prag ihren vorläufigen Höhepunkt erreichte. Das kritische Bewußtsein ist in Sprachlosigkeit versunken und desavouiert noch im nachhinein das Pathos der moralisch-politischen Instanz, die es für sich reklamiert.

Das ist ein verblüffender Vorgang, der einige Überlegung verdient. Man kann ihn als Zeichen der Verlegenheit angesichts des Scheiterns einer Idee deuten, die mehr als irgendeine andere auf die Sympathie derer zählen konnte, die gesellschaftliche Beglückungsprojekte zu entwerfen lieben.

Solange die Völker stillhielten, ließ sich das Schweigen überdies mit der Sorge um den friedenssichernden Status quo verbinden, sosehr dies am Ende auch auf die Rechtfertigung bestehender Unterdrückungspraktiken hinauslief. Aber inzwischen ist dieser Begründungszusammenhang zerrissen und die Frage naheliegend, ob das Verstummen nicht tiefere Gründe hat.

Zu den Erstaunlichkeiten der revolutionären Prozesse des Jahres 1989 gehört nicht nur, sieht man von den tragödienhaften Geschehnissen in Rumänien ab, ihr insgesamt friedlicher Verlauf, der den klassischen, mit Insurrektion, Gewalt und bürgerkriegsähnlichen Zuständen verknüpften Revolutionsbegriff außer Kurs gesetzt hat. Dergleichen betrifft jedoch eher die Begleitumstände. Den wahrhaft verwirrenden, ins Zentrum zielenden Charakter erhielten die Ereignisse vielmehr angesichts der Tatsache, daß sie gerade nicht jenes Element sozialrevolutionärer Emphase enthalten, von dem so gut wie alle historischen Revolutionen der Neuzeit beherrscht waren. Die verschiedentlich anzutreffenden Versuche, die Vorgänge als eine Revolution des wahren Sozialismus gegen dessen Deformierung zu interpretieren, kehren die Dinge schlechterdings um.

Damit hat zu tun, daß es sich erstmals um eine Revolution ohne Vordenker, überhaupt ohne intellektuelle Beteiligung handelt, was vielleicht etwas von der Beklommenheit erklären hilft, die aus dem Schweigen spricht. Auch das macht einen tiefen Bruch sichtbar. Denn seit der Aufklärung, mit der die Unterminierung bloß überlieferter Herrschaftsverhältnisse einsetzt und die Macht sich auch vor der Vernunft zu rechtfertigen hat, haben alle Revolutionen ein gedankliches Vorläufertum gehabt, das einen radikal veränderten Geschichtsgang erdacht, begründet oder ersehnt und mitunter sogar dessen Verwirklichung organisiert hat. Selbst noch die nationalsozialistische Machtergreifung ist, als Revolution eigenen Zuschnitts, ohne eine Ahnenreihe mit bemerkenswerten Namen kaum zu denken, auch wenn ihr der Traktatenschund völkischer Pseudopropheten die weit grelleren Umrisse verschafft hat. Die derzeitigen Ereignisse aber fallen ganz aus dieser Tradition heraus. Die ungeheure Entfernung zwischen denen, die herkömmlicherweise das Wort führen, und den Akteuren auf den Straßen spiegeln einerseits die Ergebenheitsadresse des AStA der Freien Universität an Erich Honecker zum vierzigsten Jahrestag der DDR; und auf der anderen Seite der Fehlschlag jener Resolution »Für unser Land«, mit der Christa Wolf und andere die Eigenständigkeit der DDR zu behaupten versuchten und die im Echolosen untergegangen wäre, wenn ihr nicht Egon Krenz durch seinen Beistand einige unerbetene Resonanz verschafft hätte.

In Deutschland, Ost wie West, waren es demnach, im Unterschied zu Polen, der Tschechoslowakei und Rumänien, gerade nicht die Intellektuellen, die den 9. November oder was ihm voraufging und folgte, vorbereitet und herbeigeführt haben. Eine Bewegung wie die Charta 77 hat es nie gegeben, nicht einmal vom sicheren Boden der Bundesrepublik aus, und vergebens sucht man so integre Fürsprecher der fundamentalen Bürgerrechte wie Václav Havel oder Mircea Dinescu unter ihnen. Vielmehr sind die meisten, selbst als das Beben schon spürbar war, der Opportunität gefolgt oder doch den Projekten der imaginären Paradiese, unerreicht von aller Misere der Menschen, die in ihren Verlautbarungen oft wie abgeschrieben wirkten. Am deutlichsten macht das die Haltung der Grünen sichtbar. Man kann der Idee eines deutschen Einheitsstaates mit manchen Vorbehalten begegnen; man kann die sogenannte deutsche Frage als Herausforderung zur Organisation einer größeren Friedensordnung begreifen, für die das zusammenwachsende Europa einen weiten, aber doch auch halbwegs festen Rahmen bereitstellt. Man muß, dies vorausgesetzt, gewiß auch darauf bestehen, daß das eine nicht vom anderen zu trennen ist. Etwas ganz anderes aber ist die Ungerührtheit, mit der, selbst in der Turbulenz der Novembertage, die meisten Sprecher der Partei dem Nachbarn verweigerten, was sie im Fernen gern einklagen. Es ist wohl falsch, wenn häufig gesagt wurde, darin offenbare sich ein Mangel an nationalem Empfinden. Damit kann man sich aus ernst zu nehmenden Gründen schwertun. Was weit stärker hervortrat, war der Mangel an elementarem, humanem Mitgefühl.

Vielleicht kommt im Blick auf die Grünen, die stärker als andere Gruppierungen die deutsche kulturpessimistische Tradition fortsetzen, etwas anderes hinzu, was zur Erklärung jenes Verstummens, das vom Gerede über die Zweistaatlichkeit nur unzureichend verdeckt wurde, beiträgt. Über ihre kümmernden Biotope gebeugt, auf Ozonlöcher und KKWs starrend, haben sie sich womöglich so unbeirrbar auf die Erwartung von Apokalypsen und pessimistischen Szenarien festgelegt, daß eine Wendung zum Besseren, irgendwo in der Welt, ihr Vorstellungsvermögen weit übersteigt. Mitunter meint man viele, die von dieser deutschesten aller deutschen Traditionen geprägt sind, noch wie gelähmt von der Erfahrung zu sehen, daß die Geschichte, einmal wenigstens, keine Katastrophe ausgebrütet hat.

Was überhaupt ins Auge fällt, ist der statische Charakter des Reagierens, das Festgelegtsein auf alte Rollen und Kategorien. Wer da heraustritt, sieht, wie früher Hans Magnus Enzensberger oder Martin Walser, erprobte Loyalitäten zerbrechen und Freunde zu Gegnern werden. Zwar hat der stürmische Verlauf der Ereignisse das Urteil im einzelnen oft erschwert, und immer wieder sah sich der Gedanke vom Geschehen überrollt. Die Indolenz jedoch, die das Schweigen und oft genug auch das Reden verrieten, ist etwas anderes und entsprach nur zu genau der Teilnahmslosigkeit, mit der schon in den Jahren zuvor, zur Zeit der Honecker-Herrschaft, die Menschen in jener Entrechtung alleingelassen blieben, von der man nicht erst weiß, seit es die Demonstranten für alle Welt unüberhörbar machten.

Die elementaren Menschenrechte haben jedenfalls, was die Bewohner der DDR angeht, in der Bundesrepublik auch auf seiten derer kaum Anwälte gehabt, die sich gern zu Sprechern dieser Rechte überall in der Welt machen. Apathie und Anpassungswille wogen selbst dann noch schwerer, als das Regime schon aus den Fugen ging. Es macht etwas vom Rang Willy Brandts sichtbar, daß er frühzeitig die Bedeutung der Vorgänge erfaßt und, alle taktischen Erwägungen beiseite schiebend, die Worte gefunden hat, die nicht nur der Emotion des Augenblicks, sondern auch der politischen Vernunft gerecht wurden.

Das ist als Beispiel unabhängigen Verhaltens um so eindrucksvoller, als Willy Brandt dabei auch Positionen seiner Partei in Rechnung zu stellen und sogar aufzugeben hatte. Die Meinungsäußerungen derer dagegen, die sich von keinem politischen Kalkül beschwert wissen, scheinen merkwürdigerweise weit stärker in starren Denkfiguren befangen. Man kann in diesem Zusammenhang den korrupten Typus, den es auch gibt, außer acht lassen. Stefan Heym beispielsweise, der auf dem Anlauf zu einem besseren Sozialismus beharrt und gleichzeitig die DDR-Besucher verhöhnt, die staunend vor dem »glitzernden Tinnef« in jenen West-Berliner Läden stehen, aus denen er selber sich seit Jahr und Tag versorgt. Aber viele Einlassungen sind allzu offenkundig von ideologischen oder wie immer begründeten Präokkupationen bestimmt sowie von der Überlegung, wem das eine politisch nutzen oder das andere schaden könnte. Desgleichen tritt die Neigung hervor, im Gedanken gegen das Leben recht zu behalten und Theorien gegen die Wirklichkeit zu stellen.

Auf dieser Linie liegt etwa die Diskussion darüber, ob der Zusammenbruch des SED-Regimes als »Triumph des Kapitalismus« zu verstehen sei. Sie macht nicht nur die Fixierung auf das Ideologische sichtbar, auf Sachen und Ziele eher als auf Menschen, sondern auch, in welchen ausgefahrenen Spuren sich der intellektuelle Disput in der Bundesrepublik bewegt. Denn natürlich hat nicht »der« Kapitalismus triumphiert, und schon gar nicht der, dessen obsoletes Bild in diesem Zusammenhang gern beschworen wird. Überlegen gezeigt haben sich vielmehr Idee und (wiewohl unzulängliche) Praxis der offenen Gesellschaft, die mit dem Kapitalismus nur insoweit zu tun hat, als er die ihr zugehörige Wirtschaftsverfassung ist. Man verkennt den Charakter der revolutionären Vorgänge in Warschau, Budapest oder Ost-Berlin, wenn man sie nach solchen vorgegebenen Mustern beurteilt und das Bürgerrechtspathos überhört, das sie so vernehmbar antreibt. Zur offenen Gesellschaft gehören einklagbare Grundrechte, Wahl- und Meinungsfreiheit, rechtsstaatliche Sicherungen einschließlich der Gewaltenteilung, Verwaltungskontrolle und anderes mehr. Was zu Ende geht, ist die lange anachronistisch gewordene Klassengesellschaft unter sozialistischem Vorzeichen, der Neofeudalismus der Honekker, Husák und Ceauşescu.

Unvermeidlicherweise spukt in den Einwänden, denen man zunehmend begegnet, auch das verloren geglaubte Utopiewesen herum, die Träume von der schönen neuen Welt, denen sichtlich kein Debakel den Garaus machen kann. Mit einer Ungerührtheit, die etwas Atemverschlagendes hat, werden im Ruin ja nicht nur der einen DDR, sondern europaweit aller sozialistischen Systeme schon die Pläne für neue Ordnungsmodelle entworfen, in denen die Gesellschaften wiederum als Experimentierfelder und die Menschen nur als Material figurieren. Ohne Utopie könne kein denkendes Wesen leben, lautet eine Literatenweisheit, die unterdessen wieder billig ist. Denn solange die Konsequenzen anderswo ertragen werden müssen, ist es leicht, der DDR das Derivat davon, den Sozialismus, zu empfehlen, während man selber, im Unbehelligten, die idealen Welten weiterträumen kann. Aus einer Erfahrung redend, die den Ideologieverdacht ausschließt, hat die Schriftstellerin Monika Maron geschrieben: »Wo immer ich höre, daß einer weiß, was der anderen Menschen Glück ist; wo immer ich lese, daß jemand im Namen einer Idee über Millionen Menschen verfügt, und sei es nur in Gedanken; wo immer ich sehe, daß einer alten Ideologie frische Schminke aufgelegt wird, um ihren Tod zu maskieren, packt mich das Entsetzen.«

Die manchem schmerzhafte Lektion der Epoche heißt am Ende wohl, daß die Utopie, die Sehnsucht nach einer Welt der Eintracht, Ordnung und Gerechtigkeit, überhöht von spirituellem Glanz, nur ein Trugbild ist. Vielleicht wird man doch ohne Utopie leben müssen. Die Irritation jedenfalls, und nicht selten auch der offene Hohn, denen in den östlichen Nachbarländern die Versuche begegnen, die Idee des Sozialismus über und gegen sein Desaster zu retten, deuten an, daß die Menschen diesem Gedanken keine Chance mehr einräumen; daß sie dem Sozialismus, wie allen anderen Ismen auch, nicht einmal mehr den Rang einer erprobungsfähigen Alternative geben. Denn die Utopien haben durchweg in einem jener Unterjochungssysteme geendet, die gerade nicht eine Abirrung, sondern die unvermeidliche Logik aller verwirklichten Ismen sind.

Das kann, ihrem Wesen nach, auch nicht anders sein. Denn sie verstehen sich nicht als lediglich eine Idee neben mehreren konkurrierenden anderen, sondern als die eine richtige Idee gegen die Finsternis aller übrigen. So, wie es noch im Mai 1989, in aller anmaßenden Unschuld, im »Neuen Deutschland« gestanden hatte: »Antikommunisten haben immer unrecht, wir, die Kommunisten, haben trotz mancher Fehler und Niederlagen immer recht.« Der Satz beschreibt, in denkbarer Kürze, warum solche Gedankensysteme, welcher Herkunft auch immer, mit dem Prinzip der offenen Gesellschaft unvereinbar sind und jener demokratische Sozialismus, auf den sich nun neue Erwartungen richten, entweder ein Irrtum ist oder eben, beim Wort genommen, jene Ordnung, die in der Bundesrepublik und anderswo, bei allen Unterschieden und Schwächen, schon existiert.

Die da und dort hervortretende Absicht, die DDR als Versuchsfeld für einen neuen Anlauf zum Sozialismus zu behaupten, hat unterdessen manche Widerstände unter denen wachgerufen, die diese Revolution begonnen und zu einem Zwischenerfolg geführt haben. Denn mehr als ein Zwischenerfolg ist es bisher nicht. Aber kaum ein Wort stützt sie oder die Sache der Bürgerrechte gegen die mit nach wie vor überlegenen materiellen und organisatorischen Mitteln ausgestattete und neues Selbstbewußtsein zurückgewinnende SED. Größer ist die Bereitschaft, sich gegen die ferne Möglichkeit einer Wiedervereinigung zu engagieren als für die elementaren Rechte der einzelnen.

Wenn die Stimmen nicht trügen, wird inzwischen, in der einsetzenden Polarisierung innerhalb der DDR, auch ein Soupçon gegen das politische Wortführertum der Intellektuellen vernehmbar, die in der Theorie hochreden, was dann für andere mühselige Praxis ist. Es ist ein langer Weg der Entfremdung, der niemandem dient. Die Veranstaltung vom 4. November 1989 auf dem Berliner Alexanderplatz war nicht zuletzt ein schon verspäteter Versuch, eine Art Meinungsführerschaft zurückzugewinnen. Die Reden und Appelle konnten jedoch nicht vergessen machen, daß so gut wie keiner von denen, die da auftraten, sich beizeiten zu Wort gemeldet und das Selbstverständliche gefordert hatte; vielmehr hatten das die Leute von der Straße getan, die von keinem Idealbild, keinem leitenden Entwurf bewegt waren, sondern einfach von der Unerträglichkeit des Bestehenden. Vielleicht hat dieser Umstand erst den besonnenen Verlauf dieser Revolution ohne Vorbild ermöglicht, den Verzicht auf Radikalismen, den viele als das eigentliche Wunder empfunden haben, und manches spricht dafür, daß darauf auch zurückzuführen ist, was J. P. Stern als »die Abwesenheit jenes schauderhaften germanischen Ernstes« beschrieb, »der in der Vergangenheit so oft in Aggressivität umschlug, in Fanatismus und Gewalt«. Denn die Wendung ins Inhumane entspringt immer dem Dogmatismus einer Theorie.

Vermutlich ist der Zeitpunkt noch nicht da, um die ganze Bedeutung der Vorgänge zu erfassen, die das Jahr beherrschten. Sicherlich schlägt aber, als verbindender Antrieb aller Erhebungen von Warschau bis Bukarest, das Verlangen der Menschen durch, von jenen politischen Erlösungssystemen verschont zu bleiben, die dem neunzehnten Jahrhundert entstammen und das unsere millionenfache Opfer kosteten. Václav Havel hat sich unlängst zum Sprecher gegen den Terror der Ideologien gemacht und diese Bewegungen als Aufstand des Anspruchs auf das kleine Glück gegen die großen politischen Heilsentwürfe gedeutet. »Der Utopismus der Epoche hat sich für unser Land in grausamer Weise nicht ausgezahlt«, schrieb er, und: »Wer schlägt uns hier wieder irgendwelche ›strahlenden Morgen‹ vor?«

Sollte es sich so verhalten, zeigte sich nicht nur, wieweit diejenigen, die schon wieder gesellschaftliche Entwürfe erdenken, die Träume von gestern träumen. Vielmehr würde es auch erklären helfen, warum sie, in ihrer anhaltenden Fixierung auf die Systeme und in ihrer Entfremdung von den Menschen, die Revolution des zurückliegenden Jahres verpaßt und bis heute so wenig dazu zu sagen haben. Denn das neunzehnte Jahrhundert, dem noch immer die Frontstellungen und die Idealbilder, die Rollenverständnisse und auch die Gespenster unserer Tage entstammen, schließt nun ab. Das Spiel ist neu gemischt. Viele aber sitzen noch immer mit den alten Karten am Tisch und versuchen, so verzweifelt wie ergebnislos, die Zeichen darauf zu lesen.

30. Dezember 1989

Helga Königsdorf

Bitteres Erwachen

Zwischenbilanz zur Lage in der DDR

Es ist, als wäre ich von einer Reise zurückgekehrt, auf der viel Merkwürdiges geschehen ist und auf der ich die ganze Zeit mit der Idee gelebt hätte, den Meinen Bericht zu geben. Aber nun stellt sich heraus: Die Meinen sind nicht mehr die Meinen! Alles ist verändert. In diesem Jahr fiel ich aus der Rolle. In diesem Jahr machte ich Revolution. In diesem Jahr verlor ich meine Heimat.

Wir lebten in der jakobinischen Phase einer nicht zu Ende geführten Revolution, die zu uns exportiert worden war. Wir hatten uns eingerichtet. Mit einer romantischen Identifikation. Wir waren zutiefst religiös. Glaubten, daß der Mensch gut sei, wenn nur die Verhältnisse es zuließen. Glaubten, die Menschen ließen zu, daß die Verhältnisse es zuließen. Wir entwickelten ein Gemeinschaftsgefühl, das uns Geborgenheit und Zugehörigkeit gab. Wir waren nicht bereit, dies in Frage stellen zu lassen. Angriffe wehrten wir ab. Auch wider besseres Wissen. Mit dem Gefühl, im Dienste einer höheren Wahrheit sei das Vergehen an einer unteren ein irgendwie geheiligtes Mittel. Und diese kleinen Vergehen im Dienste von irgend etwas Vagem schmiedeten uns noch enger zusammen. Die anderen, die am Gemeinsamen Nichtbeteiligten, neideten uns dieses Gefühl. Es verletzte sie schlimmer als unsere übrigen Taten. Zugleich entstand dadurch bei ihnen ein Solidargefühl, so daß sich insgesamt ein merkwürdiges abgestuftes Beheimatetsein ergab, das letzten Endes auf der uneingestandenen gemeinsamen Demütigung beruhte.

Wir schlossen die Augen vor der unerträglichen Wahrheit, daß sich unser Leben auf einem Irrweg der Geschichte abspielte. Eine Aussage, die vielleicht genauso fragwürdig ist wie alle unsere früheren Aussagen. In dieser Absolutheit jedenfalls. Denn was ist Geschichte, wenn nicht ein sich ständig korrigierender Irrweg. Nur daß dieser uns so lange umgebende real existierende Zustand, der das Produkt einer viel früheren Revolution war, einer nicht beendeten, deren Kinder ihr das Beiwort »Große« gegeben hatten, sich dabei der Magie der Worte wohl bewußt, daß dieser historische Zwischenfall sich als fatal stabil erwies.

Er überdauerte Generationen. Versklavte sie. Brachte eine Sklavensprache hervor, die auch die Sprache der Macht war. Denn diese Sprache bezeichnete die Sklaven zugleich als Herren, was jeden Widerstand von vornherein als unlogisch erscheinen ließ. Wir, Kinder dieses naturwissenschaftlichen Zeitalters, die wir auf die Logik vorgegebener Sprachen zu setzen gewohnt waren, die wir auf eine gewisse Rationalität des Gegebenen bauten, zappelten in diesem Gewirr von Fallstricken und trösteten uns mit dem Glauben, trotzdem hänge die Welt auch irgendwie von uns ab. Und vielleicht steckte ja darin ein Körnchen Wahrheit.

Der Vorwurf der Dummheit oder des Sichherausredens, wie man es auch immer gern haben möchte, träfe auf uns nicht zu. Es gab sehr intelligente Leute unter uns. Und doch lag unsere Vernunft im Schlaf. Vielleicht, weil wir keine Alternative anzubieten hatten. Und die Vorstellung, daß man den Dingen einfach ihren Lauf lassen müßte, erschien uns als unakzeptabel. Die Besten von uns arbeiteten an korrigierten Entwürfen, als es dafür längst zu spät war. Sie wähnten sich avantgardistisch und waren in Wirklichkeit die neuen Dogmatiker.

Unser Erwachen war bitter. Der Aufbruch im Mutterland der alten Revolution. Die Menschen, die vor uns Reißaus nahmen. Die immer unverfrorenere Unmoral des politischen Alltags. Unsere totale Machtlosigkeit. Unsere Gemeinschaft erhielt immer mehr Ähnlichkeit mit der Gemeinschaft psychiatrischer Anstalten. Wir hielten uns nicht länger an den Text. Wir redeten uns den Kummer von der Seele. Aber es war eine geschlossene Gesellschaft.

Als das Volk auf die Straße ging, waren viele von uns dabei. In dieser ersten romantischen Phase der Revolution. Unserer Revolution. Als es noch genügte, gegen etwas zu sein. Wir erlebten ihn mit, diesen Moment Schönheit. Jeder an seinem Ort. Ich an einem Abend in der Erlöserkirche. Doch schon, als ich danach einsam nach Hause ging, begriff ich: Dies genügte nicht. Sondern die ganze moralische Kraft, die auch in uns steckte, mußte sichtbar mobilisiert werden. Sie mußte sich formieren, um den geordneten Rückzug aus einer falschen Gesellschaftskonzeption antreten zu können. Auch wenn man heute über all den Skandalen und Enthüllungen vielleicht das Wort »geordnet« nicht akzeptieren möchte, wenn man den Konkursverwaltern Ausverkauf vorwirft, so ist das doch die Selbstkorrektur einer Macht, die zugleich auf die Macht verzichtet. Jedenfalls auf den fatalen Anspruch. Ich bin überzeugt, künftige Geschichtsschreibung wird dies als eine neue Qualität werten. Vielleicht ist es doch ein Schritt, Subjekt der Geschichte zu werden.

Ach, ich bin noch immer ein Romantiker. Es fehlt uns »eine Vision«. Im Streit der unterschiedlichen Konzepte steht eine neue jakobinische Phase ins Haus. Wir fürchten uns, denn wir wissen nun Bescheid. Wir fürchten uns alle. Mehr oder weniger. Wir suchen unser Heil in einer größeren Gemeinschaft. Manche sagen dazu »Vaterland«, andere »Haus Europa«. Die Erkenntnis, daß wir dort nur willkommen sind, wenn wir selbst genügen, steht uns noch bevor.

In diesem Jahr habe ich meine Heimat verloren. In diesem Jahr fiel ich aus der Rolle. Für eine gewisse Zeit wenigstens glaubte ich, in meiner eigenen Inszenierung zu leben. Und das war gut.

4. Januar 1990

Johannes Gross

Mißtrauen gegen die Freiheit

Was die deutsche Vereinigung bedeutet

Ohne nachhaltigen Erfolg hat das Volk in Deutschland 1817, 1830, 1848 und 1918 den selbständigen Eintritt in die Geschichte erreichen wollen. Nun versuchen die Deutschen in der DDR, sich zum Subjekt der Geschichte zu erheben, und machen die Erfahrung, daß nach den ersten großen Erfolgen ihnen Mißtrauen begegnet, das sich als Vorsicht und Besonnenheit verkleidet – von seiten der Siegermächte des ein halbes Jahrhundert zurückliegenden Weltkrieges, von seiten der Interimsmachthaber in der DDR und auch vieler Führungsdemokraten in der Bundesrepublik (die sichtbarste Ausnahme ist Kanzler Kohl, zu seinen Ehren sei's gesagt). Niemand hatte damit gerechnet, daß die Völker des Ostblocks, darunter das der DDR, ihre Angelegenheiten in ihre eigenen Hände nehmen könnten, vor allem diejenigen nicht, die über das Schicksal von Völkern zu disponieren ein Mandat haben oder in Anspruch nehmen.

Das antirevolutionäre Sentiment etablierter Demokraten wird gesteigert durch dieses Unbehagen, das auf eigenem Machtverlust gründet: Es finden direkt vom Volk vorangetriebene Prozesse statt, die sich der diplomatischen Kontrolle und obrigkeitlicher Führung entziehen und die sogenannte Viermächteverantwortlichkeit auf unangreifbar demokratische Weise unterlaufen.

Das Drängen des Volkes in der DDR geht auf Freiheit, Recht und Wohlstand und auch auf Vereinigung mit der Bundesrepublik. Letzterem stemmen sich die entgegen, die von der Vereinigung nichts zu erhoffen haben: die SED, die bislang privilegierten Intellektuellen ohne Marktchancen in einer freien Gesellschaft und jene, die vom Sozialismus mit menschlichem Antlitz träumen und nicht wahrnehmen können, daß es den nicht gibt, es sei denn, man verstehe darunter Sozialdemokratie oder Soziale Marktwirtschaft. Die Vereinigung mit der Bundesrepublik ist schon im ökonomischen Interesse, von dem legitimen nationalen Bedürfnis ganz abgesehen, für die DDR geboten. Ohne sie wäre die DDR für uns ein Entwicklungsterritorium wie Ungarn und Polen und würde jene heroische Hilfe – sehr aufwendig, sehr schnell und unter Opfern – nicht erhalten können, die wir einem Teil des eigenen Landes selbstverständlich schulden.

Das Volk der DDR hat keinen Sprecher wie Walesa in Polen oder Havel in der CSSR. Die vielen Sprecher, die derzeit zu vernehmen sind, darunter Minderbelastete aus dem alten Regime, haben nicht dieselbe politische Qualität und drücken überwiegend nur ein Interim zwischen dem Status quo und einer neuen, freiheitlichen Ordnung aus. Dazu zählen auch die Kirchen, denen die Sprecherrolle erst im letzten halben Jahr zugewachsen ist und die sie verlieren werden, sobald sich politische Artikulationsfähigkeit des Volkes herstellt, voraussichtlich im Zusammenhang mit den Wahlen. Erst dann kann auf Glasnost Perestrojka folgen.

Übrigens ist die Tatsache, daß sich auch nicht ansatzweise in der DDR eine politische Klasse in der Opposition, als Reserve für einen Machtwechsel, hergestellt hat und daß den bis jetzt eher zufällig Hervorgetretenen ein politisches Konzept offensichtlich abgeht, so verwunderlich nicht. Es hat auch keine Dissidenten wie im übrigen Osteuropa, keine Samisdat-Literatur und kein untergründiges Netzwerk als Basis für Organisation und Information gegeben: eben weil es die Bundesrepublik gab. Jeder, der lästig wurde, konnte weggehen oder abgeschoben werden, ohne emigrieren zu müssen, jede Regung des Widerstandes konnte dank der Teilhabe an den Medien der Bundesrepublik Öffentlichkeit erlangen, die Existenz des freien und erfolgreichen anderen Staates im gleichen Volk mußte eine selbständige politische Phantasie lähmen.

Diese lähmende – ansonsten gewiß ungemein vorteilhafte – Zugänglichkeit der westdeutschen Medien hat auch die Affekte begründen helfen, die sich gegen angeblich inhumane Aspekte der westlichen Leistungsgesellschaft in der Bundesrepublik wenden und die nun von einer tückisch-intelligenten Kampagne der SED zugunsten des Status quo bewirtschaftet werden. Das Ressentiment gegen die Leistungsgesellschaft, jedem westdeutschen Fernsehzuschauer als Paraphrase zur Alltagserfahrung ihrer Erfolge geläufig, beruht auf einem Defizit ökonomischen Verstandes, das westlich der Elbe partiell, in der Gesellschaft östlich der Elbe aber universell vorhanden ist. Deshalb kann auch eine allen Sinnes bare These wie die vom bevorstehenden »Ausverkauf« in Köpfen eine Plausibilität gewinnen, die sich nicht klarmachen können, was an Gütern und Leistungen überhaupt marktfähig ist, daß zu einem Verkaufsgeschäft übereinstimmende Willenserklärungen zweier Partner gehören und daß die Bundesrepublik im innerdeutschen Transfer die Geber- und nicht die Nehmerrolle spielen würde – in Zukunft noch weitaus entschiedener als in der Vergangenheit.

In der Bundesrepublik besteht eine Zurückhaltung gegen Vereinigung vornehmlich bei der Linken, die ihr politisches Weltbild auf Wandel durch Annäherung gestellt hatte. Aber mit Recht dagegen Willy Brandt: Das Ende der Mauer ist auch das Ende der Ostpolitik. Zugleich bringt die Entwicklung innenpolitische Konsequenzen für die SPD, die einen ökologischen Wahlkampf geplant hatte und nun ins Hintertreffen gerät; erst langfristig würde sie von einer Vereinigung profitieren können. Auch kommt ein moralisches Ressentiment gegen Vereinigung bei vornehmlich protestantisch geprägten Meinungsbildnern vor, welche die Teilung als Schuldspruch Gottes oder der Geschichte verinnerlicht hatten.

Die Vereinigung, längst nicht mehr denkbar als Beitritt der ostdeutschen »Länder« zu den elfen der Bundesrepublik (Art. 23 GG), würde von der DDR wenig mehr verlangen als die Anpassung an die Normen, die innerhalb der Europäischen Gemeinschaft überall gelten; also Freiheit, Rechtsstaat, Privateigentum auch an Produktionsmitteln (mit mehr oder weniger großem Staatsanteil), Wettbewerb, konvertible Währung. Einen Staat, der als Verfassungsziel »Sozialismus« postuliert, kann es in der EG nicht geben. Denen, die den Anschluß der DDR an die EG wollen, aber der deutschen Vereinigung skeptisch gegenüberstehen, fehlt jedes politische Argument: Im Gegenteil, zwei deutsche Mitglieder in der EG würden eine deutsche politische Dominanz eher befördern als verringern.

Die wirtschaftliche Dominanz wird in einem wirklichen Binnenmarkt als statistisches Phänomen verschwinden und durch die Bildung übernationaler Wirtschaftsregionen (z. B. Rhein-Ruhr-Gebiet mit Benelux, Baden-Elsaß, Piemont-Provence, Normandie-Südengland) Anstößigkeit und Interesse verlieren. Zur befürchteten politischen Dominanz im Fall der Vereinigung sollte klargestellt werden, daß Deutschland in der EG keine größere Repräsentanz in den politischen Institutionen (Parlament und Kommission) erwarten wird, sondern die Parität mit Frankreich, Italien, Großbritannien respektiert.

Art. 23 GG enthält ein Modell der Vereinigung durch den Beitritt von Ländern, praktisch geworden im Fall des Saarlandes. Ein Aufnahmeersuchen der DDR, mithin die diskussionslose Übernahme des politischen Systems der Bundesrepublik, ist nicht mehr vorstellbar; die staatliche Vereinigung würde einen verfassunggebenden Akt des ganzen Volkes erforderlich machen (Art. 146 GG).

Gegen einen entschiedenen Volkswillen zur Selbstbestimmung hilft kein abwiegelndes Zureden oder die Drohung mit Machtmitteln. Den Westmächten mag die Entwicklung unbequem sein, auf das Ziel der Vereinigung haben sie sich in völkerrechtlichen Verträgen festgelegt (die oft verspottete Vertragspolitik der Bundesrepublik war doch klüger als ihre Kritiker). Sie können auch aus eigener Tradition und Überzeugung sich dem Selbstbestimmungsrecht nicht versagen, sowenig wie Präsident Gorbatschow nach den selbstverkündeten Grundsätzen.

Wahrscheinlich vollzieht sich eine Vereinigung durch tausend kleine Schritte als konkludentes Handeln vieler auf vielen Ebenen. Erst am Ende der Entwicklung würde ein

Verfassungsakt stehen und eine Ablösung alter völkerrechtlicher Abmachungen durch neue. Konkludentes Handeln kann heißen: intensiver werdende wirtschaftliche Zusammenarbeit, informell verabredete gemeinsame Infrastrukturpolitik, informelle Zusammenarbeit der Regierungen bis zu gemeinsamen Kabinettsausschüssen, Ausgabe von Pässen an DDR-Einwohner, Verfügbarkeit der gleichen Informationsquellen, wirtschaftliche und berufliche Betätigungsmöglichkeiten für alle Deutschen in den beiden Territorien, faktische Einheit der Stadt Berlin, gemeinsames symbolisches Oberhaupt, innere und äußere Rechtshilfe, Beistand der konsularischen Dienste etc.

Bei einem solchen graduellen Prozeß, dessen einzelne Schritte kaum in übergreifende juristische Formen gebracht werden, sind verhindernde Interventionen von außen schwer vorstellbar, zumal die Zugehörigkeit zu den Militärbündnissen nicht in Frage gestellt wird. Den Alliierten wie den deutschen Staatsführungen in Ost und West sollte einsichtig sein, daß schon fortgesetzte Warnungen vor der Vereinigung eine große Enttäuschung auslösen würden, der gegenüber diejenige über den Bruch des 14-Punkte-Versprechens von Wilson eine Kleinigkeit wäre. Der Versuch einer Verhinderung der Vereinigung würde wie der Versuch eines neuen Versailles empfunden und mit einer nationalistischen Welle beantwortet werden können. Die Republikaner, deren Einzug in den Bundestag derzeit für unwahrscheinlich gehalten werden darf, könnten sich zu einer störenden politischen Kraft entwickeln. Nationalismus der Völker wird nicht damit erzeugt, daß ihre legitimen, elementaren Bedürfnisse respektiert, sondern dadurch, daß sie verachtet werden.

3. Januar 1990

Karl Heinz Bohrer

Warum wir keine Nation sind

Warum wir eine werden sollten

Warum waren und sind so viele westdeutsche und ostdeutsche Intellektuelle so angestrengt bemüht, eine zukünftige Vereinigung West- und Ostdeutschlands entweder für nicht möglich oder doch nicht wünschenswert zu halten? Die Erwägung, die staatliche Integrierung der beiden Deutschlands sei schon aus ökonomischen Gründen auf Dauer unausbleiblich, hat in einem breitgestreuten liberalen bis linken Intellektuellenmilieu den Charakter der obszönen Handlung schlechthin: Es ist der Tabubruch. Hierin trifft man sich mit der von Stefan Heym inaugurierten Erklärung ostdeutscher Schriftsteller, deren Ideologie lautet, die eigentlich »gute« DDR dürfe ihren sozialistischen Experimentcharakter nicht verlieren, damit sie weiterhin als quasi utopisches Regulativ der eigentlich »bösen«, weil kapitalistischen Bundesrepublik fungieren könne. Die DDR mit der Bundesrepublik zu vereinen hieße, auf dramatische Weise endgültig einen linksutopischen Horizont zu verlieren, ja – um es in den hier angemessen moralischen, quasi religiösen Motiven zu sagen –, die Welt würde diesseitig, sie verlöre buchstäblich die Transzendenz einer Grenze, hinter welcher – wie entstellt auch immer – eine andere Möglichkeit ruht.

Nur dieser im linksintellektuellen Bewußtsein schlummernde, niemals aufgegebene Chiliasmus erklärt, daß man seit Jahren mit ostdeutschen Verteidigern eines Systems gut lebte, das bis gestern die politische Folter kannte. Es war dieselbe fatale Gemütlichkeit, sich an etwas »ganz anderes«

zu klammern, das in den dreißiger Jahren so viele Linksintellektuelle die stalinistischen Prozesse übersehen ließ. Diese zur permanenten Verlogenheit sich verschiebende, wenn auch verständliche Sentimentalität der Intellektuellen, die sich seit Jahrzehnten auf Tagungen mit den mehr oder weniger als »Antifaschisten« auftretenden ostdeutschen Intellektuellen trafen, ist durch die Revolte der ostdeutschen Massen zunehmend unter Druck geraten; denn diese Revolte wurde nicht von der ostdeutschen Intelligenz angeführt, sie wurde von den den Kapitalismus suchenden Fluchtmassen angestoßen und dann von den Angestellten und Arbeitern Leipzigs und Ost-Berlins formuliert.

Nun klammert man sich an eine neue Illusion und trägt sie vor sich her wie eine Monstranz, der nicht die ostdeutschen Massen, aber viele der hiesigen intellektuellen Anhänger als Ministranten folgen: der Illusion des »Dritten Wegs«. Diese Illusion entstammt einer Lehrer-, Pädagogen-, Pastorengesinnung, deren Kompetenz in einem noch immer penetrant bevormundenden Humanismus liegt, fern von nationalökonomischen Kenntnissen.

Es ist zu verstehen, daß der Heroismus so vieler Kommunisten, die unter Hitler und Stalin umkamen, nicht umsonst gewesen sein soll. Aber trotziges Einstehen für diese Tradition ist das eine, intellektuelle Verlogenheit oder Verblendung das andere. Diese falsche Hoffnung hat schon den gänzlich unpolitischen, expressiv schwärmenden Bloch zu einem Verteidiger der Unterdrückung gemacht, der er noch blieb, als er längst von seinen Unterdrückern als Philosoph des Sozialismus entlassen war. Insofern ist Günter Grass' Vorwurf an die Adresse der »nationalen Bekenntnisse«, sie hätten »viel Gefühl, wenig Bewußtsein«, an ihn und alle ähnlich denkenden Intellektuellen zurückzugeben; es ist die durchsichtige Interessenlage dieser älteren linken Literaten, denen über Nacht alle Felle wegschwimmen, im Osten sogar mit ernsten sozialen Konsequenzen, im Westen zumindest den Status ihres Prestiges betreffend.

Bevor ein paar Argumente für die Notwendigkeit der Kategorie Nation geliefert werden, sind einige ernst zu nehmende Einwände zu besichtigen. Vorab auszuschließen als Einwand ist die Versicherung, eine staatliche Einheit Ost- und Westdeutschlands würde von den anderen Mächten, namentlich der Sowjetunion, nicht zugelassen. Das mag so sein. Es geht hier aber nicht um die Möglichkeit, sondern um die Wünschbarkeit der Einheit. Vorauseilender Gehorsam ist kein Ersatz für eine interne Klärung, was man eigentlich selbst will.

Auf dieses Argument zu verfallen ist der reinste Ausdruck dafür, daß man den Begriff Nation verloren hat und eine Art kolonialisiertes Bewußtsein für avancierte politische Vernunft hält. Parallel hierzu steht der Einwand, die Bevölkerung der DDR wolle weder diese noch jene Form von Einheit. Auch dies mag sein, wenngleich es nicht wahrscheinlich ist, daß die Mehrheit der Ostdeutschen das gleiche politische Bewußtsein hat wie die noch immer marxistisch Überzeugten in den alten Parteien, in der Opposition oder in der Intelligenz. Deren inzwischen sehr differenziert gewordene Ablehnung der Einheit auf des Volkes Meinung zu verrechnen läuft Gefahr, abermals die Stimme der Mehrheit des Volkes zu unterdrücken.

Am Anfang der ernst zu nehmenden Einwände steht eine alte deutsche Geschichte: Als Heinrich von Kleist, den Kopf voll von der Utopie einer aufgeklärten, humanisierten, ihrer Perfektibilität allmählich zuschreitenden Menschheit, erstmals 1801 in das nachrevolutionäre Paris kam, da erschreckte den angehenden Dichter, der nur die Enge und Kleinheit der preußischen Provinzstadt oder das noch immer idyllische Berlin kannte, die Turbulenz einer anonymen Weltstadtmenge: ohne Anteilnahme füreinander hasteten die Pariser vorbei. Symbol für diese Kälte des Menschen der europäischen Glanzmetropole wurde ihm ein Feuerwerksballon, dessen Absturz einkalkuliert war und der tatsächlich mitten in eine festliche Menge fiel, mehrere Menschen zu Tode bringend, ohne daß man von dem Zwischenfall großes Aufheben gemacht hätte. Der romantische Kleinstädter Kleist sehnte sich unbewußt zurück in die Enge einer machtgeschützten Innerlichkeit, und dies ist nur der Anfang einer Geschichte, der in der Folgezeit – vom Fall des weltstädtischen, in Paris verliebten Heinrich Heine abgesehen – viele deutsche Intellektuelle und Dichter folgten.

An das Ende dieser Geschichte fühlt man sich erinnert, liest man die Aufzeichnungen eines französischen Journalisten der Pariser Tageszeitung *Libération* von seinem Gespräch mit einem jungen Ost-Berliner, einen Tag nach dem Fall der Mauer. Es ist auch sprachlich ein aufregendes Dokument dieser Tage über den Zustand der machtgeschützten Idylle, die sich vor dem Einbruch des moralisch und psychisch maßlosen Westens bis zur Psychose fürchtet: fürchtet, daß die kleine Straße hinter der Mauer, grau, aber von seltenen Vögeln bewohnt, verschwindet, wo ein junger Ostdeutscher träumen kann, jenseits der Welt des Profits, jenseits von Aids und Drogen, jenseits der Hektik konsumfroher, lärmender Massen. Einer fürchtet, daß seine kleine Republik vom Moloch des babylonischen Westens verschlungen wird: »Geht, geht, laßt mir meine Mauer, wo sie ist... Mein Gott, wenn die Westdeutschen hierherkommen, um alles zu renovieren, alles zu verschönern, und Geranien in die Fenster setzen. Wo soll ich dann hingehen?« Eine keusche Innerlichkeit wehrt sich gegen die Vorstellung eines vereinten Berlins, der vereinten ost- und westdeutschen Provinzen, weil diese Teile längst ein unwiderruflich unterschiedliches, mit anderen Existentialien versehenes Lebensgefühl entwickelt haben: »Er ist so häßlich, unser Alex..., aber es ist unser Berlin... Ich hoffe die Kraft zu haben, weiterhin in der Oderberger Straße zu leben. Es wäre so schön, ein Ostdeutschland, unabhängig und demokratisch.«

Martin Ahrends hat diese existentiell zu nennende Differenz in der Stimmung eines tiefen, introvertierten, fast schlafartigen Zustands auf seine quasi romantisch-intellektuellen Reize hin analysiert und hinter der politischen Unfreiheit die Freiheit einer unendlichen Imagination von Tagträumen, einer Möglichkeit, »nicht ganz erwachsen zu werden«, entdeckt; den Taugenichts-Charme jenseits westdeutscher Karrieren und ihrer Veräußerlichungen, bis hin zum objektiven Zynismus, der ostdeutschen Gefängnis- und Verhörwelt die gotische Abgründigkeit Hoffmannscher Phantasiewelten abzugewinnen. Diese Tiefendimension der einstigen »Zone« ist auch westdeutschen Besuchern immer schon als exotischer Reiz erschienen, in dem ein bei uns verlorengegangenes romantisches Deutschland in den Städten und Landschaften Thüringens, Brandenburgs und Sachsens wie ein erinnerter Traum auftaucht. All dieses Eigentümliche, Besondere soll zerstört, soll durch die Aufschließung der Grenze, eine wirtschaftliche Osmose oder gar eine politische Vereinigung unmöglich gemacht werden?

In dieser Frage, die den utopischen Charakter einer romantisch-rousseauistischen Zivilisationskritik sofort entblößt, steckt unbewußt die Absicht, die DDR als eine Art antikapitalistischer Utopie zu erhalten, die Zeit stillstehen zu lassen und die Gifte der postmodern beschleunigten Moderne nicht einzuatmen beziehungsweise – aus westdeutscher Perspektive – die DDR als eine Art Naturschutzpark eines sozial und ökonomisch verträumten Gestern zu bewahren, an der die Bundesrepublik ihr notwendig schlechtes Gewissen täglich erneuern kann. Diese Absicht aber ist nicht bloß politisch und ökonomisch unrealisierbar, sie ist auch moralisch nicht zu vertreten. Insofern die kulturkritische Utopie sich mit der politischen Hoffnung auf den »Dritten Weg« verbindet, ist das ganze explosiv wirksame Amalgam nur doppelt falsch aufgeladen. Es setzt fort, was Kleist in Paris als Amoral mißverstand und was tatsächlich das aufbrechende Chaos einer nichtreglementierten, nichtpatronisierten modernen Welt war.

Dieses Mißverständnis setzt sich in der west- und ostdeutschen Kulturkritik am Westen fort. Was die Ostdeutschen noch vor sich haben, ist die Entdeckung Amerikas: jenes unerhörte Ereignis, als die amerikanischen Soldaten – nach einem Wort des italienischen Schriftstellers Malaparte – wie die griechischen Götter an das europäische Ufer stiegen und eigentlich erst das 20. Jahrhundert begann. So nicht im Osten. Das wird das eigentliche Drama der befreiten DDR werden.

Politisch triftiger ist das Argument, die Deutschen hätten für immer die Einheit verspielt, weil ihr Verlust das unmittelbare Ergebnis eines Krieges war, den sie in verbrecherischer Absicht und Realisierung der Welt aufgezwungen haben. Die

Einheit zu beabsichtigen – so etwa lautet dieses Argument – sei so etwas wie der Versuch, sich der moralisch auszuhaltenden Konsequenz zu entziehen, schlimmer noch: in der Wiederholung des größeren Nationalstaats den Bußgang rückgängig zu machen, abermals die Gefahr einer aggressiven Machtausübung zu riskieren. Dieser Begründung wären Varianten anzuschließen, vor allem der Verdacht, daß die einstigen Siegermächte trotz entgegengesetzter Behauptungen, die inzwischen immer leiser werden, die Möglichkeit einer Vereinigung der beiden Deutschlands mit tiefer Abneigung betrachten, wobei nicht bloß das machtpolitische Motiv eine Rolle spielt, sondern die Sorge um die Strukturierbarkeit eines zukünftigen Europas.

Lassen wir jene Sorge einmal als eine eher ephemere beiseite und konzentrieren wir uns auf die Stigmatisierung des deutschen Macht- und Einheitsstaats als Ursache des politischen Crimen zwischen 1933 und 1945. Dann gehört in diese Überlegung auch die These, Deutschland verdanke seine Einheit nur, als sie sich 1870/71 endlich herstellte, dem militärisch-politischen Machtstreben Bismarcks. Die These von der Kriminalität des deutschen Machtstaats unter Hitler ist eng verknüpft mit der Überzeugung von dem angeblich moralisch-politischen Geburtsfehler des deutschen Einheitsstaates als eines sozusagen notwendig auf Eroberung und Machtaggression angelegten Phänomens.

Dagegen sei, unbeschadet fachhistorischer Erwägungen, nur soviel erwidert: Das Bismarcksche Reich, ausgerufen im Spiegelsaal von Versailles, war von diesem Bismarck immer preußisch defensiv, nicht großdeutsch gedacht und als saturierte Einheit über zwei Jahrzehnte geleitet worden. Die Zerstörung der Bismarckschen Vertragspolitik hat keineswegs mit der Einheit zu tun, sondern mit völkerpsychologischen und ökonomischen Entwicklungen, die epochenspezifisch waren und sich nie mehr wiederholen können. An dieser Einsicht ändert auch die Tatsache nichts, daß die nachbismarcksche Phase die Einheit als nationalistischen Aggressor sah. Deshalb ist das Argument, die Einheit selbst müsse immer schon politisch vergiftet sein, brüte den Drachen beziehungsweise einen neuen mörderischen Adler aus, logisch nicht schlüssig. Daß der Sieg Preußen-Deutschlands über das Bonapartistische Frankreich dort nicht nur das goldene Zeitalter der frühen Dritten Republik hervorbrachte, sondern in Deutschland die endgültige politische Niederlage der revolutionären Liberalen und den Triumph der nationalistischen Mentalität, dies teilte das Bismarcksche Reich mit allen europäischen Staaten, in denen diese Mentalität im Zeichen des Panslawismus, des britischen Imperialismus und der französischen Kolonial-Gloire plus Revanchegedankens die entscheidende, funkenschlagende Wirkung auf die Bourgeoisie hatte.

Die nationalistische deutsche Bourgeoisie aber allein als Repräsentanten der Einheit zu betrachten heißt, das zentrale Motiv der ganzen liberalen und parlamentarischen Bewegung des 19. Jahrhunderts zu vergessen oder zu verleugnen, die in der Weimarer Republik eine wunderbare intellektuelle und künstlerische Renaissance erlebte. Das Modell der Weimarer Republik ist wiederum nicht an der »Einheit« gescheitert, sondern an der Verschärfung jenes nationalistischen Syndroms, das nach der Bismarckschen Einheit entstand. Damit aber ist hinlänglich genau eines zu erkennen: Das Syndrom war eine Erscheinung der »verspäteten Nation« und entstand zeitlich neben dem Einheitsprozeß. Seine ideologischen, politischen und historischen Ursachen sind in dem Maße verjährt, wie die Einheitsidee nicht verjährt ist. Wenn das deutsche Syndrom aus dem Einheitsgedanken zwar historisch ableitbar ist, so ist es dennoch nicht mit ihm identisch.

Ein unterstützendes Motiv der antibismarckschen Argumentation ist die Ansicht von den angeblich goldenen Zeiten einer Jahrhunderte vorherrschenden lockeren Föderation vieler deutscher Kleinstaaten, sozusagen die strukturelle Voraussetzung für eine »Kulturnation« der Deutschen. Bei derlei Ansicht wird unterschlagen, daß dieses Paradigma nur deshalb so lange funktionierte, weil es einmal so etwas gegeben hat wie eine diese Staaten verbindende Reichsverfassung, die in Ideologie und Mentalität sehr wohl bewußt war, wofür etwa die »Friderizianische Legende« steht. Darüber hinaus existierte spätestens seit dem Barock-Patriotismus und seinen literarischen Leitthemen wie dem Arminius-Mythos eine um 1800 dem ersten Höhepunkt zulaufende deutsche Teleologie: Das Gefühl einer spirituellen, ja kulturmissionarisch schöpferischen Gemeinsamkeit prägte die deutsche Intelligenz seit dem Frühidealismus und ist noch von den Linkshegelianern, Heine eingeschlossen, auf emphatische Formeln gebracht worden.

Das real existierende föderalistische Gebilde wurde also auf eine zukünftige politische Einheit hin überhöht. Die Selbstverständlichkeit, mit der sich die führenden Geister und Intellektuellen der Nation als »Deutsche«, nicht bloß als Bewohner ihrer Provinzen, ansahen und miteinander umgingen, läßt die These, DDR und Bundesrepublik wiederholten nur eine längst glücklich etablierte Struktur, nicht überzeugend ausschauen.

Dazu tritt ein politisch noch einschneidenderes Defizit: Die Tatsache, daß das »Polizey«-Wesen des deutschen Kleinstaats des 18. Jahrhunderts sich infolge jenes grotesken Minimalismus von zu kontrollierender Einwohnerzahl und zu kontrollierender Landfläche zur Substanz der »teutschen« Staatsräson entwickeln konnte, sollte jedes radikal föderative oder gar kulturschwärmerische Argument ersticken. Was Ludwig Tieck und Georg Büchner im 19. Jahrhundert über den deutschen Kleinstaat zu sagen haben, was am Beispiel E.T.A. Hoffmanns und Richard Wagners als Ideologie der Enge abzulesen wäre, widerlegt – sieht man von der genialischen Umsetzung ab – durch schaurige Einsicht hinlänglich die sattsam gehätschelte Utopie eines machtentfernten Weimars und seiner angeblichen Zivilisation. Goethes unendlich komplexe, erst in Italien zu sich selbst kommende Existenz war ein weltbürgerlich bedingter Zufall gegen Weimar, aus dem sich keinerlei Gesetz für ein Konzept des angeblich glück- und geistumsonnten deutschen Kleinstaats ableiten läßt. Die Trostlosigkeit des DDR-Milieus, die jeden überfiel, der es ohne plombierte Augen sah, geht nicht zuletzt auf die Tradition des kleinstaatlichen deutschen Polizeistaates zurück und den dort geborenen »autoritären Charakter«. Wenn einem eine mögliche Vereinigung unheilvoll erscheint, dann beim

Gedanken einer Vereinigung dieses »autoritären Charakters« beider Seiten.

So bleibt am Ende von den Überlegungen, die den Einheitsgedanken destruieren sollten, nur das moralische Argument, die Deutschen hätten eben ihr Recht auf Einheit verspielt. Denn das bliebe auch dann bestehen, wenn man die Deduktionstheorie, wie hier versucht, widerlegt hätte. Es gibt zwei prinzipielle Strafen: das Todesurteil für Kapitalverbrechen und die zeitlich begrenzte Freiheitsberaubung für mindere Verbrechen. Gesetzt den Fall, man behandelte eine ganze Nation wie eine Person – wogegen gerade am Beispiel der Kollektivschuld viel eingewendet worden ist, was aber im besonderen Fall der nationalsozialistisch gewordenen deutschen Nation einmal zugestanden sei –, dann wäre die Auflösung des Staatsgebietes, so wie sie ursprünglich auch von verschiedenen alliierten Konzepten vorgesehen war, die angemessene Variante des Todesurteils: die Annihilierung Deutschlands für immer. Was geschah nun im Zerschlagen des ehemaligen Reichs in zwei Teile plus endgültiger Abtrennung einiger seiner einst preußischen Gebiete?

Mit dem Verlust der für die deutsche Identität zweifellos zentral wichtigen einstigen preußischen Provinzen Ostpreußen und Schlesien – eine Bewandtnis, die nur deshalb nicht angemessen gesehen wird, weil sich das politische Machtzentrum des verbliebenen Rheinstaats um fünfhundert Kilometer nach Westen verschoben und seine führenden Politiker und Parteien an diesen Verlust aus guten Gründen keine Erinnerung mehr knüpfen können – ist eine Schuld de facto beglichen und eine Wiedergutmachung erfolgt, die von der »moralischen« Argumentation übersehen wird. Das ist um so gedankenloser, als die Argumentation andererseits mit der Vereinigung der noch verbliebenen, aber seit vierzig Jahren getrennten Teile den Vorwurf und die Abschreckungsformel eines Bismarckschen beziehungsweise Vierten Reichs benutzt, während die substantiellen Teile der Bismarckschen Nation ja gerade in Ostpreußen und Schlesien lagen (eine Zusammenführung von Ost- und West-Berlin, von Bundesrepublik und DDR implizierte also überhaupt nicht die behauptete Renaissance früherer Strukturen, sondern bedeutete historisch etwas gänzlich Neues). Somit ist dieser notwendig gewordene Verzicht auf einen ansehnlichen Teil der besiegten Nation zwar nicht das Todesurteil, nicht die Annihilierung, aber doch eine radikale strukturelle Veränderung Deutschlands, sei es der politischen Nation des 19. oder der kulturellen Nation des 18., 17. und 16. Jahrhunderts: Das Verbrechen hätte damit eine Sühne gefunden.

Die moralische Argumentation verlangt aber mehr: sie verlangt die Zweiteilung. Sie zu fordern erscheint als eines unter vielen Indizien der hochneurotisierten Selbstauflösung der Deutschen als Nation. Dabei spielt ein heimlicher, unausgesprochener Gedanke eine entscheidende Rolle: Indem man das Unerträgliche – die Verbrechen des Vaters – zu löschen versucht, glaubt man eine rettende Transformation durchlaufen zu können. Man trennt sich einfach von den physischen Bedingungen des Vaters – der Landmasse –, um psychologisch in einer neuen Identität weiterzuleben, man möchte als »politische« Nation überhaupt aufhören zu existieren. Deshalb die Annihilierung der Nation durch Auflösung in zwei Teile und deshalb die verständliche »hysterische« Reaktion, wenn diese Transformation ins Unpolitische rückgängig gemacht werden könnte. Politikflucht und Annihilierung von Deutschland als Ganzem gehören eng zusammen. Das aber ist keine günstige Voraussetzung für eine politisch sich verstehende Theorie einer ewigen Zweiteilung.

Unsere gegensätzliche Ansicht geht davon aus, daß die 1945 entstandene Trennung von Deutschland-West und Deutschland-Ost eine Annihilierung der Nation gewesen ist, die Forderung nach der Fortsetzung eines solchen Zustands moralisch, nicht aber politisch begründet ist.

Viel entscheidender ist eine aktuelle Diagnose, wonach es sich in den letzten vierzig Jahren erwiesen hat, daß nicht nur die DDR, sondern auch die Bundesrepublik die Amputation nicht gut überstanden hat und eine eigentlich nationale Identität nicht entwickeln konnte, obwohl hüben wie drüben die Staatsdenker und Politiker an einem solchen Projekt nachdrücklich gearbeitet haben. Nationale Identität ist etwas anderes als das Sichwohlfühlen in provinziellen Reizen, woran es, das soll nicht geleugnet werden, in der Bundesrepublik und in der DDR gewiß nicht mangelt. Ganz im Gegenteil: im Unterschied zur DDR ist bei uns die provinzielle Geste sozusagen auf allerhöchster symbolischer Ebene zum Stil dieses Staates selbst geworden. Dies haben wir vor Jahr und Tag unter der Kategorie der »Ästhetik des Staates« dargelegt, und dies Defizit hat sich bis in die letzten Winkel der Republik infolge der fortgesetzten politischen und geistigen Tölpeleien in Bonn herumgeredet.

Und diejenigen, die sich von Haus aus eines solchen Themas annehmen müßten, die westdeutschen Konservativen, stehen der mitteleuropäischen Erosion und den Chancen für ein gesamtes Deutschland hilflos gegenüber. Dies zeigt sich in ihrer geradezu stupiden Begriffsstutzigkeit gegenüber dem Problem der polnischen Westgrenze: Wenn irgendein erster Schritt vor dem zweiten gemacht werden müßte, dann wäre dies die endgültige, ohne verfassungsrechtliche Vorbehalte ausgesprochene Anerkennung der polnischen Westgrenze, das heißt der endgültige Verzicht auf die einstigen preußischen Provinzen. Sie ist eben jene Sicherungsentscheidung für die potentiell noch zu rettende zweite Hälfte. Die geringste Unklarheit in dieser Frage würde eine aktive Vereinigungspolitik schon im Vorfeld nicht bloß politischer Verdächte scheitern lassen.

In diesen Tagen ist deutlicher geworden, was Anfang der siebziger Jahre verborgener war: die objektiven und subjektiven Gründe, daß wir keine Nation mehr sind. Seit dem Zeitpunkt der Ostverträge, deren Abschluß selbst noch einmal so etwas wie eine gesamtdeutsche Phantasie ins Spiel brachte (der norddeutsche Sozialdemokrat Brandt in Erfurt), verfiel die Bundesrepublik zunehmend der Illusion, Wirtschaftsboom und Fußgängerzonen, die D-Mark-Überlegenheit und ein Haus nördlich von Rom könnten als Identifikationsmerkmale eines international orientierten, glücklichen Wirtschaftsbürgertums ohne politische Ambition funktionieren. Die Kategorie der Nation – das sind die symbolischen und reflexiven Konstanten eines kollektiven historischen und kulturellen Erinnerungsvermögens – schien so hinfällig geworden zu sein.

Besonders aktuell für diese Symptomatik ist ein Essay der französischen Schriftstellerin Danièle Sallenave, den sie als »Mein Traum von Deutschland« noch vor den osteuropäischen Ereignissen in der gemeinsamen Beilage von *Zeit* und *Le Monde* veröffentlichte. Die Essenz dieses düsteren Traumes ist der Gedanke von einer Art geistigem Selbstmord der Deutschen oder, um es in einem zur Zeit wirkungsvolleren Bild zu sagen, einer Art höherem Waldsterben. Nicht nur die Bäume sterben in Deutschland, sondern fast die gesamte kulturelle Tradition dessen, was einmal Deutschland hieß, ist von einer Seuche namens notorischer Erinnerungsschwund befallen: »Deutschland ist für mich nur noch eine Art ökologisches Schweden, eine allgemeine Fußgängerzone, durch die im Winter ein kalter Wind Plakatfetzen gegen Atomenergie fegt, wo im Sommer bunte Babys auf dem Rücken junger Bartträger in alternativen Vorstädten spazierengetragen werden.« Es versteht sich – so der Eindruck der späten Deutschland-Sucherin –, daß dieser Typus die Namen großer Dichter nicht mehr kennt.

Damit ist eine Problematik berührt, die ich vor zehn Jahren unter der polemischen Frage »Deutschland – noch eine geistige Möglichkeit?« entwickelt habe, um damals sofort von Jürgen Habermas, dem einflußreichsten Denker eines nachdrücklich bundesdeutschen Republikanismus, kritisiert zu werden, ohne daß es zu einer ausführlichen Kontroverse gekommen wäre. Nun ist die mißverständliche Frage nach der »geistigen Möglichkeit« zu ersetzen durch die Frage nach der »geistigen Nation«, gewinnt man diesen Begriff am Beispiel der europäischen Vaterländer. Jürgen Habermas hat inzwischen seine milde Skepsis gegenüber einer solchen Frage in die rigide Forderung nach einem bundesrepublikanischen Verfassungspatriotismus umgemünzt, einem von Dolf Sternberger gefundenen Begriff, dessen rationale Begründbarkeit ich nicht in Frage stelle, wohl aber seine historisch-politische Tragfähigkeit und deshalb konsequenterweise auch seine Wünschbarkeit.

Wenn ich Habermas' Begriff richtig verstanden habe, dann ist damit natürlich nicht bloß eine flache Präsenz von lehrbuchhaft eingeübter demokratischer Loyalität gegenüber dem »freiheitlichsten Staat auf deutschem Boden« gemeint. Vielmehr schließt Habermas' Begriff ein spezifisches Bewußtsein von jüngerer Geschichte ein, die nicht zuletzt die Erinnerung der faschistischen Periode zum moralisch-politischen Gesetz jedes deutschen Nationalbewußtseins macht. Wenn ich Habermas' protestantisches Argument weiterhin befrage, so verbirgt sich in ihm eine Art negativer Chiliasmus, die Vorstellung von *dem* Ereignis unserer Geschichte schlechthin: Holocaust mit Namen. Dieses stellt das nicht hintergehbare Datum unserer modernen Geschichte dar, aus dem jede Hermeneutik eines neuen deutschen Selbstverständnisses zu kommen hat. In diesem Bezug gewinnt die Forderung des bundesrepublikanischen Verfassungspatriotismus sogar eine Emphatik, die – sollte sie als nationales Projekt doch noch glücken – in hundert Jahren einmal als der geistige Wendepunkt der modernen Nation begriffen werden sollte: als geglückte geistig-politische Innovation nach der Katastrophe, als ein aufgeklärter Mythos vom Sieg der Vernunft gegen den Nationalismus. Habermas' Begriff des Verfassungspatriotismus, die sublimste Variante einer Tabuisierung der Nation, hat im Unterschied zum generellen Abschied von dieser Kategorie eine beträchtliche Tiefe an historischer Reflexivität.

Eine Verfassungsutopie indes als Ersatz für Nation zu setzen hat den immer deutlicher erkennbaren Nachteil, daß sie nicht umhin kann, ganze Bestände der bis dato identitätsbildenden psychischen und kulturellen Tradition zu verdrängen, weil diese angeblich das Bewußtsein vorbereitete, das schließlich den Holocaust ermöglicht hat. In Anknüpfung an eine These Carl Friedrich von Weizsäckers, die besagte, daß »Deutschland als geistige Möglichkeit« für immer zerstört sei, da dieser Geist einen Titanismus entfesselt habe, der verbrecherisch wurde, ist zu fragen, was dem notwendigen Verfall unseres kulturellen Hochsystems denn folgen müsse. Daß jenes akademisch artikulierte, von Weizsäcker erinnerte Hochsystem nicht mehr rettbar war, das ist schon daran abzulesen, daß Martin Heidegger eben dieses emphatisch mit dem Nationalsozialismus zu identifizieren versuchte.

Aber inwiefern war daraus zu folgern, daß unsere spezifische »irrationale« Tradition der Romantik von den Planierraupen eines neuen Soziologismus so gänzlich zerstört werden mußte? Nachdem italienische, französische und amerikanische Philosophen, Ästhetiker, Linguisten und Psychoanalytiker seit den siebziger Jahren ein ganz neues System der (postmodernen) imaginativen Weltperspektive auf den Erkenntnissen eben jenes deutschen »irrationalen Erbes« (Friedrich Schlegel, Novalis, Nietzsche) entwickelt haben, ohne Rücksicht auf eine westdeutsche Reaktion hierauf, wäre es längst an der Zeit gewesen, die Tabuisierung dieser Tradition zu revidieren – natürlich im Kopf. Was in Frankreich, Italien und den Vereinigten Staaten mit diesem »irrationalen« Erbe gemacht worden ist, ist, abgesehen von Exzentrik, überall originell und wichtig, während hierzulande, von wenigen Ausnahmen abgesehen, ein neuer Historismus und die alte Ideologiekritik vorherrschen. Die geistige Provinzialisierung der »BRD«, deren charakteristischste Ausprägung die Moralisierung von Literatur und deren Theorie war, hängt mit der Annihilierung der Einheit und der Parzellierung des Verbliebenen im politischen und intellektuellen Regionalismus indirekt zusammen: Stillegung ins Harmlose heißt das Prinzip.

Ein solches Plädoyer für den Begriff Nation verlangt freilich das geistig-symbolische Kriterium: Einmal setzt es voraus, daß die Nation nicht überholt ist im Gedanken von grenzüberschreitenden, andersartigen, neuen Identitäten in Europa, wie dies gerade in Westdeutschland häufig behauptet wird. Wer auch nur eine geringe Anschauung von den europäischen Nationen hat, weiß indes, daß eine solche behauptete europäische Identität nicht sichtbar ist, abgesehen vom technisch-ökonomischen Sektor. Nirgends begegnen sich französische, englische, spanische oder holländische Mentalitäten unübersehbar unterschiedlicher als gerade im Kern ihrer jeweiligen psychologisch-intellektuellen Verfaßtheit. Es gehört selbst zum westdeutschen Identitätsverlust, das technisch-ökonomische Argument so sehr zu favorisieren und die tieferen geistigen Dimensionen von Völkeridentitäten so sehr zu verkennen. Und die Kategorie Nation zugunsten einer Kategorie politischer Gesinnung abzuschreiben oder erstere mit letzterer zu verschmelzen ist schon früher bei Cromwell und den Jakobinern, nun bei der SED und ihrem Begriff der »sozialistischen Nation« gescheitert.

Zum anderen setzt dieses Plädoyer voraus, daß das Selbstverständnis der DDR-Deutschen nicht doch von der SED und den marxistischen Intellektuellen so sehr beeinflußt worden ist, daß der hier erinnerte Begriff Nation als ein bürgerliches Phantom chancenlos bleibt. In den nächsten Monaten wird man erleben, was namhafte ostdeutsche Intellektuelle noch einmal, vereint in ihrem Vulgärmarxismus und unaufrichtigen Utopismus, für diese Chancenlosigkeit alles tun werden. Aber das ist dann wenigstens eine wirkliche Entscheidung gegen die Nation, wahrscheinlich die endgültige.

13. Januar 1990

Peter Glotz

Warum wir eine Nation sind

Eine Antwort
auf Karl Heinz Bohrer

Was bringen die polemischen Feldzüge um die deutsche Einheit eigentlich noch? Er habe gerade sechzig Manager der DDR gesprochen, hörte ich einen Wirtschaftsexperten vor wenigen Tagen sagen; die Optimisten unter ihnen glaubten, ihre Betriebe noch zehn Wochen funktionsfähig halten zu können; die Pessimisten gäben sich nicht mehr als vier Wochen. Das ökonomische System der DDR hänge an fünf Prozent der Bevölkerung; an technischer Intelligenz und geschulten Facharbeitern, die – im Unterschied zu anderen DDR-Bürgern – in der Bundesrepublik sofort Arbeit und Unterkommen fänden. Worüber streiten wir noch? Man mag das stolpernde Getriebenwerden der Politik im Westen und Osten Deutschlands beklagen, den Fatalismus der Beschleunigung, der sich in der immer häufiger gebrauchten Formel »das kommt doch sowieso« niederschlägt. Man muß sich über die Modalitäten des Einigungsprozesses auseinandersetzen: um die Währungseinheit und den Vertriebenenstatus, die Pakt-Zugehörigkeit und die Grenzen von 1937. Aber was bringt eine ideologische Debatte? »Nation ist, was eine Nation sein will«, hat Ernest Renan gesagt. Österreich will (seit 1945) eine sein, die DDR offensichtlich nicht. Das konnten wir nicht immer wissen, jetzt können wir es wissen. Noch Fragen?

Das Klügste wäre vielleicht schweigsame »Kärrner-Arbeit«. Nur keine theoretischen Äußerungen: die Wirklichkeit überholt die Reflexion derzeit rechts und links gleichzeitig, sie fährt ohne Lichthupe. Genschman als Vorbild – und zwar mit allem Respekt: die allmähliche Verfertigung der Gedanken beim Reden wird durch die fortwährende Veränderung der Reden beim Denken ersetzt. Rudolf Augstein mag sich in Jens Daniel zurückverwandeln – laßt ihn. Martin Walser mag von seinem Geschichtsgefühl vom Bodensee nach Preußen getrieben werden – nun gut. Karl Heinz Bohrer mag behaupten, wir seien keine »Nation«, sollten aber eine werden. Das Beste scheint: Schweigen und Kopierer nach Frankfurt an der Oder schaffen.

Wir können die europäische Zukunft aber auch verspielen, wenn wir zulassen, daß die alten nationalpolitischen Legenden wieder aufgebacken werden. Als ein preußischer Adeliger Bismarck die vage Idee offerierte, im »nationalen Gedanken« liege doch eine anzuerkennende Wahrheit, gab der – nach dem Zeugnis Ludwig von Gerlachs – trocken zurück: »Also sind Sie auch von dem deutschen Hunde gebissen worden?« Ich übernehme diese Frage und reiche sie an Karl Heinz Bohrer weiter.

Der Streit kann sich nicht darum drehen, daß Bohrer eine Neuvereinigung von Bundesrepublik und DDR für notwendig hält. Das ist nicht die einzig mögliche Zukunftsvision für Deutschland; aber eine mögliche, sogar eine wahrscheinliche. Auch soll man anerkennen, daß Bohrer sich bei aller Beschwörung des »notorischen Erinnerungsschwunds« der Deutschen um politische Distinktionen bemüht: Er verlangt die Anerkennung der Oder-Neiße-Grenze. Zwar ist die Begründung waghalsig; durch den Verlust zweier »für die deutsche Identität zweifellos zentral wichtiger« Provinzen (Ostpreußen und Schlesien) sei »eine Schuld de facto beglichen«. Man muß bezweifeln, daß sich millionenfacher Mord durch die Abtretung zweier Provinzen sühnen läßt; und für die Zukunft trägt die einfache Überlegung, daß man die in Ostpreußen und Schlesien ansässig gewordenen Polen nicht wieder vertreiben dürfe, weiter als jede Metaphysik von Schuld und Sühne. Aber man sollte dankbar sein, wenn die nationale Publizistik Realitäten in Rechnung stellt – das war nicht immer so.

Schon ärgerlicher sind die Nebentöne; so Bohrers Invektiven gegen »Lehrer-, Pädagogen- und Pastorengesinnung« oder »ältere linke Literaten«. Die Abwehr der unrealisierbaren Idee, man könne den von der Mißwirtschaft ermüdeten und erbitterten Arbeitern der DDR nun ein weiteres Experiment, einen »dritten Weg« zumuten, ist ja verständlich. Wer sie allerdings – wie Karl Heinz Bohrer – mit einer fast verächtlichen Abwertung der Leute verbindet, die gegen Honecker den Kopf hingehalten haben, fügt der alten Peinlichkeit, die entsteht, wenn Literaten Literaten Literaten nennen, eine neue Ungerechtigkeit hinzu. Die These, daß die Revolte von 1989 in der DDR »nicht von der ostdeutschen Intelligenz angeführt« worden, sondern »von den den Kapitalismus suchenden Fluchtmassen angestoßen und dann von den Angestellten und Arbeitern Leipzigs und Ost-Berlins formuliert« worden sei, ist nicht einmal halbrichtig.

Glaubt wirklich irgend jemand, daß man die Verhältnisse in der DDR ohne die lang dauernde und risikoreiche Opposition der im Schutze der protestantischen Kirche agierenden Intellektuellen hätte umstürzen können? Stefan Heym ist im Westen, besonders von den Konservativen, jahrelang als Kritiker der SED gefeiert worden. Nachdem er jetzt aber nicht für die Wiedervereinigung ist, entdeckt man plötzlich, daß der Mann – was Honecker schon immer wußte – ein »älterer linker Literat« ist; und manche (wenn auch nicht Bohrer) werfen ihm auch noch vor, daß er schon immer im KdW trockenen Weißwein gekauft habe. Es ist ja verständlich, daß es den Konservativen weh tut, daß die offene Opposition gegen den »realen Sozialismus« der DDR eher von der Linken – von Robert Havemann bis zu Wolf Biermann, von Bärbel Bohley bis zu Ibrahim Böhme – kam als von den eigenen Gesinnungsfreunden. Aber es ist nicht gerade fein, diesem Ärger auch noch offen Ausdruck zu geben. Zugegeben sind das Petitessen. Wer politisch wird, hat keinen Anspruch auf feine Behandlung, nirgends. Der Vorwurf gegen Bohrer ist nicht, daß er sich im Ton vergreift. Er vergreift sich vielmehr in den Argumenten. Hier beschwört einer die Geschichte und verfälscht sie im gleichen Atemzug. Hier erinnert einer Begriffe und verwirrt sie zugleich. Bohrer geht es um die Identität der Deutschen, das heißt um ihre Lebensgeschichte, genauer: um das Problem, ob die Deutschen ihre Geschichte als eigene akzeptieren oder verdrängen. Eine wichtige Frage; nur bleibt unerfindlich, wie sie sich zu der These verdichten kann, die Deutschen seien keine Nation. Sie sind keine Staatsnation, sie haben es (fast) nie zu einem einheitlichen Nationalstaat gebracht. Aber eine Kulturnation sind sie selbstverständlich und werden es bleiben, mit und ohne Vereinigung der Staaten Bundesrepublik und DDR.

Die Antwort Bohrers auf dieses Gegenargument dürfte eine Ablehnung des Begriffes »Kulturnation« sein. Das sei eine Verklärung von Kleinstaaterei. Bohrer sagt es nicht *expressis verbis*, aber er muß es wohl meinen: Das Selbstbewußtsein einer Nation entstehe nur auf der Grundlage eines in sich geschlossenen Territorialstaates. Deswegen könne nur Nation sein, wer über einen Nationalstaat verfüge. Das ist der unhistorische, das europäische neunzehnte und frühe zwanzigste Jahrhundert zur »natürlichen Ordnung« erklärende Trugschluß aller Nationalisten seit Fichte.

Zwar gab es im Frühidealismus, bei den Romantikern und den Linkshegelianern, Heine eingeschlossen, durchaus jenes »Gefühl einer spirituellen, ja kulturmissionarisch schöpferischen Gemeinsamkeit«, von dem Karl Heinz Bohrer spricht. Dieses Gefühl war aber bei Herder, Schiller oder Friedrich Schlegel durchaus durchwachsen von universalen, übernationalen, weltbürgerlichen Elementen. Das verschweigt Bohrer. Von Schiller stammt der Satz:»Deutsches Reich und deutsche Nation sind zweierlei Dinge.« Novalis hat gesagt:»Germanität ist so wenig wie Romanität, Gräcität oder Britannität auf einen besonderen Staat eingeschränkt. Deutschheit ist echte Popularität und darum ein Ideal.«

Und von Heinrich Heine, den Bohrer auch noch unvorsichtigerweise zum Zeugen aufruft, stammen gar die bissigen Sätze:»Die Worte Vaterland, Deutschland, Glauben der Väter usw. electrisieren die unklaren Volksmassen noch weit sicherer als die Worte ›Menschheit‹, ›Weltbürgertum‹, ›Vernunft der Söhne‹, ›Wahrheit‹.« All diese Zitate passen schwerlich in die Genealogie des Nationenbegriffs, dem Bohrer opfert. Worauf er sich berufen kann, das ist die Tradition Jahn, Arndt und Fichte, Fichte vor allem, der in seinen »Reden an die deutsche Nation« den Zusammenhang von nationaler Kultur und politischer Selbständigkeit, kurz von Nation und Staat hergestellt hat. Er hat dort übrigens auch von »gewaltsamer Nationalerziehung« gesprochen und einen »Zwingherrn zur Deutschheit« verlangt. Nichts gegen Identität, Erinnerung und geistig-symbolische Kriterien. Aber wer alle Götter des großen Jahrzehnts um 1800 aufruft, um beim Fichte der Jahre 1808/09 zu enden, könnte glatt des »notorischen Erinnerungsschwunds« geziehen werden.

Schlimmer als das geistesgeschichtliche aber ist das politische Mißverständnis. Es mag schon sein, daß die europäische Identität – die ja niemals als Einschmelzung regionaler und nationaler Identitäten, sondern nur als gemeinsamer Nenner einer durch Geschichte und Interessen verbundenen Völkergemeinschaft verstanden werden kann – in Deutschland noch nicht recht verfestigt ist. Coudenhove-Kalergi, Jean Monnet und Eugen Kogon sind halbvergessen, die EG gibt sich als kalte, kosmopolitische Superstruktur, und die besten Köpfe Europas sind mit allem möglichen beschäftigt, nur nicht mit der europäischen Einigung. Insofern ist denkbar, daß das letzte Jahrzehnt unseres Jahrhunderts ein Jahrzehnt des neuen Nationalismus wird; nicht nur im Baltikum oder in Rumänien, sondern auch bei Iren, Schotten oder Deutschen.

Aber wollen wir das auch noch bejubeln und mit Bildungsgut unterfüttern? Wer die Gesetzlichkeiten analysiert, nach denen die großen Medien Macht und Geld heute gehandelt werden, der weiß, daß der Nationalstaat als Bühne zu eng geworden ist; für die ökonomischen wie für die ökologischen und außenpolitischen Stücke. Nicht der souveräne Territorialstaat ist unsere Zukunft, sondern die intelligente Aufteilung der Souveränität. Deutschland als Beispiel: Die geldpolitische »Souveränität« geben wir hinauf nach Europa, die kulturpolitische liegt unten bei den Ländern, und den europäischen Frieden werden wir nur wahren, wenn ein Teil des künftigen Deutschland (so es denn zustande kommt) im westlichen Bündnis verbleibt, der andere dagegen demilitarisiert oder unter eine besondere Verantwortung von vier

Mächten gestellt wird, die wir seltsamerweise immer noch als die »vier Siegermächte des Zweiten Weltkriegs« bezeichnen. Diese Ordnung erinnert weit mehr an das *jus publicum Europaeum* des Mittelalters als an die fast primitive Idee des nationalen Territorialstaats, die manche gern aus dem neunzehnten in das einundzwanzigste Jahrhundert retten möchten.

Dies alles spricht keineswegs dagegen, alles zu tun, um Bundesrepublik und DDR miteinander zu verklammern oder zu einem Bundesstaat zu vereinen. Es verlangt allerdings, daß man nicht nur das eigene Selbstbestimmungsrecht sieht; sondern den europäischen Zusammenhang. Daß man nicht nur darauf achtet, zu Hause, bei sich, »die torheit der nationalen Selbstüberhebung auszujäten« (Herder), sondern auch alles zu tun, daß das eigene Handeln nicht fremde Nationalismen stimuliert. Es verlangt durchaus die Besinnung auf die eigene Geschichte, die eigenen Leistungen und die eigenen Verbrechen. Aber es verlangt keineswegs die erneute Anstachelung von nationalpolitischem Egoismus durch schaudernde Geschichtsergriffenheit.

Vor allem wird es notwendig sein, daß die europäischen Völker ihre Untugenden disziplinieren. Reden wir nicht von den Untugenden der Polen und Franzosen (die es natürlich gibt), reden wir von unseren eigenen; zum Beispiel von der gelegentlichen Abwendung der Deutschen von der Realität, ihrer Hinwendung zum »Luftreich des Traums«. Wir schikken uns gerade an, uns mit einem ökonomisch und ökologisch fast ruinierten Land zu verbinden. Einer der nachhaltigsten Befürworter dieser Verbindung, Karl Heinz Bohrer, aber formuliert, es gehöre »zum westdeutschen Identitätsverlust«, daß wir »das technisch-ökonomische Argument so sehr favorisieren und die tieferen geistigen Dimensionen von Völkeridentität so sehr verkennen«. Kehren wir also zurück zum Streit zwischen Thomas und Heinrich Mann am Ende des Ersten Weltkriegs? Kehren wir zurück zur Trennung von Zivilisation und Kultur, zur Vorstellung, daß Technik und Ökonomie flach wären, die deutsche Seele aber tief sei? Was ist zur Zeit für die Deutschen in der DDR wichtiger als Technik und Ökonomie? Wehe, wenn zur Prosa der ökonomischen Rettung Ostdeutschlands auch noch die Poesie eines deutschen Heldenlebens käme. Was wäre es für ein Glück, wenn Deutsche das Wort »tief« für hundert Jahre nur im Zusammenhang der Ausmessung von Brunnen gebrauchen würden, beim Tiefbau, aber nie mehr beim Ausmessen ihrer Seele. Auch diese Hoffnung hat Karl Heinz Bohrer allerdings fürs erste zerstört.

Die nationale Identität der Deutschen? Schiller: »... und wenn auch das Imperium unterginge, so bliebe die deutsche Würde unangefochten.« Die Würde ist in Auschwitz nicht unangefochten geblieben. Aber die Identität ist unabhängig von Trennungen, Vereinigungen und sonstigen Staatsaktionen – das schon.

9. Februar 1990

Christian Meier

Der Preis der Gewaltlosigkeit

Über die
»Revolution« in der DDR

Neben der Betriebsamkeit der politischen Gruppen und der nicht enden wollenden Ausreisewelle sind es im Moment tiefe Ratlosigkeit, Verbitterung und ein virulentes Gemisch von Ungeduld und Aggressivität, was an der DDR-Gesellschaft am stärksten ins Auge sticht. Um von der chronischen, freilich sich sehr zuspitzenden wirtschaftlichen Misere abzusehen.

Spiegelbildlich dazu wachsen im Westen neben verschiedenen Zuwendungen die Verständnislosigkeit, auch Kritik, speziell an den Übersiedlern, denen man gern bloß materielle Motive unterschiebt. Das Ganze wird untermalt von vielen onkelhaften Mahnungen zur Besonnenheit und dazu, daß man doch bleiben möge, wo alle zur Zeit so dringend gebraucht werden. Uns steht die Ungeduld noch bevor.

Dabei wird vorausgesetzt, daß die Revolution, wie sie jetzt ja wohl heißen soll, schon gesiegt habe. Eben das ist, meine ich, die Frage. Es mag zwar so scheinen. Große und kleine Machthaber sind gestürzt, Stasi-Zentralen aufgelöst. Man hat Meinungs-, Versammlungsfreiheit, Freizügigkeit. Die Opposition ist an der Regierung beteiligt, sie kontrolliert viele Vorgänge. Verschiedene Reformen sind auf dem Weg. Viel noch vor kurzem ganz Unvorstellbares ist geschehen. Allein, war es schon der Umsturz selber? Und wenn ja: sind seine Ergebnisse schon gesichert; das Ende der Unterdrückung; Rechtsstaatlichkeit, Freiheit, Demokratie, um von der nachgeschobenen Forderung nach Einheit zunächst abzusehen? Und woran wäre es, wenn es denn der Fall sein sollte, zu erkennen?

Die Frage ist vor allem deswegen interessant, weil erst dann, wenn die Revolution gesiegt hat, wenn sich der Prozeß der Veränderung wirklich als unumkehrbar erweist, die Ausreisewelle abebben, vielleicht gar einer Gegenbewegung Platz machen wird, weil erst dann Grund gelegt werden kann für einen überzeugenden Neuaufbau. Wenn die Übersiedler der Entwicklung im eigenen Lande wenig Zutrauen entgegenbringen, so denken sie zwar zuvörderst an ihre schlechten wirtschaftlichen Aussichten. Aber daß diese so schlecht sind, hat Ursachen, die weit über das Wirtschaftliche hinausragen: Jedenfalls ist es sehr die Frage, ob Zehn-, demnächst vielleicht gar Hunderttausende Haus und Heimat so leicht verlassen würden, wenn sie nicht auch an der Einrichtung einer annehmbaren politischen, gesellschaftlichen Ordnung zweifelten. Sonst könnte man wenigstens sehr viel leichter auch auf einen baldigen wirtschaftlichen Aufbau rechnen.

Wie aber stellt man fest, ob die Revolution gesiegt hat? In den letzten Jahrzehnten galt ein Regime als gestürzt, wenn neue Kräfte Funkhäuser, Telephonzentralen, Regierungsgebäude und wichtige Verkehrsknotenpunkte besetzt und Militär und Polizei im wesentlichen auf die eigene Seite gebracht hatten. Nichts – oder fast nichts – davon ist hier geschehen. Kein Gedanke, keine Möglichkeit für die Opposition, irgendeinen Teil des Staates zu übernehmen.

Es gab fast nur die sanfte, unblutige Gewalt von Demonstrationen. Was deutschen Revolutionären sonst eher zum Spott gereichte, brachte ihnen diesmal weltweiten Respekt ein. Und das war um so wichtiger, als mit der Revolution die Frage der deutschen Einheit aufgeworfen ist (hinter der sich dann leicht gewisse Schatten der Vergangenheit abzeichnen). Die Gewaltlosigkeit hat jedoch auch ihren Preis. Denn manches an einem Umsturz ist revolutionär leichter zu erledigen als rechtsstaatlich. Wird die Versöhnlichkeit in den revolutionären Akt mit hineingenommen, verliert er an Schärfe. Das soll keine Kritik sein. Aber die Feststellung scheint mir wichtig.

Die Gewaltlosigkeit hatte ihre Logik. Denn man hatte allen

Anlaß, die herrschende Macht zu respektieren. Es konnte nur darum gehen, ihr dies und jenes abzuringen. Man konnte zunächst nur eine moralische Position aufbauen. Erst als deutlich wurde, wie schwach die Herrschenden waren, zielte man darüber hinaus, ging zuletzt aufs Ganze. Da schlug die Quantität der Proteste in die Qualität eines Aufstands um. Die moralische Revolution wurde unversehens politisch. Mittlerweile aber hatten sich die friedlichen Kundgebungen schon bewährt, ja fast institutionalisiert; an bestimmten Wochentagen, auf bestimmten Wegen. Man setzte sie also fort; sie scheinen inzwischen zum Refugium zu werden.

Die Taktik des Regimes paßte sich auf die Dauer der Eigenart der Opposition an. Auf die Abwanderungsbewegung, mit der sich alles zuspitzte, hatte es primär ohnmächtig und verblendet reagiert. Ob es nach den ersten schlimmen Zusammenstößen seine Zuflucht zum Schießbefehl nehmen wollte, muß angesichts der widersprüchlichen Zeugnisse wohl offenbleiben. Historisch gesichert ist einstweilen nur die Behauptung von Egon Krenz und andern, sie hätten seine Ausführung verhindert. Das gehörte schon zu dem Versuch, zu retten, was zu retten war. Die SED reihte sich der moralischen Front ein; ein kleiner Kreis von Schuldigen kam an den Pranger, unhaltbare Positionen wurden geräumt, der Rest fraß Kreide und begab sich in eine Lauerstellung.

Der Rückzug geschah in Raten. Jedesmal nur gerade so weit, wie es unvermeidlich war. Jedesmal zeigte sich, daß auch die nächste Auffangstellung nicht zu halten war, aber man gab nichts freiwillig auf; auch Informationen wurden nur erteilt, wo die Opposition die Wahrheit schon am Zipfel hatte. Der verfrühte Gegenangriff unter der antifaschistischen Fahne machte alles schlimmer. Trotzdem ist nicht zu sehen, daß die Anhänger des alten Regimes das Spiel schon aufgegeben hätten. Zu dem Eingeständnis, daß nicht dies und jenes, sondern alles falsch war, ist keiner bereit. Die Austrittswelle kann die alte Staatspartei auch stärken. Alle wichtigen Ministerien, die Armee, die Polizei sind nach wie vor in ihrer Hand. In den leitenden Positionen wurden zumeist nur die ersten durch die zweiten oder dritten abgelöst.

Wo eine ganze Organisation verschwand, bildet sich eine neue. Die Apparate sind personell zumeist noch intakt, im Großen wie im Kleinen – bis zu den Betrieben hin. Man beugt sich Forderungen, aber man bleibt. Man ist vorsichtiger, aber man arbeitet im ganzen noch nach den alten Mustern; vielleicht kann man es gar nicht anders, die Lernfähigkeit der alten Kader ist ja außerordentlich begrenzt (im Unterschied zu ihrer Biegsamkeit). Man besitzt noch Machtinstinkte, freilich keine Reformfähigkeit. Wenn die Stasi in Auflösung begriffen ist, so fragt sich, ob sie ihre Funktionstüchtigkeit nicht über Nacht zurückgewinnen kann; ob sie nicht immer noch weit mehr über die Opposition weiß als diese über sie.

Darf man also annehmen, daß die Revolution schon über den Berg ist? Daß die Fundamente des Alten zerstört sind und es nur noch eine Sache guter politischer Arbeit ist, neue zu legen? Wird damit nicht die Langfristigkeit, die einem gewaltlosen Umsturz grundsätzlich – und in diesem Falle noch ganz besonders – eigentümlich ist, stark unterschätzt? Haben wir es nicht eher und bestenfalls mit einer durchaus unklaren Lage zu tun? Mit dem Zerfall einer alten Wirklichkeit ohne den Aufbau einer neuen, einem Vakuum also? Die Verlierer haben im ganzen gesehen noch nicht gelernt, daß sie endgültig verloren, und die Sieger zweifeln, ob sie schon gewonnen haben. Man war und ist zu weit auseinander, zu verschieden sind die Mittel und Ebenen, mit und auf denen man kämpft, als daß Sieg und Niederlage sich leicht herausstellen könnten.

Die Kraft der »Revolution« lag in der Massenhaftigkeit der demonstrativen Proteste. Sie braucht sie noch, aber sie reichen nicht mehr weit, da die einen Bastionen fürs erste niedergelegt und die anderen nur durch systematische, entschiedene Kleinarbeit aufzulösen sind. Da war ja keine Gesellschaft, die sich wie in Polen über eine Dekade hinweg langsam aufgebaut hätte; mit neuen Ansprüchen (etwa einer Ächtung der Denunziationen), die so mächtig waren, daß sie weit in den herrschenden Apparat hineinwirkten, so daß schließlich gar eine Koalition zwischen alten und neuen Kräften möglich wurde. Da waren keine Anknüpfungspunkte für ein Bündnis zwischen Intellektuellen und Arbeitern; kein Walesa, kein Havel. Und es besteht zu allem andern noch der Widerspruch zwischen den moralisch-machtskeptischen, basisdemokratischen Ansätzen und gehörigen Resten eines Etatismus, der alle Verantwortlichkeit durchwirkt. So daß selbst die Erstürmung eines Stasi-Gebäudes schon einer mittleren Katastrophe gleichkommt. Freilich hat man ja in der Tat Provokateure zu befürchten, und es könnte brenzlig werden (auch wenn man dann seinen Ohren nicht traut, wenn dem Ministerpräsidenten die Bedrohung ausgerechnet der so lange notleidenden Rechtsstaatlichkeit plötzlich Sorge bereitet).

Anders aber, so geht die Hoffnung, soll es durch die Wahlen am 18. März werden. Nehmen wir an, sie finden statt. Frei und geheim, auch wenn mancherorts wie früher »Hausgemeinschaften oder Brigaden... in geschlossenem Verband zur Wahl schreiten«. Dann hat man – bei welcher Wahlbeteiligung immer – ein frei gewähltes Parlament, in dem die alte Staatspartei nur schwach vertreten ist. Nehmen wir weiter an, daß sich danach wunderbarerweise rasch eine handlungsfähige Regierung bildet, deren Mitglieder allen Dilettantismus hinter sich lassen. Ist dann aber schon eine halbwegs sichere Basis für eine freiheitliche Demokratie gegeben?

Gewiß, die Regierung kann manches bewirken, viele Gesetze auf den Weg bringen. Sie wäre legitimiert und in der Lage, verschiedene notwendige Verträge, zumal mit der Bundesrepublik, abzuschließen. Allein, wird sie es auch vermögen, die schweren Entscheidungen, die dann anfallen, mutig zu treffen? Der weithin noch intakte, mit Anhängern des alten Regimes und Vertrauenspersonen der Stasi durchsetzte Apparat wird neu zu besetzen sein. Die Beibehaltung des alten Personals in Bürokratie, Justiz, Erziehungswesen und anderswo hat schon einmal eine deutsche Demokratie scheitern lassen. Schon hier aber werden sich größte Schwierigkeiten ergeben, zumal für viele nicht leicht Ersatz zu schaffen ist, da das Reservoir unabhängiger Führungskräfte nach mehr als 40jährigem Elitenverlust und der Anwendung höchst parteilicher Auswahlkriterien für den Aufstieg denkbar gering ist. Die wirtschaftlichen Reformen müssen schmerzhaft sein, an eine Narkose ist kaum zu denken. Vielfältige alte Auffassungen, Neigung zu Schikanen, eingerissener Schlendrian, Korruption sind zu bekämpfen. Und man wird ja auch nicht ohne einen Verfassungsschutz auskommen. Wie will man dafür Vertrauen gewinnen? Wie will man dies alles glaubwürdig und effektiv ins Werk setzen? Und noch dazu in kürzester Zeit. Denn auf Geduld ist nicht zu rechnen. Wenn erst der Eindruck entsteht, die Dinge würden zerredet, ist das Desaster, das schon jetzt droht, vollkommen. Wie oft hat man es seit letztem November erlebt, daß in Ost oder West jemand meinte, nun sei ein Punkt erreicht, wo man neu anfangen könne – und daß die Dynamik sich dadurch nicht im geringsten aufhalten ließ. Welches also sind die Voraussetzungen des Erfolges?

Meine These ist, es könne erst dann von einem Sieg der Revolution gesprochen werden, wenn in der Breite der DDR-Gesellschaft das Vertrauen entsteht, die wesentlichen Ziele seien erreicht und besiegelt. Dann erst kann die Abwanderungswelle gestoppt, können die Motivationen derer, die dableiben, gehörig kanalisiert werden – und es entstehen vielleicht Motivationen für solche, die zuwandern wollen und die man dringend braucht. Alles »Krisenmanagement« nach westlichem Muster muß dagegen oberflächlich bleiben.

Allein, Vertrauen kann bestenfalls wachsen. Und zwar nicht einfach als Summe irgendwie – und sei es von charismatischen Persönlichkeiten (die man nicht sieht) – hervorgerufener freundwilliger Gefühle, sondern es muß Stützen finden in mannigfachen Verschränkungen. Es braucht Erfahrungen, im Kleinen und im Großen, es braucht Institutionen und Erfolge, sonst ist es um seine Enttäuschungsfestigkeit schlecht bestellt.

Im Moment jedoch haben wir es mit einem ungeheuerlichen Ausmaß an Unsicherheit und Mißtrauen in der DDR-Gesellschaft zu tun. Erst jetzt, und zwar Stufe für Stufe, kommt man dahinter, in welch ungeahntem, die schlimmsten Befürchtungen weit hinter sich lassenden Ausmaß man betrogen worden ist. Soviel Übles man auch zuvor hatte wissen, ja riechen können, nicht alles war glaubhaft, vieles unbekannt, manche Gedanken wurden unterdrückt oder eingegrenzt: Jetzt dagegen kommt die ganze Wahrheit zum Vorschein, die Fülle der Mängel schießt zu einem einzigen großen Mißstand zusammen. Wer sich so hat betrügen lassen, kann so rasch den eigenen Sinnen nicht mehr trauen. Der muß in hohem Maße auch gegen die eigene Wahrnehmungs- und Urteilsfähigkeit mißtrauisch werden, der kann wirklich und unwirklich fürs erste nur schwer unterscheiden. Der muß auch den normalen Vertrauenskredit, den jeder von uns dem Leben entgegenbringen muß, um halbwegs über die Runden zu kommen, verlieren. Dem muß der Boden unter den Füßen wanken. Was kann ihm noch verläßlich erscheinen? Wer findet da noch Halt? Und dies alles verschärft sich, da so viele sich in der Unsicherheit »bestärken« – und zugleich angesichts der eigenartigen Mischung von Erfolg und Mißerfolg des »revolutionären Aufbruchs«.

Wie immer die DDR-Bürger zum eigenen Staat standen, wer nicht ein ganz hartgesottener Gegner, ein kräftiger Individualist (und zu vollendeter Tarnung fähig) war, mußte die eigene Identität an irgendeiner Vorstellung von dem, was die DDR leistete oder wenigstens hätte leisten können, stützen. Und damit verbanden sich – schon zum Schutz gegen die volle Erfahrung der Überlegenheit des großen Bruders – stets gewisse Reserven gegenüber der Bundesrepublik, die sich zum Teil an bestehende Mißstände anhängten, zum Teil aber auch durchaus gegenstandslos waren. Jetzt erfährt man, wie es hierzulande wirklich zugeht, was etwa Arbeitslosigkeit bedeutet (und wie differenziert sich der Befund bei näherem Zusehen darstellt). Man erfährt, was man mit Arbeit erreichen kann, was ein freies und freizügiges Leben ist. Und damit wird, nimmt man die Eindrücke und Berichte zusammen, im ganzen ein so starkes Unterlegenheitsbewußtsein produziert, daß alte Vorstellungen, die DDR könne eine Alternative zur »BRD« darstellen, nur mehr in ganz kleinen Kreisen gehegt werden können. Die Grundlagen für eine »sozialistische Identität« sind dahin. Die noch dableiben, kommen sich nur mehr als die Dummen vor. Alle inneren Reserven brechen zusammen, und es ist nur konsequent, daß die Skepsis gegen den Westen ziemlich unvermittelt in die Forderung nach dem einig Vaterland umschlägt. Selbst die Rede vom drohenden Ausverkauf der DDR ist dabei zu verstummen.

Dabei kommt noch etwas anderes hinzu. Man erfährt auf völlig unverhoffte Weise eine Gemeinsamkeit zwischen den Deutschen in Ost und West. Das ist kein Nationalismus (obwohl einige Wucherungen dahin führen mögen), sondern primär nur etwas, was alle andern Nationen wie selbstverständlich kennen und wovon sie normalerweise kein Aufhebens zu machen brauchen. Das Besondere unter den Deutschen besteht nur darin, daß diese Gemeinsamkeit nach dem Krieg durch die Verbrechen der NS-Zeit so stark belastet war, daß sie infolge der Teilung bald unterdrückt werden konnte. Aber wie man sieht, blieb sie subkutan durchaus bestehen. Es ist die Gemeinsamkeit der Geschichte, vielfältiger Lebensformen, der Sprache und zahlreicher Beziehungen. Jetzt wird sie erlebt als über Jahrzehnte hinweg vorenthaltene, verbotene Gemeinsamkeit, und sie äußert sich um so kräftiger, je überraschender sie ist. Sie entzieht der DDR endgültig den Boden, zumal offenbar in schwierigen Zeiten Solidarität, die nicht mehr aus dem Gesellschaftssystem zu beziehen ist, im Nationalen ihren Grund suchen muß.

Diesem Erleben gegenüber wird der kleine DDR-Stolz auf das Selbstgeschaffene ridikül. Von »menschlicher Wärme« ist ohnehin kaum mehr zu reden, da alle Nischen in Richtung Westen durchlöchert, alle Freundeskreise dezimiert sind. Die neuen Politiker der DDR müssen überhaupt erst einmal Fuß fassen. Die Schwierigkeit eines formalen Demokratieverständnisses angesichts so vieler materialer, freilich unklarer Vorstellungen wird sie zusätzlich stark beanspruchen. Daß der einzig sichere Posten im Staat die alten Apparatschiks sind, ist eine weitere Ursache von Angst und Hoffnungslosigkeit. Wie also soll in irgend absehbarer Zeit jenes Vertrauen in der DDR erwachsen, das den Sieg der »Revolution« erst sichern kann – solange dieser Staat für sich bleibt.

Ich wüßte in der Geschichte keinen Fall, wo ein ähnlich gelagerter Übergang von totalitärer Herrschaft zur Demokratie hätte bewerkstelligt werden müssen. In Westdeutschland lag nach 1945 aufgrund des totalen Zusammenbruchs und der Übernahme der Regierungsgewalt durch die Alliierten sowie deren Säuberungen alles gänzlich anders. In Italien stand am Ende des Krieges eine starke Opposition bereit, den Staat zu übernehmen; außerdem war der faschistische Staat nicht so radikal von der herrschenden Partei her durchdrungen. Aus ähnlichen Gründen stellen auch Spanien und Portugal keine Parallelen dar, ganz abgesehen davon, daß dort Vorbereitungen für eine Demokratisierung noch während der Diktatur anlaufen konnten. In Polen war selbst im Geheimdienst Unsicherheit gegenüber dem eigenen Tun lange vor dem Sieg von Solidarność verbreitet, in Ungarn ist ohnehin alles anders. Und zu allen anderen Besonderheiten kommt die Tatsache hinzu, daß der Staat DDR nur mehr auf Abruf besteht – und daß seine Bürger schon seit Jahrzehnten zu Millionen in den Westen übergesiedelt sind.

Für alles mögliche können jetzt Fachgespräche beginnen; wer aber ist Fachmann für die Frage, wie man die Ergebnisse eines noch gar nicht erfolgten Umsturzes befestigt? Wie man die Fundamente legt, auf denen die zu verabredenden Konstruktionen aufruhen können? Vermutlich ist ein Staat nicht zu retten, der von der weit überwiegenden Mehrheit seiner Bevölkerung nicht gewollt wird. Vermutlich wird eine Regierung nicht viel Respekt gewinnen, die von selbst kaum etwas machen kann und für die jeder Tag, an dem sie nicht vorankommt, eine Einbuße an Glaubwürdigkeit bedeutet. Kein Gedanke an 100 Tage Schonfrist. Vermutlich gibt es nur eine Quelle für einen Vertrauensvorschuß, mit dem man in der DDR wenigstens über die nächsten Runden kommen könnte: Das wäre eine Garantie der Bundesrepublik dafür, daß sowohl eine demokratische und rechtsstaatliche Ordnung wie eine hoffnungsvolle Wirtschaft dort aufgebaut werden. Allein, wie kann man die geben? Worte werden es nicht machen. Die sich jagenden wirtschaftlichen Vorschläge werden bald langweilig werden, zumal es keine Patentrezepte gibt. Wieweit vertragliche Zusagen Vertrauen bilden, ist fraglich. Und eine staatliche Einheit kann nicht über Nacht entstehen. Vermutlich gibt es für das galoppierend sich zuspitzende Desaster nur eine Auffangstellung, die nicht in kürzester Zeit von der Dynamik des Prozesses überspült werden kann: Das ist eine international, zwischen den Großmächten wie innerhalb Europas abgesicherte, beschlossene und besiegelte Einheit Deutschlands. Nicht unbedingt gleich die Einheit selbst, aber eine allem Mißtrauen trotzende sichere Aussicht darauf, in festgelegten Fristen. Und dazu muß nicht alles schon klar geregelt, aber es muß soviel klar sein, daß das Ungeregelte die Sache nicht in Frage stellen kann.

Nur auf dieser Basis kann die Abwanderung aus der DDR nennenswert vermindert werden, kann vor allem jene Gegenbewegung einsetzen, die vielleicht der wichtigste vertrauensbildende Vorgang für viele sein kann: Wenn viele von uns auf das bisherige Territorium der DDR übersiedeln, wenn ein wirklicher Bevölkerungsaustausch in beide Richtungen möglich sein wird. Denn wenn zusammenwachsen soll, was zusammengehört, muß es sich auch gegenseitig durchdringen, und zwar in gegenseitigem Respekt, mit viel Verstehensbereitschaft, und das wird schwierig genug.

13. Februar 1990

Andrzej Szczypiorski

Wo ist die Grenze?

Polnische Ansichten zur deutschen Frage

Das anachronistische Denken über die deutsche Frage ist in Polen zwar nicht überall anzutreffen, wohl aber bei einem recht erheblichen Teil der Gesellschaft. Das ist das Ergebnis von vier Jahrzehnten Erziehung in der Schule totalitärer Blindheit. Sogar ansonsten vernünftige Leute erliegen heute provinziellen Hirngespinsten. Für Polen, das nach einem halben Jahrhundert sein Recht auf eine souveräne Außenpolitik wiedererlangt hat, gibt es nur zwei Optionen: entweder die Konzeption des Nationalstaates wie im neunzehnten Jahrhundert oder das Programm einer übernationalen Integration im Rahmen des Gesamtkontinents. Die erste Option ist leicht – im psychologischen Sinn –, die zweite erfordert eine tiefe Neuorientierung der Grundlagen, vor allem aber ein redliches Wissen um die moderne Welt, das dem Anschein zum Trotz in Polen immer noch recht oberflächlich ist.

Die erste, *par excellence* nationale Option basiert auf bitterer historischer Erfahrung. Das ganze neunzehnte Jahrhundert hindurch war Polen der selbständigen staatlichen Existenz beraubt und der deutschen und russischen Erfolgssucht preisgegeben. Im zwanzigsten Jahrhundert hatte das polnische Volk nur zwanzig Jahre lang, in der Zeit zwischen beiden Kriegen, einen eigenen Staat. Zwei Weltkriege, vor allem aber der Krieg gegen das Dritte Reich, kosteten Polen Millionen von Opfern und verursachten unbeschreiblich schwere Leiden. Das System des kommunistischen Totalitarismus, das nach 1945 auf dem polnischen Gebiet im Widerspruch zur ganz überwiegenden Mehrheit der Volksmeinung installiert wurde, war die unmittelbare Folge des Sieges Stalins über Hitler und der Tatsache, daß dieser Teil Europas der Tyrannei Stalins anstelle der Tyrannei Hitlers unterworfen wurde.

Verständlicherweise hat dieses historische Schicksal die Sehnsucht nach einer souveränen staatlichen Existenz gesteigert und die Bindung an die nationale Idee verstärkt. In der polnischen Mentalität herrschte eine durch geschichtliche Erfahrung begründete und aus dem Gefühl ständiger Bedrohung resultierende vereinfachte Variante politischer Strategie: Polen muß sich entweder gegen die deutsche Bedrohung auf Rußland stützen oder gegen die russische Bedrohung auf Deutschland.

Im Licht von heute, an der Schwelle zum einundzwanzigsten Jahrhundert, ist das eine anachronistische Denkweise. Es bedarf einer großen gemeinsamen Anstrengung, um sie zu überwinden. Ich meine hier nicht nur eine polnische Anstrengung. Es geht in höchstem Maße um das Beispiel und die Mitarbeit ganz Europas.

Unaufhaltsam steuert Europa auf die Integration zu. In wenigen Jahren wird der westliche Teil des Kontinents ein einziger Wirtschafts-, Rechts- und Kulturorganismus sein, und die staatlich-politischen Einteilungen werden in den Hintergrund des Gemeinschaftslebens treten. In der neuen technischen und zivilisatorischen Wirklichkeit kann es nicht anders sein.

Unter diesen Umständen wirkt die Vorstellung, die Deutschen seien die von »Lebensraum«-Ansprüchen zerfressenen Eroberer des europäischen Ostens, ganz einfach altmodisch. Andererseits jedoch wecken alle deutschen politischen Aussagen, Gesten und Taten, die zweideutig sind hinsichtlich der polnisch-deutschen Beziehungen, in Polen Gefühle von Unsicherheit, Angst und Mißtrauen und müssen sie wecken. Die polnischen Erfahrungen sind bitter und grausam, sowohl in den Beziehungen zu Deutschland als auch in den Beziehungen zu Rußland. Man darf sich nicht wundern, daß es heute in Polen Menschen gibt, die zwar die

Macht eines vereinigten Deutschlands fürchten, zugleich aber den Abzug der sowjetischen Truppenteile vom polnischen Staatsgebiet fordern. Dem Anschein nach ist das politische Schizophrenie, doch findet sie ihre Begründung in der jüngsten nationalen Erfahrung.

Die Situation Polens ist heute besser als im Verlauf des gesamten, demnächst zu Ende gehenden Jahrhunderts. Dank einer großen politischen und wirtschaftlichen Reform rückt das Land Europa näher. Vor der polnischen Gesellschaft liegen Jahre ernsthafter Anstrengungen und ziemlich bitterer Erfahrungen, aber auch die große Hoffnung, daß Polen bis zum Jahrhundertende den zivilisatorischen Kollaps überwindet. Das polnische Volk hat ihn nicht verschuldet. Die Deutschen haben immer gern von der sprichwörtlichen polnischen Wirtschaft geredet. Heute genügt es, nach Dresden oder Leipzig zu fahren, um von der deutschen Wirtschaft reden zu können. Unter den Bedingungen des kommunistischen Totalitarismus hat Polen bei allen ökonomischen und ökologischen Verwüstungen einen größeren Fortschritt erreicht als die DDR. Polen war auch das erste Land dieser Region Europas, das sehr vernünftig, ruhig und entschieden gegen die kommunistische Diktatur aufgetreten ist. In dieser Hinsicht verdankt die europäische Demokratie und damit auch die deutsche Demokratie dem polnischen Volk viel, obgleich die Polen den Kampf vor allem im eigenen Interesse unternahmen.

Zur Zeit hat Polen die große Chance einer Rückkehr nach Europa. Vor diesem Hintergrund zeichnet sich das Problem der Vereinigung Deutschlands ab. Es steht außer Frage, daß das, was derzeit geschieht, für Polen nützlich ist. Die Polen verstehen das. Es ist besser, an seiner Westgrenze einen demokratischen Staat zu haben, dessen Wirtschaft, vor allem aber dessen soziales und politisches Leben in den Westen und die Muster der westlichen Demokratie integriert sind, als eine Bastion totalitärer stalinistischer Diktatur.

Doch diese Angelegenheit verbindet sich unmittelbar mit dem Vertrauen in die deutsche Demokratie. Es liegt auf der Hand, daß die Bemühungen der Regierung Mazowiecki, Polen die Teilnahme an der Konferenz über Deutschland zu sichern, die erste große Bewährungsprobe der souveränen Regierung in der internationalen Arena sind. Selbstverständlich bildet aber die Einstellung zu dieser Angelegenheit auch eine große Bewährungsprobe für die deutsche Demokratie. Ich gehöre zu jenen Polen, die auf die Kraft und Tiefe der demokratischen Wandlungen in der Gesellschaft der Bundesrepublik vertrauen. Die Demokratie hat es an sich, daß sie menschliche Ansichten und Ansprüche verändert. Vielleicht sind sich nicht alle Polen dessen voll bewußt, weil sie die Segnungen eines demokratischen Gemeinschaftslebens noch nicht erfahren haben. Daher rühren ihre Ängste.

Doch scheint es weder vernünftig noch gerechtfertigt, in der Frage der Oder-Neiße-Grenze gewisse Doppeldeutigkeiten aufrechtzuerhalten. Mazowiecki hat recht, wenn er sagt, Europa dürfe das neue Kapitel seiner Geschichte nicht mit derartigen Belastungen beginnen. Die Hypothek muß gelöscht sein, wenn man die moderne, ruhige und sichere Welt unseres Kontinents errichten will. Die Politiker in der Bundesrepublik sollten sich der Tatsache bewußt sein, daß sie mit dem Aufschieben der endgültigen Anerkennung der Oder-Neiße-Grenze die Einflüsse der Gegner einer Versöhnung zwischen Polen und Deutschen stärken, die Einflüsse der Gegner der polnischen Demokratie, der Gegner der europäischen Einheit. Das ist, wie nie zuvor, ein Wirken zum Schaden der Integrationsprozesse, eine Stärkung reaktionärer Tendenzen nicht nur in Polen, sondern auch in Deutschland, in der UdSSR, in ganz Europa.

Man könnte sagen, heute habe die Stunde der Wahrheit für die deutsche und die polnische Demokratie geschlagen. Die Oder-Neiße-Grenze, vier Jahrzehnte lang für eine Idee Stalins gehalten, ist im Verlauf historischer Prozesse zum lebenswichtigsten nationalen Problem der Polen geworden. Sie ist Angelegenheit der gesamten Zukunft unseres Staates. Nur in diesen Grenzen kann Polen sich richtig entwickeln, und nur in diesen Grenzen kann es morgen oder übermorgen ein verantwortungsbewußter Partner im Rahmen der europäischen Integration sein. Für das deutsche Volk in einem vereinigten deutschen Staat stellt das Problem der Oder-Neiße-Grenze keine Lebensfrage dar. Sie ist ausschließlich eine sentimentale Angelegenheit, deren Bedeutung unter den Bedingungen demokratischer Zusammenarbeit und offener Grenzen weiterhin schwinden wird, wie sie bereits im Verlauf der letzten vierzig Jahre vor unseren Augen geschwunden ist.

Ich habe die Stunde der Wahrheit erwähnt. Und ich glaube, wir erleben gerade jetzt diese Stunde. Es kommt nicht darauf an, sich heute der stalinistischen Konzeption zu unterwerfen, die zum Ziel hatte, eine Versöhnung der Polen und der Deutschen in Ewigkeit zu verhindern und Polen vor die schreckliche totalitäre »Trojka« zu spannen, die jahrzehntelang durch Europa raste. Es geht genau um die Verneinung dieser grausamen Konzeption zur Entzweiung der Völker im Interesse einer despotischen Macht und Tyrannei. Die endgültige Anerkennung der Oder-Neiße-Grenze durch das deutsche Volk wird ganz einfach das Ende des großen Krieges sein, den Hitler und Stalin gegen die Demokratie, gegen Europa und die Welt entfesselt haben.

Aus dem Polnischen übersetzt von Klaus Staemmler.

6. März 1990

Im Osten erwacht die Geschichte

Hans Magnus Enzensberger

Die Helden des Rückzugs

Brouillon zu einer
politischen Moral der Macht

In jeder europäischen Hauptstadt findet man dort, wo der Raum seine höchste symbolische Verdichtung erreicht, also im Zentrum, eigentümlich korpulente Zentauren vor, aus Metall gegossene Zwitterwesen, unter deren Hufen Beamte in ihr Ministerium, Zuschauer in die Oper, Gläubige in die Messe eilen: römische Kaiser, Große Kurfürsten, ewig siegreiche Feldherrn. Die Chimäre hoch zu Roß stellt den europäischen Helden vor, eine imaginäre Gestalt, ohne den die bisherige Geschichte des Erdteils gar nicht zu denken wäre. Seit der Erfindung des Automobils hat der Weltgeist zu Pferde abgesattelt; Lenin und Mussolini, Franco und Stalin kamen ohne wiehernden Unterbau aus. Dafür nahmen die Stückzahlen zu, karibische Inseln und sibirische Kombinate wurden mit versteinerten Helden beliefert, und die Stiefelgrößen der Darsteller erreichten nicht selten das Format eines Einfamilienhauses. Inflation und Elefantiasis kündigten das nahe Ende jener Heroen an, denen es nie um etwas anderes gegangen war als um Eroberung, Triumph und Größenwahn.

Die Schriftsteller haben es geahnt. Schon vor über einem Jahrhundert hat sich die Literatur von jenen überlebensgroßen Figuren, an deren Erschaffung sie von Anfang an beteiligt war, ein für allemal verabschiedet. Herrscherlob und Heldensage gehören seitdem ihrer Prähistorie an. Sie handelt längst nicht mehr von Augustus und Alexander, sondern von Bouvard und Pécuchet, Vladimir und Estragon.

Von Fridericus Rex und Napoleon ist nur noch im literarischen Souterrain die Rede, ganz zu schweigen von jenen Hitler-Hymnen und Stalin-Oden, deren Bestimmung von Anfang an die Müllhalde war.

Dagegen hat die sogenannte große Politik am klassischen Heldenschema bis auf den heutigen Tag ebenso verbissen wie hilflos festgehalten. Sie plakatiert nach wie vor den Sieger und träumt von unerreichbaren Triumphen. Daß sie dabei die letzte Schwundstufe erreicht hat, zeigt sich nicht nur an ihrer symbolischen Ohnmacht, sondern auch an der bescheidenen Reichweite ihrer Aktionen. Die demokratische Normalität legt dem Ehrgeiz und der Ruhmsucht Fesseln an, unter denen das Führungspersonal sichtlich leidet; nicht ein Weltreich, sondern bestenfalls einen Wahlkreis gilt es zu erobern, und das Feldherrngenie sieht sich auf Inseln beschränkt, die wie Grenada oder die Falklands auf dem Globus nur mit der Lupe zu erkennen sind. Wer sich am wunderbaren Schrumpfen der heroischen Statur erfreuen möchte, braucht nur Churchill mit Thatcher, de Gaulle mit Mitterrand, Adenauer mit Kohl zu vergleichen. Ein Moment von Theatralik, von Schauspielerei haftete dem Helden als Staatsdarsteller von jeher an; mit seiner heutigen Machtelite hat das westliche Europa den Weg vom grauenvollen Vorbild bis zur lächerlichen Imitation vollendet. Die unfreiwillige Komik jenes Führungsclans, der sich hartnäckig auf irgendwelchen »Gipfeln« wähnt, zeigt an, daß vom klassischen Geschichtshelden nur eine Karikatur übriggeblieben ist.

An seine Stelle sind in den letzten Jahrzehnten andere und, wie ich vermute, bedeutendere Protagonisten getreten – Helden einer neuen Art, die nicht den Sieg, die Eroberung, den Triumph, sondern den Verzicht, den Abbau, die Demontage repräsentieren. Wir haben allen Anlaß, uns mit diesen Spezialisten der Negation zu befassen, denn auf sie ist unser Kontinent angewiesen, wenn er überleben soll.

Es war Clausewitz, der Klassiker des strategischen Denkens, der gezeigt hat, daß der Rückzug die schwierigste aller Operationen ist. Das gilt auch für die Politik. Das *non plus ultra* der Kunst des Möglichen besteht darin, eine unhaltbare Position zu räumen. Wenn sich aber die Größe eines

Helden nach der Schwierigkeit der Aufgabe bemißt, vor die er sich gestellt sieht, so folgt daraus, daß das heroische Schema nicht nur revidiert, sondern umgekehrt werden muß. Jeder Kretin kann eine Bombe werfen. Tausendmal schwieriger ist es, sie zu entschärfen.

Allerdings machen Tüchtigkeit und Kompetenz allein noch keinen Helden aus. Was den Protagonisten denkwürdig macht, ist die moralische Dimension seines Handelns. Aber gerade in dieser Hinsicht begegnen die Helden des Rückzugs einem ebenso massiven wie zähen Vorbehalt. Das allgemeine Urteil hält sich, besonders in Deutschland, an das überlieferte Schema. Es fordert nach wie vor die Charakterrolle des Unbeirrbaren ein und pocht auf eine politische Moral, der Prinzipienfestigkeit und Konsequenz über alles, und das heißt notfalls auch über Leichen gehen. Ebendiese Eindeutigkeit hat jedoch der Held des Rückzugs auf keinen Fall zu bieten. Wer die eigenen Positionen räumt, gibt nicht nur objektiv Terrain preis, sondern auch einen Teil seiner selbst. Ein solcher Schritt kann nicht gelingen, ohne daß Person und Rolle auseinandertreten. Das Ethos des Helden liegt eben in seiner Ambivalenz. Der Spezialist für die Demontage beweist seinen moralischen Mut, indem er diese Zweideutigkeit auf sich nimmt.

Historisch wirksam geworden ist das Paradigma, das sich hier abzeichnet, im Gefolge der totalen Diktaturen des zwanzigsten Jahrhunderts. Die Pioniere des Rückzugs ließen es erst schattenhaft und undeutlich erkennen. Von Nikita Chruschtschow wird man behaupten können, daß er nicht wußte, was er tat, daß er sich über die Implikationen seines Handelns keineswegs im klaren war; schließlich sprach er davon, den Kommunismus zu vollenden, statt ihn abzuschaffen. Dennoch legte er mit seiner berühmten Rede vor dem XX. Parteitag nicht nur den Keim zu seinem eigenen Sturz. Sein intellektueller Horizont war borniert, seine Strategie plump, seine Haltung selbstherrlich, doch an Zivilcourage übertraf er so gut wie alle Politiker seiner Generation. Gerade das eigentümlich Schwankende seines Charakters hat ihn für seine Aufgabe qualifiziert. Heute liegt die subversive Logik seiner Heldenkarriere offen zutage: mit ihm hat die Demontage des sowjetischen Imperiums begonnen.

Noch weit schärfer tritt der innere Zwiespalt des Abbruchspezialisten in der Gestalt von János Kádár hervor. Dieser Mann, der vor ein paar Monaten sang- und klanglos in Budapest beerdigt wurde, hat nach dem gescheiterten Aufstand von 1956 mit der Besatzungsmacht paktiert. Achthundert Todesurteile, heißt es, gehen auf sein Konto. Kaum waren die Opfer der Repression unter der Erde, so ging Kádár an sein Lebenswerk, das ihn fast dreißig Jahre lang beschäftigen sollte. Es bestand darin, geduldig und beharrlich die Alleinherrschaft der Kommunistischen Partei zu untergraben. Bemerkenswert ist, daß dieser Prozeß ohne schwere Turbulenzen verlief; Rückschläge und Lebenslügen haben ihn begleitet, taktische Manöver und Kompromisse vorangetrieben. Ohne den ungarischen Präzedenzfall wäre die Auflösung des Ostblocks schwerlich in Gang gekommen; daß Kádár dabei bahnbrechend gewirkt hat, ist unbestreitbar. Ebenso klar liegt auf der Hand, daß er den Kräften nicht gewachsen war, die er zu entfesseln half. Es ist das typische Los des historischen Abbruchunternehmers, daß er mit seiner Arbeit immer auch die eigene Position unterminiert. Die Dynamik, die er auslöst, wirft ihn beiseite; er geht in seinem Erfolg unter.

Adolfo Suárez, Generalsekretär der spanischen Falange, wurde nach dem Tode Francos Ministerpräsident. Er hat in einem exakt geplanten Handstreich das Regime geschleift, die eigene Einheitspartei entmachtet und eine demokratische Verfassung durchgesetzt: eine ebenso diffizile wie gefährliche Operation, die Suárez mit persönlichem Mut und politischer Brillanz gemeistert hat. Hier war nicht, wie bei Chruschtschow, eine dumpfe Ahnung am Werk, sondern ein äußerst waches Bewußtsein. Es galt, nicht nur den politischen Apparat auszumanövrieren, sondern auch die Armee zum Stillhalten zu veranlassen; ein Militärputsch hätte zu blutiger Repression und vielleicht zu einem neuen Bürgerkrieg geführt.

Auch diesem Fall ist mit einer schlichten Gesinnungsethik, die nur weiße oder schwarze Schafe kennt, nicht beizukommen. Suárez war Teilhaber und Nutznießer des Franco-Regimes; hätte er nicht zum innersten Zirkel der Macht gehört, so wäre er nicht in der Lage gewesen, die Diktatur abzuschaffen. Zugleich sicherte ihm seine Vergangenheit das unüberwindliche Mißtrauen aller Demokraten. Tatsächlich hat ihm Spanien bis heute nicht verziehen. In den Augen seiner ehemaligen Genossen war er ein Verräter, in den Augen derjenigen, für die er den Weg frei gemacht hat, war er ein Opportunist. Seitdem er als typische »Figur des Übergangs« abtrat, hat er nie wieder festen Boden gewinnen können. Die Rolle, die er im Parteiensystem der Republik spielt, ist eher obskur geblieben. Eines und nur eines ist dem Helden des Rückzugs sicher: der Undank des Vaterlandes.

In der Gestalt des Wojciech Jaruzelski nimmt diese moralische Aporie geradezu tragische Züge an. Er war es, der Polen im Jahre 1981 vor der unmittelbar bevorstehenden sowjetischen Invasion gerettet hat. Der Preis dafür war die Verhängung des Kriegsrechts und die Internierung jener Systemopposition, die heute unter seiner Präsidentschaft das Land regiert. Dieser schlagende Erfolg seiner Politik hat ihn nicht davor bewahrt, daß ein erheblicher Teil der polnischen Gesellschaft ihn bis heute mit stummem Haß betrachtet. Niemand jubelt ihm zu: nie wird er den Schatten seiner Handlungen loswerden. Daß er damit von Anfang an gerechnet hat, darin liegt seine moralische Stärke. Man hat ihn nie lächeln sehen. Die Gestik bis zur Leblosigkeit erstarrt, die Augen hinter dunklen Brillengläsern verborgen, stellt er den Patrioten als Märtyrer dar. Dieser heilige Sebastian der Politik ist eine Figur von shakespeareschem Format.

Von seinen Nachzüglern wird man das nicht behaupten können. Egon Krenz und Ladislav Adamec werden vermutlich in der Geschichte nur eine Fußnote beanspruchen: der eine als burleske, der andere als die biedermännische Version des heroischen Rückzüglers. Doch kann weder das Grinsen des Deutschen noch die väterliche Miene des Tschechen über ihre Unentbehrlichkeit hinwegtäuschen. Die Wendigkeit, die man ihnen zum Vorwurf macht, ist ihr einziges Verdienst. In der lähmenden Stille des prägnanten Moments, in dem einer auf den andern wartet und nichts geschieht, mußte einer sich als erster räuspern, jenes winzige, halberstickte Geräusch hervorbringen, das die Lawine auslöst. »Einer«, so sprach einst ein deutscher Sozialdemokrat, »einer muß der Bluthund sein.« Siebzig Jahre später mußte einer den Bluthunden in den Arm fallen, auch wenn es ein kommunistischer Pulcinell war, der das tödliche Schweigen brach. Niemand wird seiner mit Nachsicht gedenken. Ebendies macht ihn denkwürdig.

Die Epigonen des Rückzugs sind Getriebene. Sie handeln unter einem Druck, der von unten und von außen kommt. Der wahre Held der Entmachtung ist dagegen selbst die treibende Kraft. Michail Gorbatschow ist der Initiator eines Prozesses, mit dem andere mehr oder weniger freiwillig versuchen, Schritt zu halten. Er ist – soviel dürfte heute bereits feststehen – eine säkulare Figur. Die schiere Dimension der Aufgabe, die er sich gestellt hat, ist beispiellos. Er ist dabei, das vorletzte monolithische Imperium des zwanzigsten Jahrhunderts zu demontieren, ohne Gewalt, ohne Panik, ohne Krieg. Ob das gelingen kann, steht dahin. Doch hätte noch vor wenigen Monaten niemand das, was er bisher auf diesem Weg erreicht hat, für möglich gehalten. Es hat sehr lange gedauert, bis die Welt auch nur anfing, sein Projekt zu begreifen. Die überlegene Intelligenz, die moralische Kühnheit, die weitreichende Perspektive dieses Mannes – das alles lag, im Osten wie im Westen, so weit jenseits des Horizonts der politischen Klasse, daß es keine Regierung wagte, ihn beim Wort zu nehmen.

Auch über seine Popularität im eigenen Land wird sich Gorbatschow kaum Illusionen machen. Der größte aller Verzichtspolitiker sieht sich dort auf Schritt und Tritt mit der Frage nach dem Positiven konfrontiert, so als ginge es darum, den Völkern ein weiteres Mal eine leuchtende Zukunft zu verkünden, die jedem nach seinen Bedürfnissen Seife, Raketen und Brüderlichkeit zum Nulltarif zu bieten hätte; als gäbe es einen anderen Fortschritt als den Rückzug; als hinge nicht jede künftige Chance davon ab, den Leviathan zu entwaffnen und aus dem Alptraum in die Normalität zurückzufinden. Es versteht sich, daß jeder Schritt auf diesem Weg für den Protagonisten lebensgefährlich ist. Zur Linken wie zur Rechten ist er von alten und neuen, lautstarken und stummen Feinden umgeben. Wie es sich für einen Helden gehört, ist Michail Gorbatschow ein sehr einsamer Mann.

Es geht bei alledem nicht darum, für die großen oder kleinen Helden der Entwaffnung eine Verehrung einzuklagen, auf die sie keinerlei Anspruch erheben. Neue Denkmäler sind überflüssig. Dagegen ist es an der Zeit, diese neuartigen Protagonisten ernst zu nehmen und genau ins Auge zu fassen, was sie verbindet und was sie voneinander unterscheidet. Eine politische Moral, die nur Lichtgestalten und Bösewichter kennt, wird zu einer solchen Prüfung nicht imstande sein.

Ein deutscher Philosoph hat gesagt, es komme am Ende dieses Jahrhunderts nicht darauf an, die Welt zu verbessern, sondern darauf, sie zu verschonen. Dieser Satz gilt nicht nur für jene Diktaturen, die derzeit vor unseren Augen mehr oder weniger kunstvoll abgewrackt werden. Auch den westlichen Demokratien steht eine Abrüstung bevor, für die es keinen Präzedenzfall gibt. Der militärische Aspekt ist nur einer unter vielen. Andere unhaltbare Positionen sind im Schuldenkrieg gegen die Dritte Welt zu räumen, und der schwierigste aller Rückzüge steht in jenem Krieg bevor, den wir seit der industriellen Revolution gegen unsere eigene Biosphäre führen.

Es wäre deshalb an der Zeit, daß unsere winzigen Staatsmänner Maß nähmen an den Facharbeitern der Demontage. Die Aufgaben, die zu lösen sind, verlangen Fähigkeiten, die am ehesten an solchen Vorbildern zu studieren sind. So kann eine Energie- und Verkehrspolitik, die diesen Namen verdient, nur mit einem strategischen Rückzug eingeleitet werden. Sie erfordert die Zerlegung von Schlüsselindustrien, die auf lange Sicht nicht weniger bedrohlich sind als eine Einheitspartei. Die Zivilcourage, die dazu nötig wäre, steht der kaum nach, die ein kommunistischer Funktionär aufzubringen hat, wenn es darum geht, das Monopol seiner Partei abzuschaffen. Statt dessen übt sich unsere politische Klasse in albernen Siegerposen und selbstzufriedenen Lügen. Sie triumphiert, indem sie mauert, und glaubt der Zukunft durch Aussitzen Herr zu werden. Vom moralischen Imperativ des Verzichts ahnt sie nichts. Die Kunst des Rückzugs ist ihr fremd. Sie hat noch viel zu lernen.

9. Dezember 1989

Pierre Bourdieu

Im Osten erwacht die Geschichte

Die Revolution und die Befreiung der Worte

Wir haben lange Zeit geglaubt, daß wir an das Ende der Geschichte gelangt sind. Die soziale Bewegung, die während des ganzen neunzehnten Jahrhunderts und der ersten Hälfte des zwanzigsten die Hoffnung der Menschen getragen hatte, war allmählich an den Niederlagen und Schrecken einer bürokratischen Tyrannei zuschanden geworden. Die Welt hatte das Alter Breschnews. Dort, wo man eine klassenlose Gesellschaft hatte sehen wollen, war eine Kastengesellschaft errichtet worden. Eine hinter ihren Privilegien verschanzte Oligarchie fand in der doppelten Sprache, die ihr das usurpierte Monopol einer revolutionären Rhetorik verschaffte, das Mittel, um sich und anderen die Mauer des Unverständnisses zu verhüllen, die sie von den gewöhnlichen Bürgern trennte. Das tragische Geschick dieser Welt ohne geschichtliches Jenseits lastete wie ein Deckel auf der gesamten fortschrittlichen Menschheit. Und nicht nur, weil dieser Sozialismus mit unmenschlichem Antlitz den Konservativen aller Länder die beste Rechtfertigung für den Status quo lieferte.

Wir haben gerade das Ende einer Diktatur miterlebt; sie war aber nicht, was man auch immer von ihr sagen mag, eine gewöhnliche Diktatur. Sie wurde im Namen des Volkes errichtet und ausgeübt, und sie wurde vom Volk zu Fall gebracht; im Namen der Wahrheit wurde sie errichtet und im Namen der Wahrheit zu Fall gebracht; im Namen der Freiheit errichtet und im Namen der Freiheit zu Fall gebracht; im Namen der Gleichheit errichtet und im Namen der Gleichheit zu Fall gebracht. Welch gewaltige Feier der Revolution von 1789! Diese Revolution gegen die im Namen der Revolution begangenen Verbrechen wird endlich einmal nicht konterrevolutionär sein. Das Aufeinanderprallen der Worte, Freiheit gegen Freiheit, Wahrheit gegen Wahrheit, Gleichheit gegen Gleichheit, könnte am Ende einer furchtbaren Sinnentwertung zum Nihilismus führen. Im Namen dieser zu Parolen degradierten Wörter, im Namen der zur Staatslüge umgewandelten Wahrheit, wurden diese Völker schikaniert, unterdrückt, eingesperrt, in die Bastille gesteckt. Was aber tun sie unter unseren Augen jetzt anderes, als das Programm des Dichters zu verwirklichen, »den Wörtern des Stammes einen reineren Sinn zu geben«? Es versteht sich von selbst, daß der Dichter, der Schriftsteller, der Intellektuelle, ob er nun Mircea Dinescu, Václav Havel oder Christoph Hein heißt, seine ursprüngliche Rolle als Gruppensprecher oder – bescheidener – als öffentlicher Schriftsteller zurückgewinnt. In der Tat lehrt er, daß die großen Worte, in denen die Träume oder Ideale der Menschheit niedergelegt sind, gestärkt und gereinigt aus dem radikalen Zweifel hervorgehen, dem sie die Geschichte unterworfen hat. Indem der Schriftsteller sich erhebt, um die Worte gegen den Sprachmißbrauch, der immer einen Machtmißbrauch in sich birgt, zu verteidigen, ruft er in Erinnerung, daß Politik realistischer ist als alle Formen von *Realpolitik*.

Daher müssen heute die Intellektuellen aller Länder zusammenfinden, um den so begonnenen Kampf fortzuführen. Es hat ein Ende mit dem »organischen Intellektuellen«, der sich gezwungen glaubte, seine Vernunft vor den Verdikten der Staatsräson zu beugen, oder mit dem »Weggefährten« nach Sartres Art, der sich, um seine »Erbsünde« zu tilgen, zu »verblöden« bemühte, auf daß er zu den Partei»denkern« zähle. Mit der Wahrheit gibt es keine Kompromisse. Man soll uns nicht erzählen, daß für 1992 ein »gemeinsamer Markt des Geistes« vorbereitet werden soll. Die Kultur, die Europa für sich, für die Welt und besonders den dritten Stand der Welt braucht, wird nicht aus einer Expertenverhandlung oder einem Technokraten-Hearing hervorgehen. Man muß darauf hinarbeiten, aus dem strengen Gebrauch der Vernunft und damit der Sprache eine politische Tugend, ja die erste der politischen Tugenden zu machen, also den Intellektuellen die einzige Macht zu geben, die sie fordern dürfen und müssen, nämlich die Macht, eine ständig wirksame Wachsamkeit gegen den Mißbrauch von Worten, insbesondere von großen Worten auszuüben.

Die revolutionäre Begeisterung, welche die Völker des Ostens gerade der ermatteten Geschichte Europas injiziert haben, ist aufzugreifen. Alle Profis der politischen Rede werden probieren, sich ihrer zu bemächtigen, um daraus Gewinn zu schlagen. Sie werden wieder mit ihren falschen Alternativen ankommen: Stalin oder Thatcher, Sozialismus oder Liberalismus, Karl Marx oder Milton Friedman, Moskau oder Chicago, Staat oder Markt, Planwirtschaft oder *laisser-faire*. Sie werden zeigen, daß sie hinter jedem dieser Wörter ihre Interessen, ihre Wahnvorstellungen oder einfach nur ihre Unfähigkeit zum freien Denken verbergen. Sie werden versuchen, das Pendel zurückschnellen zu lassen, das unaufhörlich von einer wirtschaftlichen und politischen Ungereimtheit auf die nächste verweist. Und das abgekartete Spiel der verbündeten Gegner wird die Entdeckung des übergeordneten Punktes erschweren, der weder eine goldene Mitte noch – wie die Ideologen der Revolution behaupteten – ein »dritter Weg« ist. Wer die Ideale der Wahrheit, der Freiheit oder sogar der Gleichheit und der Brüderlichkeit den perversen Verkehrungen zum Trotz entdeckt hat, denen sie die »sozialistischen« Staatsaristokratien unterwarfen und noch immer unterwerfen, ist paradoxerweise am ehesten in der Lage, uns wieder beizubringen, wie wir uns von den Wörtern und Denkgewohnheiten befreien können, die in unserem Unbewußten größenwahnsinnige Meisterdenker und verantwortungslose Ingenieure abgelagert haben. Die sind immer bereit, Völker auf dem Altar ihrer Anträge oder ihrer Gleichungen zu opfern.

Aber man muß auch um jeden Preis die Manipulatoren von Phobien und Wahnvorstellungen daran hindern, die alten Schreckgespenster wiederzuerwecken und sich auf alte Schuldgefühle zu stützen, die so leicht in verquere und verzweifelte Selbstbestätigungen umkippen können. Wie bei

Kindern laufen alle diese »Angstspielchen« immer Gefahr, zu wirklichen Schrecknissen zu führen. Dagegen sollte man sich freuen, daß das mächtige und schwerfällige Deutschland – das trotz des Stachels der alternativen Bewegungen immer mehr dazu neigt, auf dem weichen Ruhekissen seines wirtschaftlichen Erfolges einzuschlafen – in den Mittelpunkt der Wahrheitsprobe gestellt wird. Dort findet die Konfrontation zwischen den Realitäten des »kapitalistischen Paradieses« und jenen Bestrebungen und Forderungen statt, die in den Köpfen der ostdeutschen Bürger die sozialistische Rhetorik zurückgelassen hat.

So ist die Geschichte im Moskau der dreißiger Jahre nicht wirklich zum Stillstand gekommen. Die Forderungen und Hoffnungen, deren Botin die neue Bewegung ist, sowie vor allem die gewaltigen, uns von dieser scheintoten Zeit der Geschichte hinterlassenen Widersprüche können ein wirklich befreiendes Denken und eine befreiende Politik in Bewegung setzen.

Aus dem Französischen übersetzt von Max Grosse.

6. *Dezember 1989*

Andrzej Szczypiorski

Politisches Dasein und geistiges Leben

Über die Bedeutung der polnischen Kultur

Als sich in den Wandelgängen von Sejm und Senat die Nachricht verbreitete, Tadeusz Mazowiecki werde Premier, sagte ein junger, enthusiastischer Abgeordneter der »Solidarność« zu mir: »Herr Kollege, endlich haben wir ein neues Polen!«

Ich antwortete, es lohne sich wohl, auf dieses neue Polen noch ein wenig zu warten. Aus meinem Mund sprach nicht Mißtrauen gegenüber dem neuen Premier, der ein Mensch von außerordentlicher Hochherzigkeit und Klugheit ist, sondern die gewöhnliche Nörgelei des Alters. Ich trage meine Jahre auf dem Buckel und habe manches erlebt. In all den verflossenen Jahren bin ich ernüchtert. Es handelt sich nicht um eine Skepsis politischer Natur, weil ich zur Politik generell eine unfreundliche und respektlose Beziehung habe, sondern um mein schlichtes Wissen vom Leben.

Doch wäre es gut, mit dem Anfang zu beginnen, also mit der Politik.

Noch vor einem Jahr las ich in der Parteipresse, hörte ich im Fernsehen ziemlich amüsante Bemerkungen über mich. Ich wurde bekanntlich zur Gruppe jener »Politikaster« gerechnet, die im Namen ihrer engen, antipolnischen Ziele unsere Kultur ins Ausland verschleppten, fremden Agenturen dienten, mit vollen Händen Mittel aus imperialistischen Kassen schöpften und mit der Unzufriedenheit unserer Gesellschaft ihr schmutziges Spiel gegen das Vaterland trieben. Ich gewöhnte mich an diese Verleumdungen, Fälschungen und Beschimpfungen, die ich weder demaskieren konnte noch wollte. Ich war es ja nicht allein, es gab damals in Polen zahlreiche Leute in ähnlicher oder viel schlimmerer Situation.

Was meine Person anbetraf, waren das recht typische Hirngespinste, wie sie für die totalitäre Mentalität allgemein verbindlich sind. Sollte aber jemand glauben, die Partei habe damals ein Monopol auf derartige Praktiken gehabt, irrt er sich sehr. Mit unserer Opposition stand es keineswegs besser. Schon 1983 habe ich in der Untergrundpresse geschrieben, die oppositionelle Publizistik sei lautstark, intolerant, gewalttätig und in ihrem verbissenen Antikommunismus manchmal ausgesprochen dumm. Die »Trybuna Ludu« druckte damals meine Bemerkungen eilfertig ab, ohne daran zu denken, daß, wenn zwei dasselbe sagen, es noch lange nicht dasselbe ist. Ich stand der Politik immer mit viel Widerwillen und Mißtrauen gegenüber, sie ist für mich weiterhin ein fremdes, unsympathisches Element, ein Gebiet, auf dem sich vor allem recht durchschnittliche Menschen verwirklichen können, die von der Natur nur sparsam mit der Gabe selbständigen Denkens bedacht worden sind. Die Politik ist, ähnlich wie das Militär, eine Art Prothese für diejenigen, denen es ohne eine solche Stütze im Leben miserabel geht und deren Vorhaben fruchtlos oder wenig fruchtbar sind.

Und doch war ich jemand, der angeblich in der Politik mitwirkte. Es war zwar nie Politik an sich, sondern Politik nur unter unseren besonderen Bedingungen; nirgendwo sonst hätte das als Politik gegolten. In einem totalitären System liegt die Politisierung des gesamten Lebens auf der Hand. Ich erinnere mich an Zeiten, als sogar das Kühemelken in Polen für einen Akt politischer Natur gehalten wurde. In dem System einer verstaatlichten Gesellschaft, in der alles rundum Eigentum des Staates ist oder vom Staat herkommt, wird jedes Tun des Staatsbürgers in bestimmtem Sinne zur politischen Wahl. Wir arbeiten ja in staatlichen Stellungen, wohnen in staatlichen Häusern, kaufen in staatlichen Läden, uns belehrt eine staatliche Verkäuferin oder ein staatlicher Hausmeister, und manchmal kann man den Eindruck haben, als wäre sogar die Luft verstaatlicht. Genau das ist die totalitäre Erfahrung, das Resultat der historischen Herausforderung, der die Bewohner unseres Teils von Europa im 20. Jahrhundert standhalten müssen. Jeder moralische Widerspruch, jeder Protest gegen Lüge, Prahlerei, Betrug und Fälschung wird deshalb als Akt politischer Natur behandelt, als Aufnahme des Kampfes gegen einen Staat, der seine totalitären Praktiken betreibt, ohne ethische Rücksichten zu nehmen.

In diesem Sinne beschäftigte ich mich mit Politik und war überzeugt, mit ihr nichts zu tun zu haben. Doch meine persönlichen Anschauungen blieben ohne Einfluß auf die Beurteilung dieser Tätigkeit. Auch das ist eines der Symptome totalitärer Mentalität.

Als Mazowiecki Ministerpräsident wurde, ließen sich Stimmen vernehmen, er werde es nicht schaffen, weil der Machtapparat ihm die Realisierung seines Programms politischer und wirtschaftlicher Reformen unmöglich machen würde. Die Rolle der Nomenklatura nahm magische Züge an. Es wundert mich nicht, daß manche Leute in Polen die Nomenklatura auf diese Weise behandeln. Die Praxis scheint darauf hinzuweisen, daß bei uns eine Schicht von Eigentümern des Staates entstanden ist, deren Stimme im öffentlichen Leben entscheidet. Die Nation hat sich schon mehrmals die Finger verbrannt und pustet heute auf Kaltes. Das ist durchaus keine schlechte Angewohnheit, sondern zeugt von großer Vernunft.

Und dennoch bin ich dagegen, die Nomenklatura zu dämonisieren. Nicht aus der Angst vor den Machenschaften dieser sozialen Schicht rührt meine Skepsis, was die Veränderungen in Richtung auf ein »neues Polen« anbetrifft, von dem mein Kollege aus dem Parlament so enthusiastisch gesprochen hatte. Die Nomenklatura ist nicht stark durch innere Gruppensolidarität, ich entdecke bei ihr auch keine tieferen ideologischen Bindungen, die Menschen zusammenhalten und ihnen gebieten könnten, für ein konkretes Programm zu kämpfen. Sie ist, glaube ich, ein ziemlich unbestimmtes Phänomen, ihre Grundlagen sind veränderlich und hängen von der Sequenz persönlicher Privilegien ab. Schon mehrfach waren wir Zeugen einer Treibjagd auf Leute aus der

Nomenklatura, an der sich andere Leute aus der Nomenklatura bereitwillig beteiligten. Daraus folgt, daß sich diese Gruppe ohne große Mühe den neuen Bedingungen anpassen läßt, wenn man ihr nur gewisse Profite zusichert, einen gewissen Einfluß auf den Lauf der Dinge, ein gewisses Stimmrecht in Angelegenheiten, die sie unmittelbar betreffen.

Um es etwas drastisch zu sagen – ein Funktionär der Nomenklatura, der bisher auf seinem Schreibtisch drei Telefonapparate stehen hatte, wird geschickt und loyal arbeiten, wenn man ihm nur zwei Apparate läßt, ohne ihm die Topfpalme, den Teppich und die Sekretärin zu nehmen. Es ist ihm ziemlich egal, wer ihm über diese Telefone Aufträge gibt. Er wird sie ausführen, loyal und mit Maßen anständig, wenn sie nur seine persönlichen Privilegien nicht antasten, die – ehrlich gesagt – kärglich sind, denn heute ist in Polen alles kärglich.

Ich bin sogar geneigt, weiterzugehen und zu behaupten, daß der Parteiapparat so lange relativ gut funktionieren wird, wie die Partei selbst an der Macht ist. Ich meine nämlich, die Partei ist gar keine politische Organisation, sondern nur oder vielmehr vor allem ein Machtapparat. Sie hat kein Programm, sie hat keine ideologischen Grundsätze, sie hat keine Anhänger, die im Namen präziser politischer Losungen die Wirklichkeit umgestalten wollen. Lange Jahre hindurch bot sie ihren Leuten Privilegien und nur Privilegien an. Wie sich herausstellt, ist das kein hinreichendes Programm, um mit seiner Hilfe einen modernen Staat zu regieren.

So bewirkt also nicht die Angst vor der Nomenklatura, daß ich skeptisch bin und die Meinung nicht teile, allein schon die Tatsache eines Regierungswechsels schaffe die Chancen für ein »neues Polen«. Worauf beruht meine Unruhe, und woher kommt sie? Ich fürchte die Bolschewisierung unseres geistigen Lebens. Bolschewisierung – das ist nicht nur und nicht einmal vor allem ein System bestimmter Anschauungen, sondern eine Art geistigen Unvermögens, eine Art geistiger Lähmung. Es geht mir gerade um den geistigen Zustand, die Art der Existenz, das Verhaltenssyndrom, den

Grad der moralischen Sensibilität, aber auch um das Bewußtsein für die Pflichten, die auf uns lasten.

Die Sache ist nämlich die, daß ein Mensch, der auf lange Jahre der Notwendigkeit unterworfen wurde, mit der totalitären Konzeption des kollektiven Daseins umzugehen, sogar gegen seine eigenen Interessen den Gewohnheiten totalitären Denkens und Reagierens auf die Wirklichkeit erliegt. Auch diejenigen, die manchmal geradezu heroisch gegen die totalitäre Herausforderung kämpfen, nehmen gelegentlich diesen Lebensstil an, und ihre Sensibilität wird beeinträchtigt. Ich meine hier nicht die üblichen Sitten und Gebräuche, die in unserer polnischen Kneipe wuchern, in der polnischen Schlange vor einem Laden, im polnischen Amtszimmer und sogar – leider! – in der polnischen Wohnung. Ich meine auch nicht nur die mit bloßem Auge sichtbare Barbarisierung der Beziehungen zwischen den Menschen, die uns langsam, aber nachhaltig von Europa entfernt und aus einer Gesellschaft mit großen Traditionen einen in die Welt der Computer, Laser und kosmischen Abenteuer geworfenen primitiven Stamm macht.

Ich meine die Bolschewisierung als Politisierung der gesamten Wirklichkeit, auch unserer Erinnerung, ohne die ein Volk und seine Kultur nicht existieren können.

Das Problem ist wichtig, denn es geht hier um die Bewahrung des Polentums im Rahmen Europas als unseres größeren Vaterlands. Es geht um das Europäertum, das man realisieren muß, indem man unsere Erfahrungen zu universalem Rang erhebt. Denn das polnische Drama des letzten halben Jahrhunderts, so schmerzhaft und zivilisatorisch ruinös, wie es ist, bildet die gemeinsame geistige Errungenschaft des gesamten Kontinents. Die Politisierung dieses Dramas, seine Reduktion auf den Rahmen der nur politischen Erfahrung ist im Grunde ein Zeugnis der Provinzialisierung, eine Mißachtung unserer Rolle in der geistigen Gesamtheit Europas.

Die letzten Jahrzehnte haben aus Polen gegen den Willen seiner geistigen Eliten und gegen die Ansprüche der Nation ein Krähwinkel gemacht. Heute geht es nicht nur um die verwaltungsmäßige Öffnung Polens zur Welt hin, sondern vor allem darum, daß wir uns unsere Pflichten anderen gegenüber bewußtmachen. Unsere Erfahrung angesichts der totalitären Herausforderung prägt unser Europäertum, weil sie im Bereich der lange fortdauernden Werte oder – einfach gesagt – im Bereich der Kultur eine wichtige Errungenschaft ganz Europas ist.

Es geht nicht um unser Leiden und um unsere großen materiellen Entbehrungen. Coupons abzuschneiden vom eigenen Unglück zeugt für Kleinlichkeit des Geistes und besitzt keinen Wert für die Kultur. Es geht hingegen um die Erfahrung, um die kollektive Erinnerung, um die praktische Klugheit, für die die Polen in den letzten Jahrzehnten so viele Beispiele lieferten. Wir haben folglich ein großes Kapital, das im modernen Leben zählt.

Vor einigen Monaten hörte ich von Dürrenmatt die folgenden Worte: »Ihr in Polen solltet Europa lehren, wie man über die wichtigsten Probleme des zeitgenössischen Menschen zu denken hat. Wer außer euch hat so viele Erfahrungen gesammelt?! Es ist die Pflicht eurer Kultur, den alten Werten ihren Glanz wiederzugeben.«

Man sollte nicht in Euphorie verfallen, Dürrenmatt ist ein wohlerzogener Mensch, vielleicht macht er Ausländern gern Komplimente. Aber es stimmt wohl doch, daß sich an der Weichsel zahlreiche, für die Welt bedeutsame Werte angesammelt haben. Es ist die Erinnerung an das Europa von gestern und heute, das nach schweren Prüfungen wiederersteht. Wenn die Welt überhaupt etwas von uns erwartet, dann die Übermittlung dieser Erinnerung.

Inzwischen ist Polen weiterhin schrecklich politisiert, die Politik durchdringt jedes Wort und jede Tat. Ich verstehe, solche Einstellungen sind der Beweis für unser staatsbürgerliches Denken. Das betrifft besonders die seit zweihundert Jahren am Polentum und den polnischen sozialen Pflichten erkrankten Künstler. Doch wenn wir uns damit begnügen, wird das Polentum in politische Dummheit zerbröckeln. Ich bin durchaus kein Befürworter einer Entpolitisierung der Kultur. Solche Lektionen haben wir bereits hinter uns gebracht. Im Jahre 1956, in Gomulkas langweiliger Quäker-Klippschule, 1968 in Moczars widerwärtigem, nach der

Schwarzen Sotnie stinkendem Internat. Ich bin also durchaus kein Befürworter einer Entpolitisierung der Kultur, ich will sie nicht vertreiben in die kläglichen Vorschulen der Liebesgeschichten für Köchinnen oder Impotente, in die lächerliche Klippschule formaler Experimente oder auf die polonistische Pseudouniversität, wo man die Literatur korrumpiert, indem man sie animiert, Romane zu schreiben über das Romanschreiben oder mit Wörtern zu jonglieren, die außer ihrem Klang nichts bedeuten, weil sie von Gedanken entleert worden sind.

Doch die polnische Kultur muß ihre eigene Sprache sprechen, unabhängig von der Politik und oberhalb der Politik, denn die Politik ist flach wie ein Brett, das geistige Leben der Nation aber ist tiefgründig und voller Geheimnisse. Die Bolschewisierung des Lebens ist eine Art intellektueller Enge, eine Gefangenschaft der Gedanken in der verriegelten Zelle politischer Bedeutungen, Bedingungen und Auseinandersetzungen. Ich verstehe, in unserer Situation ist das bisweilen unvermeidlich, weil wir überleben müssen und nicht zulassen können, daß wir auf den Stand einer Horde degradiert werden – ohne menschliche Freiheiten, aber auch ohne Wasser, Brot und Dach über dem Kopf.

Doch das Drama besteht nicht darin, daß die Polen heute gleichzeitig im Bereich der flüchtigen Dauer politischer Vorhaben und der langfristigen Dauer kultureller Werte wirken müssen. Den Bereich der Kultur halte ich für hundertmal wichtiger. Denn wenn wir den polnischen Dekalog erhalten, das heißt das Bewußtsein unseres Europäertums und unserer Pflichten für Europa, wenn wir uns der dummen und engen Nachgiebigkeit gegenüber dem Götzen der politischen Anschauungen nicht unterwerfen, werden selbst Niederlagen der Regierung Mazowiecki noch nicht Polens Untergang bedeuten. Doch wenn wir Fragen wie die geistige Souveränität der menschlichen Person, ihre Einzigartigkeit und Unwiederholbarkeit, ihr Recht auf ihre eigene Dummheit, ihren eigenen Weg, ihre eigenen Fehler vernachlässigen, wenn wir wieder jene Einheitlichkeit der Haltungen *à rebours* fordern und nach fünfzig Jahren totalitärer Praktiken nur eine solche Weisheit als Erbe davontragen, wird uns auch ein großartiger politischer Erfolg nicht aus dem geistigen Gefängnis befreien.

Die Politik ist wichtig im Leben der Gesellschaft, es gibt Augenblicke wie jetzt in Polen, da ist sie sehr wichtig, doch wäre es unser Verderben, wenn wir zu der Meinung kämen, sie sei das Wichtigste oder das einzig Wichtige. Denn selbst optimale Bedingungen politischen Daseins garantieren noch nicht die Identität und Würde des Menschen. Wer glaubt, durch die Lösung der politischen Probleme Polens automatisch die geistigen Probleme der Polen zu lösen, ist bereits in die Falle des bolschewistischen Denkstils gegangen.

Aus dem Polnischen übersetzt von Klaus Staemmler.

6. Januar 1990

Angel Wagenstein

Im Land der erschossenen Dichter

Die Rolle der Literatur und Kultur in Bulgarien

Vielleicht wird eines Morgens das Telefon schellen, und ein Freund wird mir die gute Nachricht mitteilen, daß die Kommunistische Partei in den gestrigen Wahlen Stimmen hinzugewonnen hat und nun in Koalition mit zwei weiteren Linksparteien imstande ist, die Regierung zu bilden. Vielleicht wird der Vorsitzende des Ministerrates an diesem gleichen Morgen bekanntgegeben, daß alle Schuldigen im Zusammenhang mit dem Abhören von Telefongesprächen, der Verletzung des Postgeheimnisses, der Verfolgung, gesetzwidrigen Verhaftung und den Verhören Andersdenkener entlassen und dem Gericht übergeben worden sind; daß man die in der Verfassung und in internationalen Abkommen verbrieften Rechte – die Gewissens- und Religionsfreiheit, die Rede-, Presse- und Vereinigungsfreiheit, die Freiheit der ethnischen Selbstbestimmung – in Zukunft strengstens wahren wird. Am selben Morgen wird das Parlament vielleicht ein Gesetz über den Schutz der schöpferischen Tätigkeit verabschieden, das verbietet, die Kunstschaffenden in irgendeiner geheimen oder offenen Form für deren Werke, Ansichten und publizierten Meinungen Repressalien auszusetzen, und die Inkriminierung oder Vernichtung solcher Werke feierlich zum Verbrechen gegen die Menschlichkeit und die Zivilisation erklärt.

Was für ein Morgen wird das sein! Was für ein herrlicher Anfang eines neuen Tages! An diesem Tag werde ich mich nicht wundern, wenn sich das Ozonloch über dem Südpol unvermittelt schließt, wenn sich die Taifune des unberechenbaren El Niño in zarte Brisen verwandeln, wenn der große europäische Strom plötzlich klares und durchsichtiges Wasser führt und die Menschen endlich begreifen, warum Johann Strauß diesen trüben Fluß »blaue Donau« getauft hat. Mit einem Wort, ich werde beginnen, sowohl an Naturwunder zu glauben als auch an das herrlichste Wunder des menschlichen Geistes, das sich Freiheit nennt.

All das wird irgendwann, eines schönen Morgens geschehen. Gegenwärtig aber sitze ich auf meinem Köfferchen und grübele im Wartesaal der Perestrojka, irgendwo auf dem Balkan, diesem herrlichen, aber chaotischen und unberechenbaren Winkel Europas, in dem man nie weiß, wie sehr sich ein Zug oder eine Demokratie verspäten wird: um Minuten, Stunden oder Jahre.

Meine Heimat Bulgarien hat einen schweren historischen Weg zurückgelegt, und ihre Poeten haben dieses Schicksal geteilt. Der Dichter und Revolutionär Christo Botew, der 1876 mit der berückenden Naivität eines Poeten eine Handvoll Menschen in den Kampf führte, um das Osmanenreich zu vernichten, bezeichnete den »lichten Kommunismus« als das Endziel seines Freiheitskampfes. Er fiel durch eine türkische Kugel, bevor die Befreiung Wirklichkeit geworden war. Für den Dichter Nikola Wapzarow war die Freiheit ein »weißer Frühling«. Er fiel 1942 durch eine faschistische Kugel, ohne ihren fernen Hauch erlebt zu haben. Zwei Dichter am Anfang und am Ende eines Bogens von sieben Jahrzehnten, in dem die Freiheit sieben mal sieben Male erschossen wurde. Die große bulgarische Dichterin Blaga Dimitrowa, die heute wegen ihres Engagements für die Ideen der Freiheit, Perestrojka und Glasnost verfolgt und erniedrigt, wegen ihrer Verteidigung der bulgarischen Türken des Vaterlandsverrats bezichtigt wird, hat Bulgarien ein »Land der erschossenen Dichter« genannt. Ich würde hinzufügen: folglich auch des erschossenen Traums von der Freiheit. Denn was ist Poesie anderes als ein Traum von dem blauen Windhauch der Freiheit?

Ich gehöre jener Generation an, die mit der Waffe in der Hand, mit dem Wort, mit dem Glauben und dem persönlichen Beispiel der Opferbereitschaft den ungleichen Kampf gegen den Faschismus, gegen die monarchistische Diktatur geführt hat – für diese selbe Freiheit. Dieses Wort sprachen wir in Gefängnissen und Lagern, im Untergrund oder auf Partisanenpfaden aus – ohne Vorbehalte und Beschwörungsformeln, bedingungslos, ohne Wenn und Aber, ohne Pathos, so wie man »Brot«, »Wasser«, »Sonne« sagt. Deshalb werde ich nie jenen sozialen und politischen Mechanismus begreifen können, der unmittelbar nach dem Sieg der sozialistischen Revolution ausgerechnet im Namen der Freiheit ihren tiefen Sinn entstellt, ihr ihre Seele entrissen, sie auf eine Stecknadel aufgespießt, getrocknet, mumifiziert und zu einem Ausstellungsstück im Museum der Revolution gemacht hat. Ihre Stelle im Leben der Gesellschaft wurde von einem gigantischen, durch seine Formenvielfalt, seinen Einfallsreichtum erschütternden diktatorisch-repressiven Apparat eingenommen. Und wenn man erst mal davon überzeugt worden ist, daß die Einsicht in die Notwendigkeit von Gewalt und Repressalien laut der Theorie von der Diktatur des Proletariats die höchste Form der Freiheit ist, beginnt man, an diesen Apparat zu glauben und ihm zu dienen. Da dies nicht nur in einem oder zwei oder auch drei sozialistischen Ländern geschah, kann wohl kaum die Rede von den Fehlern eines zerstreuten Weichenstellers sein, der den Zug ungewollt auf falsche Gleise geleitet hat. Vermutlich haben wir es mit einer Gesetzmäßigkeit zu tun, die in den Grenzgebieten zwischen der Ideologie und den Realitäten des Sozialismus gesucht werden muß.

Eine dieser Grenzzonen, die schon bei den Klassikern des Marxismus-Leninismus festgeschrieben ist, ist der Primat der Politik über das gesamte gesellschaftliche Leben und folglich auch über die Kunst, diese von Natur aus dreiste, sich dem Zwang am wenigsten fügende, subjektivste Äußerung des menschlichen Geistes. Der ideologische Primat des Einparteiensystems hat zu Absurditäten geführt, die heute immer deutlicher werden, da der Vorhang des Geheimnisses über unserer Gesellschaft (wenigstens teilweise!) zerreißt, da die Wirtschafts- und die Umweltkrise offensichtlich, die historischen und statistischen Fälschungen, die Grundlage unserer süßen Selbsttäuschung über lange Jahre hinweg, (wenigstens teilweise!) enthüllt werden. Der Sieg der ideologisch-bürokratischen Normen über den gesunden Menschenverstand, über die natürlichen und frei ablaufenden Prozesse hat in allen Lebensbereichen zu nur schwer umkehrbaren Erscheinungen geführt, Traditionen und jahrhundertealte Wertsysteme zerstört. Unter der Losung des Kampfes gegen das überlebte bürgerliche Erbe wurde geistiger Humus in der Psyche der Massen vernichtet. Seine Wiedergewinnung wird die Anstrengungen vieler Generationen benötigen.

Die Tragödie des Stalinismus, die noch immer nicht ihren Shakespeare gefunden hat, war auch eine Tragödie der Kunst – beginnend mit ihrem blutigsten Akt: Erschießungen, Lagerhaft, Verbannung, Erniedrigung, Einschüchterung der Kunstschaffenden, über Inkriminierung, schonungslose Zensur bis hin zu Vernichtung oder Verurteilung eines der Ketzerei, des Avantgardismus verdächtigten Werkes zu völligem Vergessen.

In den Gesellschaften, die auf diesem so irrealen oder gar surrealistischen Sozialismus fußten – denn wo es weder Freiheit noch Demokratie gibt, kann es auch keinen realen Sozialismus geben –, entwickelten sich unterschiedliche Formen des Repressionsapparates, je nach der geopolitischen oder ethnischen Lage. Und doch basierten alle ihre Technologien auf dem von Stalin, Jeshow und Berija geschaffenen Modell. Die nach dem Zweiten Weltkrieg entstandenen sozialistischen Staaten hatten nicht genügend Zeit, in den Jahren 1945 bis 1953 Berge von Gebeinen und Abgründe der Verzweiflung zu schaffen, Meister dieser Technologie zu werden und sie zu eigenen, originären Strukturen zu entwickeln. Daher auch die verblüffende Ähnlichkeit und Wiederholung der Fehler, der Sünden und Verbrechen an den Ideen des Sozialismus, am eigenen Volk und den Intellektuellen, an den nationalen Traditionen. Von den Erschießungen in der Moskauer Lubjanka zum Verbot einer Fernsehsendung irgendwo in Sofia, von den eisigen sibirischen Lagern zu der fast wohlwollenden Internierung irgendwo möglichst weit weg von der Hauptstadt, von der

Verbrennung von Manuskripten und der Säuberung der Bibliotheken zur einfühlsamen Absage, ein Werk zu veröffentlichen, von der Mißachtung elementarer Menschenrechte zur Aberkennung der Staatsbürgerschaft und Zwangsverweisung des Landes, von den »Isolationszellen« in den Gefängnissen zur stillschweigenden Isolation von der eigenen Gesellschaft: das sind in ihrer Intensität unterschiedliche Vorgehensweisen ein und desselben Apparates. Seit Stalins Tod hat sich vieles verändert, auch mein Land hat sich gewandelt, doch dieser Apparat konnte nie wirklich demontiert werden. Er wurde nur mit neuen Kadern und neuen Formulierungen aufgefrischt.

Die seit langem antrainierten Rückendeckungsreflexe, laut denen jede Kritik mit Lob auf den Erfolgskatalog des Sozialismus einhergehen muß, halten mich auch jetzt dazu an, die enormen Anstrengungen nach Gebühr zu würdigen, infolge derer in meinem sehr armen Land zuerst die Barfüßigen Schuhe und die Hungernden zu essen bekamen, Schulen, Universitäten und Krankenhäuser in Dimensionen eröffnet wurden, die im bürgerlichen Vorkriegsbulgarien undenkbar gewesen wären. Aus dem rückständigen Agrarland wurde ein Staat mit relativ gut entwickelter Industrie und einer völlig verseuchten Umwelt. Auch in unserem Gäßchen der Künste kam es zu gewissem Wohlstand: Theater, Sinfonieorchester und Kunstgalerien schossen aus dem Boden, wir konnten uns angesehener internationaler Preise für die bulgarische Filmkunst freuen. Im Westen lobte man uns zuweilen als osteuropäische Oase des Wohlergehens und der Stabilität. Wir begannen sogar selbst daran zu glauben und bemerkten nicht, wie die wissenschaftlich-technische Revolution an uns vorbeizog, wie unsere Fabriken veralteten, wie die Versorgung unserer Krankenhäuser mit Medikamenten stockte, wie unsere Flüsse, unser Boden und sogar das Meer hoffnungslos vergiftet wurden.

Es kam zur Entfremdung zwischen dem Arbeiter und seiner Maschine, dem Bauern und dem Boden, den er bestellte. Die Kunst verlor ihre Autonomie, in den endlosen Etagen der Abhängigkeit schwirrten nun auch die Kunstwissenschaftler vom Staatssicherheitsdienst frisch und munter auf und ab.

Als wir uns dann eines Morgens, eines sorgenvollen Morgens, umsahen, erkannten wir, daß das Schaufenster mit den Erfolgen, deren Aufzählung wir so gut erlernt hatten, leer war. Nicht die leeren Regale in den Geschäften sind es, die mir Angst machen – wir kennen sie auch leerer. Außerdem will ich gut verstanden werden: Das Volk ist im großen und ganzen satt, seine Hauptsorge sind die auf dem Markt fehlenden Autos und Farbfernseher. Nein, nicht die leeren Regale jagen mir Angst ein, sondern die leeren Seelen der Menschen. Die Entfremdung und das politische Desinteresse der Jugend, die jeglichen Glauben an den Sozialismus verloren hat. Die Verzerrung der Ziele und Wertsysteme. Die Korruption, die aggressive Geistlosigkeit und Gleichgültigkeit der Gesellschaft. Das sich vertiefende Mißtrauen zwischen dem Kommandoapparat und einer müde gewordenen Intelligenz.

Und wenn einst auch die Kunst, dieser wichtige Bestandteil der Biosphäre des Sozialismus, vor das Gericht der Geschichte treten muß – nicht jener von uns geschriebenen, die wir immer geneigt sind, zu unseren Gunsten zu frisieren, sondern der von den künftigen Generationen geschriebenen –, in welcher Eigenschaft wird sie das dann tun? War sie Ankläger eines Gesellschaftssystems, das sich immer mehr von seinem Ideal entfernt hat? Oder ist sie Verteidiger seiner Festung, Hofnarr und Weinschenk gewesen? War sie vielleicht jener Spaßvogel, der dem Hocker, auf dem der zum Erhängen Verurteilte steht, einen Tritt gibt? Oder war sie bloß ein falscher Zeuge, der die Wahrheit wußte, doch aus Überlebensgründen vorzog, trügerische Bilder von neuen Potemkinschen Dörfern zu malen?

Eine eindeutige Antwort gibt es wohl nicht: Es hat die eine wie die andere als auch die dritte Strömung gegeben, ihre Grenzen wurden zuweilen unklar, die Ströme flossen ineinander und haben sich dann wieder geteilt. Alle drei Ströme waren manchmal rot gefärbt, sei es von unschuldig vergossenem Blut oder vom Widerschein der Fahne, an die die Künstler geglaubt haben. Und wenn heute die bittere Wahrheit ans Tageslicht gekommen ist, daß diese Gesellschaften bestenfalls nur die entferntesten Vorhöfe des Sozialismus leicht berührt haben – folgt daraus nun automatisch, daß die sozialistische Kunst dieselbe Bewertung verdient?

Ich bin dieser Ansicht nicht. Die sozialistische Kunst hat erstens lange Zeit vor der Etablierung dieses Gesellschaftssystems existiert. Solche Kunst haben auch Künstler der bürgerlichen Gesellschaft geschaffen und tun es heute noch. Zweitens hat es in der Geschichte des Sozialismus mehrfach Perioden des Konsenses zwischen den Künstlern und dem leitenden Apparat, eine Einheit der Ziele und Bewertungen gegeben. Zu diesen Zeiten sind die aufrichtigsten und besten Werke der sozialistischen Kunst entstanden. Genügt es nicht, an die Sinfonie Nr. 7, die »Leningrader«, von Schostakowitsch zu erinnern? Oder an ihre begeisterte Aufführung während der Blockade der Stadt und an die frierenden Musiker, deren Wunsch es war, die Welt möge über den Rundfunk erfahren, daß sich Leningrad hält und halten wird? Oder an die antifaschistische Nachkriegskunst und -literatur in Polen, Jugoslawien, Bulgarien, der Tschechoslowakei? An die Filme Wajdas, Kawalerowiczs, Konrad Wolfs, Staudtes?

Vermutlich wird es der Geschichte nicht einmal leichtfallen, Stalins Lieblinge, wie Gorki, Scholochow, Ehrenburg oder Fadejew, durchzustreichen, obwohl wir heute wissen, in welchem Maße sie ihre Augen vor der Wahrheit geschlossen hielten. Und zwar einfach, weil diese Autoren nicht aufgehört haben, an die Ideale der Großen Revolution zu glauben, an sie glauben wollten! Oder weil sie die Welt gemäß Maxim Gorkis Postulat des sozialistischen Realismus – einem Postulat der romantischen Selbsttäuschung – »nicht nur so darstellten, wie sie ist, sondern auch so, wie wir uns wünschen, daß sie sei«. Man könnte übrigens auch Betrachtungen über das Recht des Künstlers anstellen, unter dem Druck der Zensur- und Repressionsstrukturen das Ideal zu besingen und dabei auf die geistige Gegenversion des Publikums zu setzen, die dessen Erfahrungen mit der Wirklichkeit entspringt. Hier irgendwo liegt die nur schwer zu ertastende Grenzlinie zwischen der sozialen Lüge und dem Lied auf das soziale Ideal.

Wenn wir die Bilanz der Kunst in der sozialistischen Gesellschaft ziehen wollen – jener Kunst, die wir kannten, und jener anderen, die jetzt an den Tag kommt, der anerkannten und der inkriminierten, der ganzen, unteilbaren, einheitlichen Kunst –, wenn wir diese Bilanz ziehen wollen, werden uns verheerende Postulate wie »partei- und klassengemäßes Herangehen« kaum weiterhelfen. Weil die Wahrheit der Kunst größer ist als die Wahrheit einer Partei, weil sie umfassender und langlebiger ist als die Ziele eines politischen Kurses, auf tragische Weise weiser als die ganze unbegreifbare Weisheit des Kommandoapparates. Was vereint so viele, so verschiedene und in ihrem politischen Credo sogar verfeindete Autoren? Der schöpferische Prozeß an sich in seiner harmonischen Einheit – ein anders denkender, sich in einer anderen, parallelen Realität entwickelnder Prozeß: in der Realität der Kunst, der eigene Wahrheiten, das Recht auf ein eigenes Urteil, auf eigene Zärtlichkeiten und Leidenschaften immanent sind. Diese Autoren haben eine andere Macht errichtet – die des Schöpfertums. Eine andere Freiheit, die unabhängig von Verfolgungen und Lob, Repressalien und Orden ist: die innere Freiheit des Schöpfers. Wir müssen sie behüten, denn sie ist das Wertvollste, was wir auf diesem Planeten besitzen.

Über alle diese Dinge dachte ich nach, als ich auf meinem Köfferchen im Wartesaal der Perestrojka saß und die Züge an mir vorbeibrausten – nach Moskau, nach Warschau, nach Budapest und Berlin. Welcher wird wohl unser Zug sein?

27. Februar 1990

Jacqueline Hénard

Die Toten erwachen

Bulgariens Umgang mit der Vergangenheit

Irgendwie wird man Nikola Petkov demnächst wiederfinden müssen. Er soll, so will es der Petkov-Flügel der bulgarischen Bauernpartei, zum fünften Mal und nun endlich im Familiengrab beerdigt werden. Drei Petkovs liegen schon seit Jahrzehnten dort, »erschlagen von Bulgaren«, wie der Grabstein meldet. Nikola war es nicht besser gegangen. Als letzter unabhängiger Führer der Bauernpartei hatte er Widerstand geleistet gegen die Gleichschaltung in der Vaterländischen Front, wofür sich die Kommunisten 1947 mit Verhaftung, einer dubiosen Anklage und Todesurteil revanchierten. Eric Ambler, damals Reporter auf dem Balkan, hat den Prozeß im »Fall Deltschev« beschrieben.

Auch in Bulgarien wird die Vergangenheit aufgerollt. Hinter der Wahrheitssuche verbirgt sich nicht immer nur die reine Neugier. Einmal begonnen, werden die Nachforschungen aber schonungslos vorangetrieben – manchmal weiter, als es dem ursprünglichen Fragesteller lieb ist. Nach seiner Exekution wurde Nikola Petkov auf dem Zentralfriedhof von Sofia beerdigt. Dreimal mußte er umgebettet werden, weil seine Familie die Grabmiete nicht zahlte. Dabei ist der Leichnam verlorengegangen, wie man ausgerechnet in diesen Tagen bemerkt hat. Das freilich kommt der nach Legitimität suchenden alt-neuen Bauernpartei, einem abgesplitterten Teil der kommunistischen Blockpartei, gar nicht gelegen. Wie schön wäre ein feierliches Begräbnis des glaubwürdigen Antikommunisten, mitten im Wahlkampf!

Der neue bulgarische Außenminister Boiko Dimitrov hat ähnlich Spektakuläres vor. Er will seinen Vater nach vier Jahrzehnten allerdings zum ersten Mal unter die Erde bringen, womöglich noch Anfang Juni. Wahltag ist der 10. Juni. Der »große Bulgare Georgi Dimitrov«, wie ihn die offizielle Geschichtsschreibung preist, liegt einbalsamiert auf dem ehemaligen Schloßplatz von Sofia. Der Leichnam muß in schlechtem Zustand sein. Wer stehenbleibt und genauer hinschaut, wird von den wachehaltenden Soldaten aus dem Mausoleum hinausgetrieben. Die KP verdankt Georgi Dimitrov eine Fülle von Heldentaten, allen voran die Erinnerung an den – gescheiterten – »ersten antifaschistischen Aufstand in der Geschichte Europas« im September 1923. Dimitrov ist als zweiter Ministerpräsident der Volksrepublik 1949 eines, soweit man weiß, natürlichen Todes gestorben.

Die bulgarische Öffentlichkeit erinnert sich unterdessen vornehmlich ihrer eigenen, namlosen Toten. Im südöstlichsten Land des ehemaligen Ostblocks war die kommunistische Machtergreifung grausamer denn irgendwo sonst. Die »Befreiung« hat in Bulgarien verhältnismäßig mehr Menschenleben gekostet denn in irgendeinem anderen Satellitenstaat des Dritten Reichs. Rund achtzehntausend sogenannte »faschistische Funktionäre« sind unmittelbar nach dem 9. September 1944 ermordet worden, sagte der bulgarische Historiker und Oppositionspolitiker Dimitar Ludschev jetzt bei einer gemeinsamen Tagung von Südost-Institut und Südosteuropa-Gesellschaft in München. Die Kinder dieser Opfer wurden später durch den Stempel »Sohn/Tochter eines nach dem 9. September Liquidierten« in ihrer Personalakte lebenslänglich mitgestraft.

Nach inzwischen einhelliger Meinung westlicher und bulgarischer Geschichtswissenschaftler sind in den Jahren darauf knapp dreitausend Bulgaren mit Hilfe von Schau- und Säuberungsprozessen exekutiert worden. Dreitausend Verwaltungskräfte wurden entlassen, etwa hunderttausend Menschen durch willkürliche Verbannung auf irgendwelche Dörfer ihrer bürgerlichen Existenz beraubt. Bis etwa 1969 ging der Terror in anderer Form weiter. Auf 250 000 wird die Zahl derer geschätzt, die in Lager gesteckt wurden. Ein beachtlicher Teil von ihnen waren Bauern, die sich gegen die Kollektivierung wehrten; sie hatten ihr Land erst vor kurzem, bei der Auflösung des türkischen Großgrundbesitzes, zugeteilt bekommen. Nur etwa die Hälfte der Gefangenen soll die Zeit im Lager überlebt haben.

Über diese Stätten der Qual, euphemistisch »Arbeits- und Erziehungswohnheime« genannt, kommen jetzt jeden Tag neue Einzelheiten ans Licht. Die Tageszeitung der Opposition, »Demokratsia«, hat vor wenigen Tagen eine ausdrücklich unvollständige Karte mit zwei Dutzend Standorten veröffentlicht. Für die nächsten Wochen will sich der Verband der Demokratischen Kräfte noch Einzelheiten über vier oder fünf bisher unbekannte Lager aufsparen. Seitdem die kommunistischen Konzentrationslager in Zeitungen, Fernsehen und Rundfunk zum Thema Nummer eins avanciert sind, hat die – insgesamt wenig eindrucksvolle – bulgarische Opposition an Boden gewonnen gegenüber den Kommunisten.

Die Herausforderer der alten Partei sind nicht mehr allein bei der Aufklärungsarbeit. Die Kommunisten leisten nach anfänglicher Verweigerung mitunter seltsame Schützenhilfe. Nicht nur, daß sie Briefe und Berichte zu den größtenteils bekannten »alten« Lagern aus Stalins Zeiten veröffentlichen. Im Februar hat die Parteizeitung »Rabotnitschesko Delo« sogar als erste das besonders bemerkenswerte Lager Lovetsch erwähnt. Gleichzeitig trug ein Journalist von der örtlichen Parteizeitung die Nachricht an den ehemaligen Feindsender Radio Freies Europa nach München weiter. Lovetsch ist, soweit man jetzt weiß, gegründet worden durch einen Politbüro-Beschluß des Jahres 1959 und bestand bis 1962. Das diskreditiert manchen Weggefährten Schiwkows, der in jüngster Zeit gut davonzukommen glaubte. Stanko Todorov zum Beispiel; damals Politbüro-Mitglied und seit Jahresbeginn 1990 auf der Suche nach einem liberalen Image, das er zuletzt mit dem Judentum seiner Frau abzustützen suchte.

Die Geschichten, die nun herauskommen, sind bulgarische Varianten zur Unmenschlichkeit des Menschen. Vor kurzem hat sich ein Fährmann zu Wort gemeldet, der wochenlang Säcke mit Körperteilen von Gefolterten von einem der größten Lager, Belene, auf eine nahe Insel geschifft hatte, um sie dort halbwilden Schweinen zum Fraß vorzuwerfen. Die Säcke waren numeriert, er mußte sie zurückbringen. Vor ihm hatten sich zwei Fährmänner lieber das Leben genommen. Weitere Beispiele erübrigen sich, außer für den Schauerlustigen und für die Bulgaren.

Die Redakteure von Radio Freies Europa bekommen jeden Tag neue Anrufe aus Bulgarien, die sie kaum noch ertragen können. Die Erinnerung will entladen sein. Leid und Schuld in unbekannter Dimension werden bekannt. In diesen Wochen kommt manches heraus, das auch die meisten überzeugten Parteimitglieder nicht wußten. Das vage Schuldgefühl, mit dem sie seit Schiwkows Sturz leben, wird stärker. Welche Emotionen bei solchen kollektiven Reinigungsprozessen hervorbrechen, hat man noch von mancher Volkskammersitzung in Erinnerung. Wahrscheinlich ist die Erleichterung von der Vergangenheit nur mit dieser Mischung aus Scham und Exhibitionismus möglich.

Jenseits der unmittelbaren Qualen an Hunderttausenden haben die kommunistischen Machthaber, ihre Handlanger und alle brutalen Trittbrettfahrer der bulgarischen Gesellschaft noch einen irreparablen Schaden zugefügt. Zwei kaum gefestigte Gesellschaftsgruppen, Bürgertum und Intelligenz, wurden weitgehend vernichtet. Aus dem Nichts hatte sich Bulgarien nach dem Zusammenbruch des türkischen Großreichs seine eigene Führungsschicht geschaffen, zuerst bulgarische Lehrer und bulgarische Geistliche herangebildet, Verwaltungskräfte und Freiberufler aus der eigenen Volksgruppe. Sie sind weggefegt worden mit der Eingliederung in den sowjetischen Machtbereich unmittelbar nach dem 9. September 1944 und mit ihnen das Bemühen um einen Anschluß an Europa. Die Volksrepublik hat sich eine Volksintelligentsia geschaffen, spottet Ludschev selbstironisch. Er ist nach dem Krieg geboren.

Die Debatte über die eigene Geschichte ist (noch) nicht in die nächste »Säuberung« übergegangen. Die Schonzeit für kommunistische Mythen aber ist vorbei. Der »Platz des 9. September«, auf dem Georgi Dimitrov zu besichtigen ist, soll bald »Platz der Demokratie« heißen oder vielleicht auch wieder einfach Schloßplatz. Nicht einmal Lenin ist heute sakrosankt in Sofia: Wie kommt es eigentlich, fragte neulich ein Leser in der Oppositionszeitung, daß der größte Platz in unserer Stadt nach dem verstorbenen Führer einer ausländischen Minderheitspartei heißt?

10. Mai 1990

Milan Šimečka

Nach dem Verglühen der revolutionären Ideen

Die Tschechoslowakei in Europa

Vor vierzig Jahren konnte ein junger Mensch in der Tschechoslowakei ohne weiteres glauben, daß die Zukunft dem Osten ein helleres Angesicht zuwenden werde als dem Westen. Deutschland und Österreich lagen in Schutt und Asche, von Großbritannien fielen Teile seines kolonialen Körpers ab, Frankreich erholte sich nur schwer von den Demütigungen, die es erfahren mußte. Die Tschechoslowakei, die im Vergleich mit anderen Ländern nur mit geringfügigen Schrammen aus dem Krieg davongekommen war, hatte an der Startlinie in eine bessere Zukunft eine günstige Stellung. So erschien es mir damals. Der Staat, der das Vermögen von Juden, Deutschen, Kollaborateuren, tschechischen und slowakischen Unternehmern und dann auch von den Bauern auf einen Haufen geworfen hatte, verteilte freigebig soziale Vorteile. Um einen lächerlichen Preis konnte ich mich in der Studentenmensa satt essen, vom Brot am Tisch konnte sich jeder nehmen, soviel er nur wollte. Bücher – vom Staat dotiert – waren spottbillig und die gesamte Kultur fast umsonst. Die Brutalitäten des Regimes, der Verlust der Freiheit, die von den Sowjets vollzogenen halsbrecherischen Sprünge in der Wirtschaft, die totale Gleichschaltung des öffentlichen Lebens, all dies hat sich freilich unheilvoll ins Gedächtnis eingeprägt.

Dennoch meinte die Mehrzahl der Bürger noch immer, daß wir mit unserer Anpassungsfähigkeit, unserer slawisch-deutschen Wendigkeit – wie schon so oft in der Geschichte –

irgendwie mit heiler Haut davonkommen würden. Es gab immer etwas zu essen, und der Staat hatte noch immer etwas zu verteilen. Im Jahre 1968 waren wir mit dem Oberkörper aus dem Graben draußen und machten uns startbereit, Europa nachzulaufen. Wir wurden jedoch mit einem rohen Tritt zurückbefördert. Mindestens dreißig Jahre wissen wir es alle, das Volk und jene, die es regieren, daß wir eine falsche Richtung eingeschlagen hatten, aber in irgendeiner Starre und Abgestumpftheit – wie sie bis heute in Europa nicht verzeichnet wurde – schoben wir uns in dieselbe falsche Richtung immer weiter.

»Rudé Právo«, das Organ der herrschenden Partei, veröffentlichte in angespannten Zeiten mit Vorliebe Leserbriefe verdienter Parteimitglieder und unbedeutender Rentner, die das siebzigste Lebensjahr überschritten hatten und die sich jener Zeiten erinnerten, als sie barfuß herumliefen, als Arbeitslose am Hungertuch nagten, nicht einmal Geld fürs Bier besaßen und Fleisch nur an hohen Feiertagen essen konnten. Anschließend wiesen sie hin auf den gegenwärtigen Stand der Fußbekleidung der Bürger und äußerten ihren Unmut über die Jugend, die nichts zu schätzen wisse und aus Unkenntnis und Dummheit in die Fallen der wohldurchdachten Westpropaganda gerate.

Auch ich ertappe mich zuweilen dabei, wenn ich meinen Kindern erzähle, wie lecker während des Krieges Brot mit Kunsthonigaufstrich schmeckte. In Bratislava, der Stadt, in der ich lebe, entdeckte ich bei Spaziergängen auf Hügeln und Stellen, wo der Wald beginnt, stille Villen, für deren Bau man soviel Geld aufbringen mußte, wie es in der Tschechoslowakei mit seiner Gleichmacherei eigentlich niemand verdienen kann. Auf dem gepflegten Rasen stehen in geschmackvollen Gruppen Ziersträucher, auf den Zufahrtswegen blitzen Renaults, Fords und auch Skodawagen. Alles wäre leicht zu erklären, könnte ich schreiben, diese Villen gehören Parteibonzen oder kulturellen Stützpfeilern des Regimes. Lese ich jedoch die Namensschilder, sehe ich lauter alltägliche und unbekannte Namen. In den vergangenen zwanzig Jahren haben sich diese Villen ganz gewöhnliche geschickte Leute gebaut. Wahrscheinlich überwiegend heimliche Antikommunisten.

Einige hundert Meter weiter in steppenartigen Ebenen liegen Wohnsiedlungen mit Häusern aus vorfabrizierten Bauteilen. In ihnen leben zusammengepfercht junge Familien mit Kindern, denen ihr Einkommen vom Monatsanfang bis zum Monatsende kaum ausreicht und die es sich schwer vorstellen können, daß es ihnen jemals viel bessergehen wird. Gäbe es im Westen noch eine Tschechoslowakei, diese Familien würden auf ihre Kinderwagen das Nötigste aufladen und würden sich in Scharen auf den Weg machen, so wie die Deutschen in der DDR. Unter ihnen wären wahrscheinlich viele Mitglieder der Partei.

Ich erwähne dies alles nur, um zu zeigen, daß das Leben im Sozialismus die Verflechtung einer künstlichen ideologischen Welt und natürlicher menschlicher Instinkte ist, die sie überwuchern wie Schlingpflanzen. Ich kann es mir vorstellen, daß diese Verflechtung in ihrer rein ökonomischen Gestalt noch eine gewisse Zeit existieren könnte. Wovon sie jedoch vernichtet wird, ist die Berührung mit Europa, und dies wiederum vor allem in der materiellen Sphäre. Aber natürlich nicht nur in dieser.

Zuweilen denke ich, man sollte nicht so sehr über die Agonie des Kommunismus jubeln, wie man heutzutage sagt. Man sollte eher darüber jubeln, daß Westeuropa den düsteren Fallstricken und üblen Voraussagen entkommen ist, nach dem Krieg gab es davon mehr als genug. Denn wer weiß, ob nicht gerade die Gegenüberstellung beider Europas die entscheidende Tatsache ist, die das Ende der ideologischen Konfrontation bedeutet, in welche unser gesamtes Jahrhundert verwickelt war. Nachzuweisen ist einzig und allein dieser Vergleich. Auch Menschen ohne Gedächtnis können es sich bei uns vorstellen, wie unser Land etwa aussehen würde, befände es sich infolge eines historischen Zufalls auf der sonnigeren Seite der Grenze von Jalta. Die verheerendsten Folgen hat der Vergleich der wirklichen Tschechoslowakei mit jenem nur imaginären Land, welches wir sein könnten, wären wir damals am Start in dieselbe Richtung aufgebrochen wie die Länder Westeuropas.

Wahrscheinlich kann man es sich im Westen nur schwer vorstellen, welch vernichtende Wirkung ein Vergleich der

Wirklichkeit und der nachweisbaren Chancen auf das nationale Selbstbewußtsein hat. Und jede Berührung mit dem Westen, die Berührung auch mit den vertanen Chancen vertieft noch diesen Verfall des nationalen Selbstbewußtseins. Dies macht sich freilich in solchen Lebensbereichen bemerkbar, die ein Intellektueller verachten kann, doch gerade in diesen Bereichen des Lebens bewegt sich die Mehrzahl der Nation. Und dabei geht es vorrangig keineswegs um Konsumgier, um Neid und eine kopflose Jagd nach dem Glanz westlicher Erzeugnisse, sondern es handelt sich darum, daß dieser Vergleich demütigend für die Würde des Menschen ist. Durch die Berührung mit dem Westen wird der Wert der Arbeit, der Mühsal und Plackerei auf einen Nullpunkt gebracht. Gegenüber dem Besucher mit konvertibler Währung in der Tasche sind unsere Bürger sogleich in der Position minderwertiger Wesen. Dabei wird diese Position von rein sozialistischen Einrichtungen geschaffen, die sich vor jeder konvertiblen Währung unterwürfig verneigen. Es ist fürchterlich und gang und gäbe in ganz Osteuropa, in Prag und Warschau ebenso wie in Moskau, wo man aus jedem besseren Restaurant ohne Dollar oder Westmark in der Tasche verjagt wird wie ein Landstreicher, wie ein eingeborener Kuli, der dem Sahib im Wege steht. Bei uns nennt der Volksmund die westdeutsche Mark »Mařena«, was im allgemeinen Bewußtsein ein Name ist, der die Vorstellung eines robusten und gesunden Weibes, nur Milch und Blut, hervorruft, nicht die eines dürren Dior-Modells. Falls ich für dieses Feuilleton ein Honorar bekomme, kann ich nach völlig legalen Transaktionen einen Liter Milch für 10 Pfennig kaufen, ein Viertel Butter für 50 Pfennig, und mit dem Autobus komme ich von einem Ende der Stadt ans andere Ende für 5 Pfennig. Ein Freund aus Schweden erzählte mir, daß er aus Danzig nach Warschau um den Preis seiner Tageszeitung fahren konnte und daß er im Hotel ein opulentes Abendessen zu einem Preis erhielt, den er in Stockholm fürs Haarschneiden ausgeben muß. Eigentlich habe er sich andauernd geschämt. Wer jedoch sollte sich für das deprimierend Verheerende einer jeden Berührung des alltäglichen Wirtschaftslebens mit der alltäglichen westlichen Prosperität schämen?

Zuweilen stelle ich mir die Frage, ob diese ganze Ordnung nicht in einer verlogenen und isolierten Welt besser daran wäre. Die Frage selbst ist freilich rückständig und historisch unsinnig. Die Berührung zweier europäischer Ganzheiten ist Ausdruck des Endes der Teilung Europas, und die gesamte Entwicklung war bereits vorprogrammiert in der widernatürlichen Regelung von Jalta, deren absurdester Auswuchs die Teilung Deutschlands war. Bei uns nahm diese Absurdität ihren Anfang in jenem Augenblick, als der Versuch, dem Marshall-Plan beizutreten, vereitelt wurde; für diesen Beitritt plädierten Gegner der Kommunisten, die als stärkste Partei aus den relativ freien Wahlen von 1946 hervorgegangen waren. Stalin beorderte zu sich eine Abordnung der tschechoslowakischen Regierung und kanzelte sie gehörig ab. Nach seiner Heimkehr bemerkte Jan Masaryk, daß er nach Moskau in der Annahme gefahren war, Außenminister eines souveränen Staates zu sein, zurückgekehrt sei er jedoch als Knecht Stalins.

Ich entsinne mich noch der Prognosen aus den fünfziger Jahren, die von der hiesigen Propaganda verkündet wurden: Die Franzosen werden sich von neuem mit den Deutschen überwerfen, die Briten werden den Abstieg von den Höhen einer kolonialen Großmacht nicht überleben, alle westeuropäischen Länder werden sich gegen die amerikanische Oberherrschaft auflehnen, der wirtschaftliche Aufschwung wird in einer Krise der Überproduktion zusammenbrechen, irgendein kleiner Krieg wird ausbrechen, die Arbeiterklasse wird aufbegehren. Für die kommunistische Ideologie war es bei weitem nicht so vernichtend, daß sie beim Fabrizieren der Prognosen einer leuchtenden Zukunft im Osten versagt hatte; unendlich vernichtender war ihr Versagen bei der Herstellung von Prognosen vom Niedergang des Westens. Das vereinte Europa im Jahre 1992 wird den Schlußpunkt hinter die Auflösung der Sowjetideologie setzen. Wäre das Gedächtnis nicht gar so vergänglich, müßte solch eine Erkenntnis zum Selbstmord Zehntausender Propagandisten führen.

Die Entwicklung in Westeuropa zerstörte das utopische Untergeschoß, auf dem die osteuropäische Unterschiedlichkeit aufgebaut wurde. Noch vor einem Jahrzehnt konnte man in der Propaganda mit so manchen Halbwahrheiten jonglieren. Heute finden selbst zaghafte Hinweise auf Arbeitslosigkeit, Fernsehaufnahmen von Menschen, die in der Metro oder unter den Seine-Brücken schlafen, auf die ungeheuerlichen Unterschiede in der Aufteilung des Nationalprodukts nur noch taube Ohren. Besucher aus dem Westen, die wohlmeinend die Mängel vieler Einrichtungen der freien Welt als Argument vorbringen, erwecken den Verdacht, kommunistische Agenten zu sein.

Das unkritische Akzeptieren Westeuropas als eines utopischen Staatengebildes enthält natürlich auch Illusionen, die sich wie ein Gassenhauer verbreiten. Es ist recht schwierig, die aus der Berührung mit Europa aufkommenden Hoffnungen auf eine nüchterne Dimension zu bringen. Für eine demokratische Opposition ist es deshalb recht beschwerlich, ein Programm zu erstellen. Es wäre ja wahrscheinlich unverantwortlich, dem Volk das zu versprechen, was es hören möchte, daß es nämlich ein, zwei Jahre nach seiner Rückkehr nach Europa so leben wird, als ob es mit seinem gesamten Hab und Gut in westliche Verhältnisse übergesiedelt wäre. Im Bereich der materiellen Sicherheit kann nur wenig versprochen werden, ein allmählicher wirtschaftlicher Verfall, technische Rückständigkeit, ökologische Zerstörung und auch manche nationale Angewohnheiten können nicht in einem Augenblick aus der Welt geschaffen werden. Und auch jene Demütigung und Minderwertigkeit durch die Berührung mit Europa verflüchtigen sich nicht sofort, all dies bleibt so lange bestehen, bis der Bürger mit seiner konvertiblen Krone nach Mallorca reisen wird.

Das Regime zeigt anhand des Beispiels der Sowjets, der Polen und Ungarn, daß Hand in Hand mit Freiheit und Demokratie Inflation und wirtschaftliche Auflösung einhergehen. Seit Jahren, seit der Charta 77, baut die demokratische Opposition überwiegend auf eine demokratische Vision und nicht auf die Vision des Wohlstands, betont solche Werte wie Menschenrechte, Menschenwürde, Freiheit und demokratische politische Kultur. So manchen mag diese Argumentation esoterisch vorkommen, weil der Zusammenhang zwischen wirtschaftlichem Aufschwung und Freiheit nicht so leicht zu begreifen ist. In dieser Hinsicht ist die Vision eines vereinten Europas eigentlich der erste direkte Hinweis zugunsten dieser Argumentation, und darin besteht das Hoffnungsvolle der Berührung mit Europa.

Seit kurzem funktioniert diese scheinbar esoterische Argumentation zugunsten der Freiheit überraschend gut und wird von den vollen Bäuchen des tschechoslowakischen Volkes nicht in den Staub gezogen, so wie einst. Sie verbreitet sich nicht unmittelbar durch Massendemonstrationen, sondern dringt durch bis hin zu den Wurzeln des menschlichen Seins und gibt dem Handeln der Intellektuellen und der einfachen Menschen einen Sinn.

Darum möchte ich mir weniger Berührungen wünschen, die uns jene kostbare »Maŕena« vermitteln, und mehr Berührungen der Hoffnung. Ich lehne nicht das ab, was da vor sich geht, die Lebensmittelhilfe an Polen, die Ausbildung von Managern auf dem Gebiet der Marktwirtschaft. Dennoch könnten zu uns mehr feierliche Ideale durchdringen als jene, die wir schon zu hören bekommen. Ich bin überzeugt, daß es für die Zukunft lohnend wäre, die Vorstellung eines Kontinents ohne Grenzen zu kultivieren, eines Kontinents mit herrlicher Sprachenverwirrung, mit untereinander verflochtenen Kulturen. Vielleicht hat Europa selbst durch die langsame Gewöhnung an einen Wandel der Verhältnisse den Sinn für seine Farben verloren, die wir nach vierzig Jahren des Lebens hinter Stacheldraht so scharf wahrnehmen. Vielleicht wurde dies besser von den alten Idealisten wie de Gaulle und Adenauer begriffen als von den heutigen Praktikern in Brüssel. Ich muß jedoch bekennen, daß ich darüber nur mit Selbstverleugnung spreche, weil ich so eine Ära der Profanierung von Idealen erlebt habe, daß mir übel wird, wenn ich bloß die Propagierung von Kosmetikartikeln im Fernsehen verfolge.

Das Furchtbare daran ist, daß im Zersetzungsprozeß Osteuropas die historische Identität verlorengeht, daß den Jüngsten die Taten dreier Generationen wie das Wüten von

Wahnsinnigen und Feiglingen erscheint. Eine Leere gähnt an jener Stelle, wo die verworrenen revolutionären Ideale verglühen. Diese haben sich jedoch nicht ohne Folgen verflüchtigt, so wie die Ideale der Studentenrevolten am Ende der sechziger Jahre. Hier bei uns haben sie sich tief in den Körper der Nation eingekerbt.

Mache ich heute eine Bestandsaufnahme dessen, was übriggeblieben ist und was zugleich über den Horizont einer konvertiblen Währung hinausgeht, so sehe ich nichts anderes als das Ideal der europäischen Einheit, dem hier im Osten noch immer etwas Unglaubliches anhaftet. Von der ganzen Brutstätte der Utopien blieb in Europa nichts übrig, zumindest nichts Großartiges, nur das Ideal eines Europas, womit hier selbstverständlich auch Vorstellungen von den Rechten des Menschen, der Freiheit, sozialer Gerechtigkeit und von einem ganz gewöhnlichen anständigen Verhalten des Staates seinen Bürgern gegenüber verbunden sind. Am Ende eines Jahrhunderts voller Greuel und Enttäuschungen ist dies letzten Endes nicht einmal so wenig.

9. Dezember 1989

Mircea Dinescu

Ich gebe bekannt, daß ich noch leben will

Offener Brief aus dem Arrest

Seit dem 17. April 1989 stand der rumänische Dichter Mircea Dinescu aufgrund eines Interviews, das er der französischen Tageszeitung »Libération« gegeben hatte, unter verschärftem Hausarrest. Sein Haus wurde ständig von vier Beamten der Securitate bewacht; ihm war lediglich erlaubt, unter Bewachung in einen naheliegenden Park zu gehen. Brot und Milch durfte er einkaufen, keine anderen Lebensmittel. In einem offenen Brief an den Vorsitzenden des rumänischen Schriftstellerverbandes äußerte Dinescu sich erstmals zu seiner Situation. Über Umwege ereichte der Brief die F.A.Z. und konnte hier am 10. Juli 1989 abgedruckt werden.

Offener Brief an den Vorsitzenden des Schriftstellerverbandes der Sozialistischen Republik Rumänien, Dumitru Rodu Popescu

Herr Vorsitzender,
wenn führende Repräsentanten des rumänischen Klerus von den Kanzeln aus die Zerstörung der Dörfer einschließlich der Kirchen öffentlich segnen, kann es nicht verwundern, daß ein Vorsitzender des Schriftstellerverbandes die »Demontage« einiger Mitglieder der eigenen Zunft absegnet. Mit welchem Selbstverständnis aber und mit einer wie ruhigen Hand können Sie und die Kollegen in der Leitung des Schriftstellerverbandes über die Übergriffe und die Verbrechen der fünfziger Jahre schreiben, wenn Sie unmittelbar

verantwortlich sind für das Publikationsverbot, die Einschüchterung, die Isolation und den Ausschluß einiger Kollegen aus dem kulturellen und gesellschaftlichen Leben?

Ein Regime, das einen Schriftsteller wie Vasile Voiculescu in Fesseln geschlagen, das Nicolae Labiş unter die Räder der Straßenbahn gestoßen, das Lucian Blaga und Tudor Arghezi zum Schweigen verdammt hat, wiederholt jetzt seine Untaten, indem es seiner ursprünglichen Berufung zum ideologischen und gesellschaftlichen Terror alle Ehre macht.

Der Ausschluß einiger zeitgenössischer rumänischer Schriftsteller aus der rumänischen Literatur (gleichgültig, von wie hoch oben der Befehl dazu erteilt wurde, mit der gleichen Selbstverständlichkeit, mit der auch das Ausbuddeln der Kartoffeln auf dem Acker einer Kolchose angeordnet wird) entspricht einer wahren kulturellen Tragödie, für die Sie einmal Rechenschaft ablegen werden müssen. Als hätte es nicht gereicht, daß Constantin Noica, Mircea Eliade, Eugen Ionescu und Emil Cioran zu unerwünschten Namen geworden sind, wurden jetzt auch Andrei Pleşu, Ştefan Augustin Doinas, Ana Blandiana, Alexandru Paleologu, Dan Hăulică, Octavian Paler, Mihai Şora, Dan Deşliu, Aurel Dragoş Munteanu, Dan Petrescu und Alexandru Călinescu auf die schwarze Liste gesetzt! Und mußte auch die noble Selbstlosigkeit einer Intellektuellen wie Doina Cornea auf so niederträchtige Weise gedemütigt werden?

Während in den sozialistischen Nachbarländern Rumäniens der Opfer des Stalinismus gedacht wird, Millionen von Geiseln der Angst vom Terror des Totalitarismus befreit werden und ihr Menschenrecht auf Meinungsfreiheit wiederentdecken dürfen, ist es bei uns wieder einmal »vice versa«, andersrum.

Damit es keine Unklarheiten über meine jetzige Situation gibt, lege ich Ihnen, Herr Vorsitzender, eine kurze Schilderung vor:

Seit etwa hundert Tagen stehe ich unter Hausarrest, für das Verbrechen, von einem Journalisten der linken französischen Tageszeitung *Libération* interviewt worden zu sein. Ich gebe zu, daß ich während des Gesprächs für einen Augenblick die Illusion der Freiheit hatte – da ich kein Kannibale bin und es also auch nicht für nötig hielt, daß ein ausländischer Bürger aufgefressen oder wenigstens mißhandelt werden muß, wenn er meine Wohnung aufsucht. Seit dem 17. April wird meine Wohnung rund um die Uhr von Agenten der Staatssicherheit in Zivil bewacht; nicht nur ausländische Bürger, sondern auch rumänische Kollegen werden daran gehindert, mich zu besuchen. Mir selbst ist das Betreten von Privatwohnungen untersagt. Vom gleichen Tag an wurde mein Telefon abgeschaltet; auch Briefe erreichen mich nicht mehr, mit einer einzigen Ausnahme: einem vulgären und anonymen Brief, dessen Inhalt eine Todesdrohung ist.

Als wäre es mit meinem mißbräuchlichen Ausschluß aus der Partei und aus der Redaktion der Zeitschrift *România literară* nicht genug gewesen – um mich jeglicher Existenzmöglichkeit zu berauben, wurde auch über meine Frau, die Übersetzerin ist, ein Publikationsverbot verhängt. Das Manuskript eines Buches von Boris Pasternak, das sie schon dem Univers-Verlag übergeben hatte, darf nicht mehr gedruckt werden.

In welchem Land der Welt kann das Schicksal eines Menschen auf so nachhaltige Weise durch ein einziges Interview verändert werden?

Aufgrund welcher Artikel aus der Verfassung Rumäniens werde ich bestraft? Welches geheime Tribunal hat beschlossen, daß ich mit meinen engsten Freunden nicht mehr sprechen darf?

Und weshalb werden Schriftsteller immer strenger überwacht, während Straffällige im Sinne des Strafgesetzbuches im Namen eines so originellen sozialistischen Humanismus vorzeitig entlassen werden?

Wenn ein Regime wirkliche Waffen gegen die Papierwaffe der Dichter einsetzt, kann es vorzeitig Anspruch auf entsprechenden Ruhm in der Nachwelt erheben.

Da ich vorläufig den Selbstmord für eine ineffiziente Protestform halte (die Tat des jungen anonymen Märtyrers, der sich im vorigen Winter auf einer Schipiste bei Brașov angezündet hat, ist leider ohne Echo geblieben, wahrscheinlich mangels der Fähigkeit, die Bedeutung dieser freiwilligen tragischen Handlung zu begreifen), gebe ich Ihnen, Herr Vorsitzender, bekannt, daß ich noch leben will.

Mircea Dinescu
Bukarest, 22. Juni 1989

Mircea Dinescu

Die geknebelte Existenz eines Volkes

Zwanzig Millionen Rumänen ohne Öffentlichkeit

Es ist nicht lange her, daß man im sibirischen Eis ein paar gut erhaltene Mammutkadaver gefunden hat, in deren Eingeweiden die Forscher zu ihrer eigenen Verblüffung Kamillenblüten entdeckten. Ich werde hier weder über die Scheinheiligkeit der Natur diskutieren noch über das tragische Schicksal dieser sanften Pflanzenfresser, sondern über den beleidigenden Vergleich zum Titel eines Artikels, der in der westlichen Presse erschienen ist: »Rumänien – das letzte stalinistische Mammut«. Stalinistisch – gewiß, aber warum ist von einem Mammut die Rede? Denn ich befürchte, daß man – nach einer eventuellen Veränderung des sozialen Klimas – im geräumigen Bauch des großen Stalinisten, um den es hier geht, keine Kamillenblüten, sondern ein paar Dutzend Leichen entdecken wird: aus dem Schil-Tal und aus Kronstadt, wo einige Anführer illegaler Streiks verschwanden, aus Temesvar, Klausenburg, Jassy, Neumarkt und Bukarest; denn »geweidet« wurden und werden noch immer lebendige Menschen, die man zu wenig oder gar nicht kennt und die den Mut hatten, ihre Verzweiflung herauszuschreien – und sei's auch in den eigenen vier Wänden. Die fröhliche, kräftigende, zu vielerlei Witzen aufgelegte Folklore der Rumänen hat sich in ein geflüstertes Lamentieren verwandelt, in eine Folklore der Angst und der makabren Gerüchte, die den freien Willen und das freie Sprechen lähmen. Die Todesangst, das Entsetzen, ist zum Nationalprodukt geworden, das im Überfluß und ohne Rationierung an jeder Straßenecke in Rumänien feilgeboten wird.

Wer soll das ändern? »Gott hat die apolitischen Hände eines Musikers« – man verzeihe mir die Eitelkeit eines Selbstzitats, aber ich will damit sagen, daß unsere täglichen Gebete bisher ihren Adressaten offensichtlich nicht erreicht haben. Hingegen hat man die Pfarrer gezwungen, eine Art Gewerkschafter in Soutanen zu sein, denn an den heiligen Feiertagen schwingen die gesegneten Transmissionsriemen der Partei das Weihrauchfaß zum Ruhme des *Nationalen Bulldozers* – ohne jede Furcht vor dem Allmächtigen. Der »Unfall«-Tod einiger unbequemer Pfarrer sowie die laizistische Behandlung einiger anderer mit losem Mundwerk durch die zivilen Angestellten des »Klosters Secu« (wie man den Geheimdienst *Securitate* nennt) haben unters priesterliche Ornat die Angst kriechen lassen. Bei uns funktioniert weder die katholische Fabrik der Polen noch die militante Kirche oder die wundertätige Ikone von Tschenstochau. Wir haben eine Präsidial-Ikone, bei uns sind die Fabriken militarisiert, und unsere Kirchen haben die höchste Produktivität der ganzen Welt bei den Beerdigungen, wenn der Winter in die Wohnungen der Menschen herabsteigt.

Wo gibt es einen Ausweg, wenn die Berliner Mauer – Stein für Stein – importiert und an den Grenzen Rumäniens aufgestellt worden ist? Europa ist für den Führer mit seiner weisen Voraussicht zu einem teuflischen Atlantis geworden, das im Sumpf der Demokratie versinkt. Und die Rumänen? Nur der ureigene Genius Seiner Herrlichkeit wird sie vor dieser Katastrophe bewahren. Wer verteidigt uns? Die blinde Justiz? Diese Herren, die an den Universitäten gelernt haben, daß die »rumänische Linke« dem »römischen Recht« an Kraft und Einsicht überlegen ist, verrohen in der Ohnmacht und im Gehorsam, der für dieses System spezifisch ist; das geht so weit, daß sie die wundersame Verfassung der Sozialistischen Republik Rumänien für ein einfaches Propagandamittel halten, ein Werkzeug des Teufels, das einem in erster und in letzter Instanz nicht hilft. Ein ehemaliger Schulkollege, der in einem Augenblick der Verzweiflung und der Revolte ein paar gegen den Präsidenten gerichtete Flugblättchen im Nordbahnhof an die Wände geklebt hat, ist 1970 zu fünf Jahren Gefängnis verurteilt worden – faszinierend, daß es sein Verteidiger war, der ihn bei der (selbstverständlich nichtöffentlichen) Verhandlung am heftigsten angeklagt hat.

Wen soll man zu Hilfe rufen? Unsere populäre Volksmiliz? Die stämmigen und rotwangigen Burschen, die die Kolchosen im Stich gelassen haben, in der Obhut der Alten und der schwachen Frauen – sie sind in ihren Uniformen in Zehnmeterabständen auf die Straßen Bukarests verpflanzt worden, jetzt blicken sie auf die Bevölkerung der Hauptstadt wie auf eine bedürftige Schafherde herab. In der kurzen Ausbildungszeit haben sie gelernt, daß alles, was sich nach 20 Uhr bewegt (die Stunde, in der die Lichter ausgehen, in der die Kinos, die Restaurants zumachen, das heißt die Stunde, in der die Städte Rumäniens sterben), daß alle Fußgänger potentielle Übeltäter oder Brandstifter sind, die auf eine Gelegenheit warten, das Standbild des Genossen Lenin anzuzünden (das übrigens im vergangenen Jahr schon einmal gebrannt hat). Wo kann man Unterstützung finden? Bei den Angestellten der Presse? Bei den Aposteln des Personenkults, die den Löffel, mit dem sie essen, als Schreibgerät benützen? Seit zwanzig Jahren erscheinen in unseren Zeitungen die gleichen grob retuschierten Fotografien, klappern die gleichen hohlen Phrasen, und die einzigen wirklichen Freiräume darin sind die Spalten mit den Todesanzeigen. Die wirklich bedeutenden Zeitungsleute scheinen alle im Zweiten Weltkrieg gestorben zu sein.

Wie es mit *Glasnost* steht? Ob etwas von den sowjetischen Zuständen durchscheint? Ich kenne die Gründe nicht, aber auch umgekehrt scheint die Fensterscheibe, durch welche die Moskauer Presse die rumänische Realität beobachtet, verrußt zu sein – als beobachtete sie eine Sonnen- oder Mondfinsternis. Mit anderen Worten, sie sieht nichts. Ich glaube, Herr Gorbatschow schaut durch die schwarzen Brillen des Generals Jaruzelski nach Rumänien.

Und die Dissidenten? Wenigstens von ihnen hört man von Zeit zu Zeit einen Aufschrei. Mich beschleicht aber in letzter Zeit die seltsame Ahnung, daß die so rar gesäten rumänischen Dissidenten vom Regime am Leben gehalten werden – paradoxerweise zu propagandistischen Zwecken. Sie verschwinden zu lassen – dafür ist es zu spät, da die westliche Presse und die internationalen Menschenrechtsinstitutionen von ihrer Existenz erfahren haben. Es ist aber ein Trugschluß, zu glauben, daß die Rumänen schweigsamer sind als die Deutschen, die Ungarn und Polen – bloß weil es hier nur einen Dissidenten auf je zwei Millionen Einwohner gibt.

Eigentlich leben in Rumänien zwanzig Millionen Protestierende und Dissidenten ohne jede Öffentlichkeit, die ihre Existenz geknebelt fristen. Ich habe nie gehört, daß auf den Straßen Berlins in den vierziger Jahren antifaschistische Demonstrationen stattgefunden hätten. Gewiß flüsterte man in vielen Häusern, aber auf der Straße herrschten Ordnung und Disziplin, der braune Terror handelte mechanisch, die Bevölkerung nährte sich vom Staatsoptimismus, die sogenannten Verräter wurden ohne gerichtliches Verfahren erschossen.

Heute kann es bei uns aber keine politischen Prozesse geben – aus dem einfachen Grund, weil in der Verfassung deutlich geschrieben steht, daß jeder Bürger das Recht auf Meinungsfreiheit hat, mehr noch, in den Parteistatuten ist festgehalten, daß jedes Parteimitglied sogar den Generalsekretär kritisieren darf. Die Technik der Repressionsorgane besteht darin, daß sie insgeheim handeln, als wären *sie* die Opposition. »Die Söhne des Avram Iancu« – jene obskure Gesellschaft, die einigen deutschen Schriftstellern, die aus Rumänien in die Bundesrepublik Deutschland emigriert sind, Briefe mit Morddrohungen geschickt hat, hat die gleichen Leckereien auch vielen ungarischen und rumänischen Intellektuellen in Rumänien zugesandt.

Gewiß, wir hätten die neckischen Epistel-Helden liebend gern beim ZK verklagt, aber wir fürchten, daß ihr Vater dort zu suchen ist. Den »gefährlichen« Arbeitern hingegen werden keinerlei Briefe geschickt. Die Arbeiter werden selbst an ihre eigenen Adressen geliefert, zwischen vier Bretter eingesperrt, und nur ihre entsetzten Familien verstehen die Todesbotschaft richtig, die offizielle Todesursache lautet dann meist: Arbeits- oder Verkehrsunfall, Selbstmord, Herzinfarkt und so fort. Angeschirrt vor den Wagen der Protestierenden, muß man darauf achten, nicht ohne Begleitung auf die Straße zu gehen, die Kinder nicht unbeaufsichtigt draußen spielen zu lassen, sich nicht allzu lang in einer gewissen Institution aufzuhalten und im Wartezimmer auf einem Sessel mit radioaktivem »Bezug« zu sitzen, zu Hause, in den vier Wänden, die Türklinken zu desinfizieren (sie könnten ja vergiftet sein).

Unsere Situation kann mit keiner anderen in der ganzen weiten Welt verglichen werden. Als ich hörte, daß Václav Havel im Prager Gefängnis vor dem Fernseher saß und in seiner Zelle an einer elektronischen Schreibmaschine arbeitete, dachte ich, das sei ein gelungener Witz. In Rumänien darf ein Schriftsteller in den eigenen vier Wänden ohne polizeiliche Genehmigung keine Schreibmaschine benutzen. Und was den Gefängnisaufenthalt betrifft, soll ein Beispiel für andere stehen: ein ehemaliger rumänischer Dissident, von Beruf Lyriker, wurde in einem »freundschaftlichen« Gespräch mit dem Staatsanwalt vor die Wahl gestellt: nur drei Monate Gefängnis, in einer Zelle mit gewöhnlichen Verbrechern, die angeblich eine Vorliebe für junge Männer hatten – oder das Exil. Der Schriftsteller dankte dem Staatsanwalt für seine Aufrichtigkeit und wählte das Exil.

Wo schließlich sind – in diesem so ermutigenden Kontext – die rumänischen Schriftsteller, »die verläßlichen Stützen der Partei«, wie sie bis vor gar nicht langer Zeit freundlich genannt wurden? In den fünfziger Jahren wurden jene Autoren, die den Pakt mit dem Teufel schlossen, in die Kategorie der Privilegierten aufgenommen. So reichte das Honorar für ein Gedicht auf der ersten Seite der Parteizeitung *Scinteia* für den Kauf eines Mantels aus bestem englischem Stoff oder für tägliches Essen – einen Monat lang – im feinsten Bukarester Restaurant. Das waren Zeiten! Man besang zwar »das Väterchen«, aber »Väterchen« ließ sich nicht lumpen und zahlte ordentlich. Er zahlte es übrigens auch jenen Autoren ordentlich heim, die sich weigerten, ihr Talent zu verkaufen. Viele von ihnen wurden zur Umschulung geschickt, die Feder wurde ihnen entrissen, und statt dessen wurden ihnen Hammer und Sichel aus dem Parteiwappen in die Hand gedrückt, um im Donaudelta Schilf zu schneiden oder am Donau-Schwarzmeer-Kanal sich selbst die Nägel in den Sargdeckel zu schlagen.

Währenddessen ging der große Tanz weiter. Das Schloß *Pelisor*, die ehemalige Sommerresidenz des Königs Carol, erhielt den Titel »Haus des Schaffens« für jene, die vom Fließband der neuen Autorenfabrik kamen. Die Geschichte versteckte sich unter den eigenen Röcken: proletkultistische Dichter rekelten sich in dem Bett, in welchem ehemals die Königin Maria geschlafen hatte, und bastelten voller Elan an der schlechten Grammatik »revolutionärer« Lyrik. Mit einem einzigen lyrischen »Hauruck«, mit einem einzigen »grünen Blatt«, jenem klassischen Topos der rumänischen Volksdichtung, oder einem »Stalin Ruhm und Ehre!« wechselten Luxus-Villen oder ganze Vermögen ihre Besitzer. So betraten die ersten Parteimillionäre aus den Reihen der Schriftsteller die Arena; von damals bis heute ist es dieser Typ schreibender Aktivisten, die – gebeugt unter der Last allzu vieler Privilegien – dazu ausersehen werden, die literarische Zunft anzuleiten und in der Öffentlichkeit für sie zu sprechen.

Der Freiheitswind der sechziger Jahre hat viele Künstler vom Erdboden aufgewirbelt, die bis dahin unter dem hochmütigen Müll der Mittelmäßigkeit begraben schienen. Die Partei – die immer recht hat – hat der aufgebrachten Menge ihre ehemaligen Fahnenträger vorgeworfen; sie hat die Zensur zur Maniküre geschickt, um ihr die langen Krallen ein bißchen zu polieren, sie hat sich zu dem Eingeständnis herabgelassen, daß der sozialistische Realismus an schwerer Diabetes leidet und daß man also infolgedessen nicht mehr soviel Puderzucker auf die Wirklichkeit zu streuen hat. Das Wunder sollte aber nicht allzu lang dauern.

In den siebziger Jahren, als die Schriftsteller keinen Enthusiasmus für die neue, aus China importierte Kulturrevolution zeigten, begannen die Enteignungen und Repressalien: aus dem *Pelisor* wurde wieder eine Sommerresidenz für die neuen Prinzen; der Preis eines Gedichts fand erneut seinen symbolischen Wert – freilich nur noch den Gegenwert eines Steaks in der Kneipe, zu dem man von zu Hause mitgebrachtes Brot verzehrte. Die Autorenfotos wurden von den Buchdeckeln ihrer eigenen Bücher verbannt, damit es – um Gottes willen – nicht zum Personenkult kommen könne. Gleichzeitig wurde – als Diversion – das Gerücht in die Welt gesetzt, daß der Schriftstellerverband aufgelöst werden müsse, weil es sich dabei um eine Organisation des alten, sowjetischen Typs handle.

Offenbar waren unsere lahmen öffentlichen Verkehrsmittel vom japanischen, unsere Speiseöl- und Zuckermarken vom amerikanischen, unsere wachsame Presse vom französischen Typ – nur unser Schriftstellerverband, der ärmste, folgte einem sowjetischen Modell. Jedes Jahr brachte ein neues Geschenk mit sich: neue Epauletten für die Schulterstücke der Zensur, die Invasion der Laien-Heuschrecken im Rahmen des Festivals »Preis dir, Rumänien«, eine präzise dirigierte Verwirrung der Werte, die Marginalisierung jener Künstler, die nicht zu Kompromissen bereit sind, und die Aufwertung der Hofmusiker.

Die letzten Zuckungen der Würde haben 1981 stattgefunden, bei der Landeskonferenz der Schriftsteller, als viele Stimmen sich nicht mehr in die vom Zentrum vorgegebene Harmonie fügen wollten. Dennoch: der passive Widerstand einiger bedeutender Autoren ist wirkungslos geblieben; wir haben auf radikale Forderungen verzichtet; wir haben zugelassen, daß man uns eine gehorsame Verbandsführung aufgezwungen hat, die Massenemigration desillusionierter Künstler hat Leerräume hinterlassen, und all das hat den Schriftstellerverband unterhöhlt, der zu einer Genossenschaft für die Produktion von Entfremdung geworden ist. Das Gespenst der Misere schwebt heute über den meisten rumänischen Schriftstellern, während der Berg der Lobpreisungen den heißgeliebten Architekten des Abbruchs Monat für Monat entgegenwächst. Es ist die Ironie eines Schicksals, das wir wahrscheinlcih verdienen, und sei es auch nur für den nur notdürftig verhüllten Kollaborationismus, mit dem wir es akzeptieren, einen »neutralen« Artikel neben den patriotistischen und blödsinnig-lyrischen Dreckhaufen jener zu veröffentlichen, die auf allen vieren vor dem Tyrannen kriechen.

Ein Generalstreik der wirklichen Schriftsteller wäre die nächstliegende Lösung, mit der die rumänische Kultur ihr Gesicht vielleicht noch wahren könnte. Oder ganz im Gegenteil: Wenn diese Schriftsteller all ihre Wörter versammelten, vielleicht würden die heutigen Mammuts die Geschichtsbücher verlassen und eingehen in die Botanik; dort mögen sie ruhig ihre Kamillenblüten weiden.
Aus dem Rumänischen übersetzt von Werner Söllner.
13. Dezember 1989

Werner Söllner

Eine Idee schießt

Rumänien nach den Massakern in Temeschburg und Arad

Es ist in diesen Wochen und Monaten viel vom gemeinsamen Haus die Rede, in dem wir alle leben wollen – wir Europäer. Und es ist davon die Rede, wie sehr wir uns darüber freuen, daß in diesem zukünftigen gemeinsamen Haus ein Zimmer nach dem anderen bewohnbar und für alle betretbar wird. Vor lauter Freude (bei manchen auch viel Schadenfreude) und Rührung (bei vielen auch viel Rührseligkeit) über den Aufbruch unserer Nachbarn vergessen wir, daß es manchmal die alten Köpfe sind, in denen das neue Denken stattfindet, und die alten Gesichter, die ein neues Lächeln zeigen. Das neue Denken aber will sich von den alten Floskeln nicht recht trennen: Der Sozialismus, heißt es, hat nicht ausgedient. Keine Rede von Totalschaden, die Idee soll runderneuert werden. Marxens Bart muß ab, eine Art Porenreinigung, ein ideologisches *facelifting* ist angeblich vonnöten, eine kosmetische Operation, am besten durchzuführen von Spezialisten aus Amerika und zu finanzieren von einer bösen, profitorientierten Versicherungsgesellschaft.

Was Sache ist im Sozialismus, das hat uns ein Nachbar gezeigt, den wir noch nie so richtig ernst genommen haben. Nachbar Ceauşescu, der Musterschuldner des Großkapitals. Der *conducator*, der kleine Führer mit der langen Leine, die an einem Ende schon immer eine Schlinge hatte. Eine so kleine Schlinge, daß man anfangs sehr genau hinschauen mußte, um sie zu sehen.

Am vorigen Wochenende hat Nachbar Ceauşescu uns gezeigt, daß die sozialistische Schlinge weit genug ist für ein paar tausend Schreihälse. Was Sache ist im Sozialismus, hat er seinen Bürgern, hat er uns allen gezeigt. In Temeschburg und in Arad, der Stadt, in der ich meine Kindheit verbracht habe, sind sie auf die Straße gegangen und haben gerufen: »Libertate!«

Seltsam, ich kann mir das nicht vorstellen! Die Menschen, die ich von früher kenne, und so ein Ruf: undenkbar! »Libertate«? Ein Schulbuchwort aus dem Geschichtsunterricht: Es riecht nach dem schlechten Papier, aus dem die Lebensmittelmarken gemacht sind; es riecht nach dem Terpentin, mit dem die Fußböden in den Schulräumen eingelassen sind, damit die Läuse sich nicht ausbreiten können; es riecht nach den Wanzen im Telefon, damit die Partei besser hören kann, was wir flüstern, wenn wir flüstern, daß wir flüstern müssen, wenn wir vom Sozialismus reden, wie wir vom Sozialismus reden wollen.

Das alles tut weh. Die Schüsse, mit denen der kleine *conducator* viele Leute umgebracht hat – auch sie sind so unwirklich. Sie sind so unwirklich, und sie tun so weh. Ich weiß nicht, wie viele Tote es gegeben hat. Und wie viele Verletzte. Vielleicht sind dabei wirkliche Kämpfer gestorben, vielleicht auch »huligani«, wie sie – kosmopolitisch wie sonst nie – von der Partei genannt werden.

Es sind wahrscheinlich Leute gestorben, wie ich sie in Arad gekannt habe. Vielleicht ist der Matz dabei, der (anders als ich) nie zu den Pionieren wollte, vielleicht auch Nelu und Sanyi vom Fußballplatz. Die sollen tot sein? Nein. Aber wer, wenn nicht sie? Die Freiheitshelden aus den Schulbüchern? Nein, die können es nicht gewesen sein, die sind ja schon längst tot. Tot. Die Idee? Nein, die Idee lebt. Die Idee schießt.

Nein doch, *die Lebendigen* sind gestorben. Lebendige Menschen, die keine Lust mehr hatten aufs Schlangestehen um ein paar Eier. Die nicht mehr eine Stunde lang auf den Bus warten wollten, wenn sie morgens um fünf bei minus 15 Grad zur Arbeit fahren mußten. Die es satt hatten, sich vom Zahnarzt die Zähne ohne Betäubung ziehen zu lassen, weil sie keine Verwandten im Westen hatten, die ihnen das *Novocain* hätten mitbringen können. Die es leid waren, zwei

Stunden ihrer Arbeitszeit in einer Parteisitzung verbringen zu müssen, in der ihnen erklärt wurde, daß es ihnen nicht besonders gut geht, weil sie die Arbeitszeit mit unnützen Dingen verplempern. Die keine Lust mehr hatten auf absolute Ideen, sondern auf konkret funktionierende Heizungen. Die keine politischen Witze mehr hören wollten, sondern die Wahrheit. Eine Wahrheit, die sie zwar nicht kannten, aber auch eine Wahrheit, die sie täglich erlebten.

Ceauşescu ist kein Stalinist, er ist das Produkt und der Motor eines real existierenden Systems. Er hat seinen Bürgern, er hat jetzt – mit Panzern und Maschinenpistolen, mit Wasserwerfern und Bajonetten – uns allen die Wahrheit gesagt. Und die demonstrierenden Rumänen mußten daran glauben, weil sie an eine Idee nicht mehr glauben wollten, deren zerstörerische Kraft sie am eigenen Leib täglich erfahren konnten. Weil sie nicht glauben konnten, daß eine Idee mehr wert sein kann als das Leben eines Menschen, das Leben von vielleicht hundert, vielleicht zehn Menschen.

Im gemeinsamen Haus Europa gibt es ein Zimmer, da sind die Wände blutbefleckt. Ein real existierendes Gespenst geht dort um. Es würgt die Menschen zu Tode; es macht sie müde und feig; es nimmt ihnen die Kraft und den Mut, es nimmt ihnen das Bewußtsein ihrer selbst; es haucht ihnen das Gift eines Zweifels ein, der schlimmer ist als der Tod: das Gift des Zweifels, ob ihr Leben wertvoll genug sei, um es nach den eigenen Vorstellungen leben zu wollen.

Die Rumänen haben selten gute Erfahrungen mit Europa gemacht, und Europa hat es so gut wie nie auf Erfahrungen mit den Rumänen ankommen lassen: Das ist *ein* Grund dafür, daß die Rumänen sich bisher so gut wie gar nicht verhalten – im gemeinsamen Haus. So ist aus Rumänien ein Staat geworden, der Grenzen hat, aber keine Konturen; so ist aus der rumänischen Gesellschaft eine Trümmergesellschaft geworden, in der es zwar keine Freiheit gibt, in der man sich aber fast jede kleine Freiheit »beschaffen« kann, wenn man behauptet, daß es nur dort die große, die wahre Freiheit gibt. Und in den Ruinen spielt ein Diktator verrückt, der hinter jedem einigermaßen intakten Stück Mauer einen potentiellen Feind vermutet.

Im gemeinsamen Haus Europa wird Ceauşescu es schaffen, sich auf den Trümmern seines Staates einen Turm zu Babel nach fernöstlichem Vorbild zu bauen, in dem er sich dereinst selbst zur Besichtigung freigeben wird. Und auch wir werden es schaffen, diesen Turm als originellen Anbau am gemeinsamen Haus zu belächeln. Tatenlos müssen wir zusehen, wie ein dumpf dahinbrütender, größenwahnsinniger Gernegroß das gemeinsame Haus mit dem Blut seiner Bürger, mit dem Blut unserer Nachbarn besudelt – im Namen einer Idee, die nicht die Idee seiner Bürger ist. Im Namen einer Idee, die auf den Schrotthaufen der Geschichte gehört. Man kann sie keinem Recycling mehr unterwerfen, weil sie mit Blut verunreinigt ist. Mit dem Blut von Menschen, die ich nicht zählen mag. Müssen wir tatenlos zusehen?

21. Dezember 1989

Herta Müller

Der Preis des Tötens

Rumänien –
Massaker und Tribunale

Rumäniens Diktator Ceauçescu hat geträumt. Doch das einzige Gefühl, das ihn zum Träumen brachte, war die Angst vor dem Volk. Und es wurde durch Ceauçescus Traum wie immer: Wenn ein Diktator zu träumen beginnt, beginnt ein Volk zu zittern. Es zirkulierten Gerüchte im Land, Schrekkensgerüchte, die besagten, unter dem Regierungspalast sei ein Tunnelsystem. Die Straße war breit, ich ging oft darüber. Im Sommer sah man die Löcher der Stöckelschuhe hinter den Schritten der Frauen auf dem weichen Asphalt. Im Winter trieb ein wenig Schnee den Randstein entlang. Ich habe jedesmal, wenn ich auf dieser Straße ging, an das Gerücht gedacht und über das Zittern des Volkes gelächelt: Traue keinem Gerücht, hab ich mir jedesmal gesagt. Die Angst der Bevölkerung reichte mir als Erklärung.

Jetzt, im nachhinein, müßte ich sagen: Traue jedem Gerücht. Denn die meisten Gerüchte waren keine, sie waren Tatsachen. Die Angst war aus den Träumen des Diktators längst hinaus ins Land gegangen. Kilometerlange Tunnels hat man jetzt entdeckt, eine unterirdische Stadt. Sie ist besser gebaut als die Wohnungen über der Erde. Sie ist beleuchtet und beheizt. Klimaanlagen unter ungeheizten Städten, Lebensmittellager unter den Schuhsohlen hungernder und zerlumpter Menschen, Telefone und Monitore. Und Waffen – mehr Kugeln unter der Erde, als man Glühbirnen gebraucht hätte, um die Häuser und Straßen des ganzen Landes zu beleuchten.

Auch das zweite Gerücht war keines. Wie es sich jetzt zeigt, hat man aus den Waisenhäusern wirklich Kinder für den Geheimdienst rekrutiert. In den weitabgelegenen, versteckten Erziehungslagern, sagte man, werden Securitate-Truppen ausgebildet. Es seien gezüchtete Menschen, sie werden von der Gesellschaft ferngehalten, haben keine Bindungen. Mit der Gehirnwäsche lernen sie sprechen und gehen.

Seit dem Massaker von Temeswar sieht man jeden Tag, daß es diese Truppen wirklich gibt. Sie schießen wahllos von Dächern, aus Fenstern, hinter Straßenecken, aus Eingängen und Friedhöfen. Sie haben Brunnen vergiftet, um Menschen zu töten. Sie haben in den Krankenhäusern die erschossen, die sie vor wenigen Tagen verletzt hatten. Sie haben Ärzte erschossen, weil sie Verletzte behandelten. Sie haben Blutkonserven und Medikamente vernichtet. Sie haben die Nationalbibliothek und die Nationalgalerie in Bukarest angezündet. »Sie schießen gezielt auf schwangere Frauen«, sagte ein Arzt aus Arad.

Diese Truppen träumen den Traum des hingerichteten Diktators weiter. Ohne die Angst des Diktators gäbe es sie nicht. Es ist ihre eigene Angst. Es sind Menschen mit einer Eigenschaft. Man hat ihnen eines gesagt: alles zu töten, wovor der Diktator Angst haben muß – das Volk zu töten und das Land zu verwüsten. Aus den Fernsehbildern hat man gesehen, wie gleichgültig sie sind, wenn sie verhaftet werden. Es ist dieselbe Gleichgültigkeit, die das Diktatorenpaar vor der Hinrichtung hatte. »Wir kriegen euch alle, wir kommen wieder«, hat einer dieser Gefangenen gesagt, als man ihn abgeführt hat. Der Sprecher hat den Satz nicht übersetzt. Er wäre wichtig gewesen.

Angst war der Grund dafür, daß man Ceaușescu und seine Frau in einem geheimen Schnellverfahren nach dem Ausspruch des Todesurteils sofort hingerichtet hat. Drohungen der Securitate-Truppen, daß man die beiden Gefangenen befreien wird. Und die Hoffnung, diese Truppen durch den Tod Ceaușescus zum Waffenstillstand zu bringen.

Die Angst der neuen Regierung war berechtigt, wurde doch jede Nacht das Gebäude des Fernsehens, aus dem heraus die Regierung die Bevölkerung über den Bildschirm informiert und mobilisiert hat, beschossen. Wer darüber nachdenkt, was geschehen wäre, wenn dieses Gebäude von den Securitate-Truppen besetzt worden wäre, der muß auch Angst haben. Mehr als sechzigtausend Tote gibt es, und täglich sterben noch Menschen auf den Straßen und Verletzte in den Krankenhäusern. Wenn eine Befreiung so viel gekostet hat und noch kostet, muß man sie halten, auch um den Preis einer zeitlichen Verschiebung nach vorn. Denn das Urteil hätte auch nach einem öffentlichen Prozeß nichts anderes als ein Todesurteil werden können. Ein öffentlicher Prozeß wäre demokratischer gewesen, aber nicht in einer Situation, in der man alles aufs Spiel setzen muß, was so viele Menschenleben gekostet hat.

Stimmen der Unzufriedenheit werden laut. Es sind die Stimmen der westlichen Journalisten und Regierungen. Leichtfüßig gehen sie durch ihre Demokratien. Ich erschrecke vor dem großen Unterschied zwischen mir und diesen Stimmen: Sie haben keine Angst. Sie haben vieles nicht erlebt. Und vieles haben sie vergessen.

Ja, ich bin gegen das Todesurteil. Ich würde gerne immer und überall dagegen sein. Doch in diesem Fall, was nützt mir das?

Die Todesstrafe gab es in Rumänien, als Ceauşescu an die Macht kam, nicht mehr. Er hat sie wieder eingeführt. Er hat sie gebraucht. Es wurden Menschen zum Tode verurteilt, weil sie, wenn ein Lei ein Dollar wäre, ein Tausendstel von dem unterschlagen hätten, was Ceauşescu auf seinen Konten hat. Ein Lei ist aber kein Dollar. Und wenn man umrechnet, bleibt von der Summe in Lei nichts mehr übrig.

Und das Wichtigste: Wo in der Anklage das Wort »Völkermord« fällt, fallen muß, wo das Ungeheuerliche vor uns steht, kann man mit dem Menschenmöglichen nichts mehr ausrichten.

Die Stimme der Unzufriedenen fordern auch einen fairen Prozeß für die Verhafteten der Securitate. Die Verhafteten kann man zählen, die Toten auch. Die Übergelaufenen, die man schon vor und während und nach den Schießereien nicht von der Bevölkerung unterscheiden konnte, kann man nicht zählen. Man spricht auch von gefangenen Syrern, Libyern, Palästinensern, die dazugehören. Die in den gleichen Lagern ausgebildet wurden als Terroristen.

Faire Prozesse? Und für wie lange sollte man diese Gefangenen verhaften, für fünfzehn Jahre, für dreißig oder für dreimal lebenslänglich? Und würde es keine Befreiungsversuche geben, bei diesem Kamikaze-Denken? Oder kann man aus diesen Menschen mit einer Eigenschaft im Gefängnis wieder Kinder machen, die anders sprechen und gehen lernen? Kann man sie in den Gefängnissen sozialisieren und wieder auf die Straßen schicken?

Ja, ich bin für faire Prozesse, würde gerne immer und überall dafür plädieren. Doch in diesem Fall, was nützt mir das?

In der westeuropäischen Welt ist das Problem des Terrorismus sowohl den Journalisten als auch den Regierungen bekannt. Nicht nur ihnen, allen, die hier leben. Und alle wissen, daß man im Falle einer Geiselnahme die Geisel befreien muß, auch um den Preis des Tötens der Geiselnehmer. Das ist ein Konsens.

In den vergangenen Tagen stand in einer Zeitung der Satz: »Wir werden unsere Toten wiederfinden.« Ein Rumäne, ein Überlebender hat diesen Satz gesagt. Er meinte die Massengräber der zu Tode Gefolterten, die versteckt in den Winkeln der Landschaft liegen. Und er meinte auch die moralische Verantwortung, eine andere Gesellschaft aufzubauen, eine Gesellschaft ohne Angst.

Solange die Ceauşescu-Truppen, diese Menschen mit einer Eigenschaft, in den Gefängnissen in den Städten des Landes sitzen, wird die Angst der Bevölkerung nicht weichen. Die Vorstellung, die Toten wiederzufinden durch den eigenen Tod, in einem nächsten Massaker, wird wie ein Gespenst über dem Land liegen. Wer kann sagen, daß diese Vorstellung nach dem, was geschehen ist, nicht berechtigt ist. Wer kann dem Volk diese Angst zumuten?

Wer für Menschenrechte ist, der kann das nicht verantworten. »Wer keine Angst hat, dem fehlt etwas, was für ihn wichtig wäre: Phantasie.« Diesen Satz hat Walter Dirks in einer Rede gesagt.

29. Dezember 1989

Frank Schirrmacher

Aufstieg aus der Unterwelt

Die Revolution in Bukarest

Wie entstand die Revolution? Über nichts reden die Revolutionäre von Bukarest häufiger und ratloser. So plötzlich erhob sich der Volksaufstand vor dem fassungslosen Ceauşescu, als sei er über Nacht aus dem Boden gekrochen. »Plötzlich kippte die Stimmung um. Studenten hatten auf einem Tonbandgerät die Schüsse von Temesvar abgespielt. Die Menge glaubte, es würde auf sie geschossen. Das war der Augenblick, als die Fernsehbilder von Ceauşescus Rede einfroren.« So berichtet einer, der mitten unter der Menge vor dem ZK-Gebäude stand. Aber auch er weiß keine Antwort auf die Frage, die viele Bukarester beschäftigt: Kam der Funke der Revolution von innen oder von außen, kam er von unten, oder kam er von oben? »Es war kein verdeckter Staatsstreich«, sagte der rumäniendeutsche Dichter Helmut Britz, »man kann nicht Zehntausende Märtyrer organisieren. Die Frage ist aber, ob wir nicht einem Putsch zuvorgekommen sind.«

Auf dem großen Platz vor dem ZK-Gebäude suchen die Menschen nach Antworten. Sie haben kaum einen Blick für die völlig ausgebrannte Staatsbibliothek, auch der zerschossene Balkon des Gebäudes scheint sie nicht zu interessieren. In der Mitte des Platzes, dort, wo vorher eine dichtbepflanzte Parkfläche war, klafft jetzt ein großes, mit Gitterstäben versperrtes Loch. Hier hat sich die Menge versammelt, tasten sich die Menschen an den Rand der Öffnung, blicken hinein, debattieren, als fänden sie nur hier die Antworten auf ihre

Fragen. Es ist einer der vielen Tunnelausgänge, von denen niemand etwas ahnte und die die Securitate zu Angriffen benutzte. Doch die Art, wie die Menschen sich dieser Stelle nähern, zeigt, daß sie noch viel mehr ist: eine Kontaktstelle, in der sich Ceauşescus paranoide Wahnwelt mit der Oberfläche berührt. An vielen Stellen der Stadt sieht man Kreise und Zeichen, die unsichtbare Tunnel und Tunnelausgänge markieren; sie wirken wie Beschwörungsformeln eines rührenden Abwehrzaubers.

Es ist diese Unterwelt, die das Gefühl beherrscht: diese zweite Wirklichkeitsebene, von der niemand etwas wußte, diese Dunkelheit, aus der plötzlich Securitate-Leute heraustraten, um in den Fluren und Wohnzimmern fassungsloser Bürger aufzutauchen. Erst jetzt wird erkennbar, wie sehr die Revolution auf dieses System fast instinktiv richtig reagierte, indem sie alles auf den Erhalt des Fernsehsenders setzte. Denn auch die Revolution tauchte aus dem Nichts auf, versperrte den Securitate-Leuten die Oberfläche, indem sie Zehntausende von Menschen auf den Plätzen und in den Straßen versammelte. Manch einer wirft denn auch schon verwirrt die Begriffe durcheinander, verwechselt Revolution mit Terrorismus, Securitate mit Nationaler Front.

Auch jetzt noch haben die Menschen das Gefühl, auf hauchdünnem Boden zu gehen. »Wir haben über die Zerstörung der Dörfer geredet«, sagt Helmut Britz, »aber das war in Ceauşescus letzten Jahren. Mit der gleichen Energie hat er vorher fünfzehn Jahre lang die Erde unterirdisch durchgraben, Gänge und Stollen angelegt, das Land unterkellert.«

Davon spricht auch sofort Mircea Dinescu, Rumäniens großer Dichter, der jetzt zu den einflußreichsten Personen seines Landes gehört. »Bukarest ist durchlöchert wie ein Schweizer Käse. Wir haben Rauch in die Gänge geleitet, aber ohne Erfolg. Wir wissen nicht, wie viele Terroristen sich dort unten noch verbergen. Es gibt falsche Wände und Irrgänge. Jetzt erst wissen wir, warum wir nur tagsüber auf den Straßen sein durften. Nachts war die Stunde der Ratten in ihren Gängen. Die Rattenmentalität unserer Tyrannen muß von dem Gedanken der Tunnel in Ekstase versetzt worden sein.« Dinescu berichtet weiter, daß sich Ceauşescu im Untergrund ein komplettes privates Metronetz angelegt hat, von dem bisher niemand etwas wußte. Außerdem hat man unterirdische Helikopterstationen entdeckt. Die Regierung gräbt gleichsam ein zweites Mal; jeden Tag meldet sie neue Funde, als kämen sie aus einer unbegreiflichen Vorzeit, die zum Leben erwachte, wenn die Rumänen schliefen.

Und plötzlich wird klar, daß dieses Nagen, dieses Wühlen und Graben überall ist. In den Menschen unter der Stadt, unter dem Land, unter dem vom Kommunismus ausgehöhlten Mitteleuropa. Die Menschen haben bemerkt, daß im innersten Kern, da, wo sie den Sinn für all die Anstrengungen vermuteten, alles kahl und weggefressen ist: ein Loch wie im Zentrum der neuen Fahne, ein Loch wie vor dem ZK-Gebäude, Tentakel eines vielarmigen, unersättlichen Monstrums, das an dieser Stadt klebt.

»Wir müssen endlich vom Kadaver Rumäniens reden. Nicht immer nur über die Kadaver der beiden Tyrannen.« Das ruft Mircea Dinescu bei der von Soldaten bewachten Gründungsversammlung der »Gruppe für sozialen Dialog«, zu der er uns mitgenommen hat. Wo immer der Dichter auftritt, bejubeln ihn die Menschen, danken ihm spontan für das, was er getan hat. Dinescu ist vorsichtig, das Vertrauen nicht zu verspielen. Er hat nur das Amt des Schriftsteller-Präsidenten angenommen, wo er sich vor allem um die Belange der Rumäniendeutschen kümmert. Freilich hat er indirekte Macht: Kultus- und Bildungsminister sind praktisch von ihm ernannt worden. Aber auch Mircea Dinescu redet, wenn man mit ihm allein ist, sofort über die beiden Tyrannen.

Mircea Dinescu hat die Filme von dem Prozeß gegen Ceauşescu in der Originalversion gesehen. Eine Reihe von Szenen sei herausgeschnitten worden. Elenas Fesselung zum Beispiel. Die Frau Ceauşescus habe in einem grotesken Wutanfall gegen die Handschellen protestiert: Ihre Handgelenke seien zu zart für Handschellen. Solche Szenen, so Dinescu, habe man entfernt, weil sie zu bizarr wirkten. Vieles an den Filmen sei ohnehin falsch interpretiert worden. Ceauşescus demonstrativer Blick auf die Armbanduhr habe nicht nur Ungeduld verraten. »Er hat seine Befreiung innerhalb von einer Stunde erwartet und es uns auch gesagt. Er war bis zuletzt davon überzeugt, gerettet zu werden.« Es ist die Stunde der Gerüchte: rumänische Filmleute bieten ausländischen Journalisten unterdessen Videofilme über Ceauşescus Flucht an. Zehntausend Dollar will der heruntergekommene Herr vor dem Palast für diesen Film. Und, um die Aura des unsittlichen Antrags ganz zu erfüllen, fügt er sogleich auf deutsch hinzu: »Nur schauen, nicht haben.«

Helmut Britz, Sympathisant der neuen Gruppe für den demokratischen Dialog, verflucht die Unterwelt von Bukarest und preist den Fußball. »In Ceauşescus letzter Nacht hat uns der Fußball gerettet.« Die Frage lautet: Wann hat sich die Armee endgültig auf die Seite des Volkes gestellt? Die Antwort: Als die Rumänen nicht mehr nur riefen »Wir sind das Volk« und »Libertate«, sondern »Olé, olé, olé Steaua«. »Steaua« ist der Fußballklub der Armee, der mit »Dynamo«, dem Klub der Securitate, im Wettstreit steht. »Da habe ich den Fußball gesegnet. Wir wußten, daß jetzt kein Tienanmen mehr geschehen würde. Die Armee, da waren wir sicher, unterstützte uns jetzt.«

Eine Revolution mit Schlachtenbummlerparolen, die einen Lyriker zu ihrem Helden macht – vielleicht läßt sich nur so auf ein geistesgestörtes System reagieren, dessen Tunnelwelt unmittelbar im Schlafzimmer des Diktators endete. »In seinen Alpträumen«, sagt Toma Sorin, der als einer der ersten in den Palast stürmte, »sind die Tunnel entstanden. Sie verbanden Ceauşescus Hirn mit der Welt.«

In solchen Sätzen hört jeder noch die Angst, die jahrzehntelang über dem Land gelegen hat. »Unsere Hochschulen waren, was die ausländischen Studenten betrifft, Universitäten des Todes. Hier wurden sie zu Terroristen ausgebildet. Glauben Sie, wir könnten diese Vergangenheit durch eine Hochschulreform lösen? Niemals hätten wir einen Finger für die Revolution gekrümmt, wenn wir den Terror der Securitate auch nur geahnt hätten.«

Mircea Dinescu ist im Augenblick vermutlich der glücklichste Mann in Bukarest. Natürlich hatte er Angst, daß ihn die Securitate im letzten Moment noch erschießen würde. Als Ceauşescu schon auf der Flucht war, sei eine große

Menschenmenge, angeführt vom holländischen Botschafter, vor seinem Haus erschienen. Aber die Bewacher wiesen die Leute ab. Erst zwei Stunden später wurde er befreit. Die Welt der Tunnel war für einige Tage an die Oberfläche verlegt worden. Überall Irrgänge, Angst, Dunkelheit. Auch Freunde waren nicht ungefährlich. »Zu jedem Treffen der Regierungsfront erschien ich mit einem Begleiter. Immer sagte der Soldat, nachdem er die Parole abgefragt hatte: ›Wenn ein Dritter um die Ecke kommt, wird dieser Dritte erschossen.‹«

Revolutionsethik? Wohl eher Versuche einer seelischen Bewältigung in einem Augenblick, wo es vielen Rumänen so vorkommt, als stünde alles wieder auf dem Spiel. »Wir müssen über die Front der Nationalen Rettung reden«, meint ein ukrainischer Schriftsteller. Die Meinungen über sie sind widersprüchlich. »Wie wird sie sich entwickeln? Wird sie doch eine Art Überpartei werden? Schon jetzt senden die Betriebe des Landes Grußbotschaften an die Regierungsfront wie vorher an Ceauşescu.« Das sagt Helmut Britz, der auch die rumäniendeutschen Belange vertritt. »Sobald Frühlingswetter aufkommt, gehen wir auf die Straße – wie in Leipzig.«

Kaum fällt der Name der Stadt, prasseln über dem Deutschen schon die Glückwünsche herein. »In Bukarest wurde noch nie so viel Sekt getrunken wie am 9. November. Der Fall der Mauer war für uns sehr wichtig.« Auch Dinescu, der das berichtet, träumt von einem neuen Europa. »Wir haben zwanzig Jahre den Kommunismus gemimt. Die Gefahr ist, daß wir jetzt die Demokratie mimen. Ich war früher von manchen westdeutschen Linken schockiert, die sich Leninisten oder Maoisten nannten und in Kneipen Politik machten. Sie hatten die Sichel am Hals und den Hammer im Mund – auf mich wirkte das wie aus einem Zeichentrickfilm.«

Es ist sehr kalt in dem kleinen Palast des Schriftstellerverbandes. Manchmal kommen Leute, die erzählen, es würde bald wieder geschossen. Viele reden von ihrer Unzufriedenheit. Auf den Straßen stehen Kerzen, die an die Toten erinnern. Ein Mann, der lauthals über Ceauşescu schimpft, stampft immer wieder mit dem Fuß auf das Pflaster, und man weiß nicht, ob er die Hölle meint, von der er redet, oder die Tunnel unter ihm oder beides zusammen. Panzer rollen in der Abenddämmerung verstärkt durch die Straßen. Die Kerzen werden manchmal von den Rädern platt gewalzt. In der Nacht kommt auch die Angst zurück, es könne irgendwo etwas wieder hervorkriechen, sich auf den Weg machen und plötzlich vor einem stehen. Die Panzer fahren so nahe an die U-Bahn-Schächte, daß ihre Geschützrohre in die Treppenaufgänge ragen. »Morgen«, sagt Mircea Dinescu, »reden wir über die Zukunft.«

12. Januar 1990

György Dalos

Der literarische Hyde Park

Die neue Lage
der Schriftsteller in Ungarn

Die ungarische Demokratie bewegt sich – auf einen Nenner gebracht – von einem Skandal zum anderen. Vor ein paar Monaten erhitzten sich die Gemüter an dem Versuch der ehemaligen kommunistischen Partei, ihr Vermögen in eine GmbH hinüberzuretten. Im Januar 1990 sorgte eine Abhöraffäre des inzwischen aufgelösten politischen Geheimdienstes für Unruhe. Parallel dazu gab es Sportskandale und Korruptionsgeschichten. Plötzlich brannte ein halblegales Bordell ab. Eine parlamentarische Kommission beschäftigt sich mit seltsamen Geschäften des ehemaligen Verteidigungsministers, während in einer Mülltonne am Stadtrand hochgeheime Dokumente des Warschauer Vertrages gefunden werden. Die Ablösung eines Redakteurs im staatlichen Fernsehen bringt eine Lawine von Anschuldigungen ins Rollen – kein Tag vergeht ohne Ereignis, zur Gaudi der immer sprungbereiten Boulevardpresse.

Verglichen mit solchen atemberaubenden Vorkommnissen nehmen sich die literarischen Skandale subtil aus. So dauerte es bei aller Geschwindigkeit der Nachrichtenverbreitung einen ganzen Monat, bis die Öffentlichkeit erfuhr, daß drei Mitarbeiter der literarischen Wochenzeitung *Élet és Irodalom* (»Leben und Literatur«) aus Protest gegen die Umgestaltungspläne des Chefredakteurs die Redaktion verlassen hatten. Dabei handelte es sich um etwas für die jetzigen ungarischen Verhältnisse nicht Ungewöhnliches: Die Wochenzeitung sollte auf unternehmerische Grundlage gestellt und möglicherweise einem kapitalstarken Eigentümer anvertraut werden – im Flüsterton sprach man von dem tatsächlich kauflustigen Herrn Murdoch. Dabei gehört *Élet és Irodalom* dem Staat, und über die Verkaufsrechte verfügt das Kulturministerium.

GmbH und Sponsoren – zwei Zauberworte – scheinen neuerdings das literarische Bewußtsein zu beherrschen. Der Verleger denkt in Bankkrediten, Netto- und Bruttogewinn, billigen Druck- und Vertriebsmöglichkeiten. Der Lyriker rechnet vor dem Augenblick der Inspiration kurz nach, ob er mit seinem Stipendium, etwa von der Stiftung des ungaroamerikanischen Geschäftsmannes György Soros, noch ein paar Monate seine Ausgaben decken kann. Andere Sorgen muß er eigentlich nicht mehr haben: Zensur findet in der Republik Ungarn nicht mehr statt.

Wenn sich jemand von diesem erfreulichen Tatbestand überzeugen will, muß er nur einen kurzen Spaziergang durch das Budapester Stadtzentrum machen, Buchhandlungen oder Bücherstände auf den Straßen und in den Unterführungen besichtigen. Neben Dutzenden neuer Tageszeitungen und Wochenblätter wird er auf Buchtitel stoßen, die vor einigen Jahren noch völlig unvorstellbar in einer Auslage gewesen wären. Sämtliche Werke von György Konrád oder des Dichters György Petri sind ebenso im Angebot wie die Stücke von Václav Havel, Solschenizyns »Archipel GUlag«, Orwells »1984« oder Stefan Heyms »Fünf Tage im Juni«. Dieser Zustand hat keinen Sensationswert mehr, viele von den ehemals verbotenen Früchten sind inzwischen zu Ladenhütern avanciert. Die alte Forderung der ungarischen Revolution 1848 – »Wir wünschen die Freiheit der Presse, die Abschaffung der Zensur« – ist Alltagswirklichkeit geworden.

Organisatorisch gesehen bedeutet diese Freiheit eine extreme Dezentralisierung. Gab es früher nach dem sowjetischen Modell ein paar zentrale Literaturverlage und einige wenige Zeitschriften, so versuchen heute unzählige Unternehmer Geschriebenes unter das Publikum zu bringen. In den Zeitungskiosken liegt eine ganz Reihe von Journalen herum, und jedes von ihnen hat ein eigenes Gesicht. *Újhold*

(»Neumond«) ist die Neuauflage einer 1948 wegen »bürgerlicher Dekadenz« verbotenen Zeitschrift; *Hitel* (»Kredit«) gehört den national orientierten ungarischen »Populisten«; *Magyar Napló* (»Ungarisches Tagebuch«) heißt die lang ersehnte eigene Zeitschrift des Schriftstellerverbandes; *Kapú* (»Das Tor«) erscheint als eine Art literarisches Boulevardblatt, spezialisiert auf Enthüllungsjournalismus.

Dagegen versteht sich die Zeitschrift *2000* als ein Hort der feineren Essayistik, Tagespolitik wird dort nur in der Rubrik »Unter der Gürtellinie« veröffentlicht. Die Redaktion dieses Journals hat übrigens eine alte Tradition wiederhergestellt: Sie hält ihre Sitzungen nicht in Büroräumlichkeiten, sondern im *Café Hungária* ab. Dem guten Beispiel folgte offensichtlich die jüdische Kulturzeitschrift *Mult és Jövo* (»Vergangenheit und Zukunft«), ebenfalls eine Wiedergeburt des gleichnamigen Journals aus der Zwischenkriegszeit, deren Mitarbeiter im *Café Lukács* die jeweils neue Ausgabe vorbereiten. Unbedingt erwähnenswert ist noch die Zeitschrift *Holmi* (»Das Ding«), die die westlich orientierte Strömung der »Urbanisten« repräsentiert. Die Auflagen der hier angeführten literarischen Zeitschriften schwanken zwischen zwei- und vierzigtausend.

Die Euphorie der literarischen Gründerzeit scheint jedoch ihrem Ende immer näher zu kommen. Hauptgrund dafür sind die schonungslose Marktkonkurrenz und die Veränderung der Leserinteressen. Die Abschaffung der Zensur und die Vereinfachung des Genehmigungsverfahrens für Bücher und Presse haben die Produktionszeit erheblich verkürzt. In den schwerfälligen staatlichen Verlagen dauerte das Erscheinen eines Buches vom Einreichen eines Mauskriptes bis zur Auslieferung mindestens zwei Jahre, vorausgesetzt, daß die Parteizentrale keinen Einspruch gegen den Autor oder das Werk erhoben hatte. Dagegen beträgt die durchschnittliche Produktionszeit eines privaten Verlages ein halbes Jahr. Das Tempo wird freilich von den kapitalstarken Firmen diktiert, die aber mehrheitlich wenig schöne Literatur drucken.

In den Unterführungen oder auf den Straßen werden die Memoiren des ehemaligen Securitate-Chefs Pacepa schneller zum Bestseller als die ansonsten erfolgreiche Betriebsreportage »Stücklohn« von Miklós Haraszti, die nun nach vierzehn Jahren Verbot bei dem Verlag *Téka* publiziert werden konnte. Daneben erscheinen jeden Tag Bücher und Zeitschriften, deren Themen für die ungarischen Leser früher fast unbekannt waren: Dianetik, Esoterik, Astrologie und jede Menge Sexliteratur erfreuen sich wachsender Nachfrage.

Die meisten kleinen Buch- und Zeitschriftenverlage, die belletristische Literatur drucken wollen, stehen ständig am Rand der Pleite. Ein ehemaliger Samisdatverleger sagte mir, ein Jahr freie Marktwirtschaft habe seiner Firma mehr Schaden zugefügt als die früheren Verfolgungen durch die ungarische Staatssicherheit. Man könnte à la Brecht fragen: Was ist eine Hausdurchsuchung gegen einen Steuerbogen? Auch die Mammutunternehmen des Staates sind bankrott. Der Verlag der früheren kommunistischen Partei versuchte sich aus der Krise zu retten, indem er eine Reprintausgabe der Zeitungen des Oktoberaufstandes 1956 auf den Markt brachte. Ein vergleichbar schamloses Unterfangen wäre die Veröffentlichung von Porno-Videos durch einen katholischen Verlag in Zahlungsnöten gewesen.

Der einzelne Autor kann sich in dieser Situation und Atmosphäre gleichzeitig wohl und unwohl fühlen. Niemand hindert ihn daran, seine Wahrheiten lautstark zu verkünden, der literarische Hyde Park ist durchgehend geöffnet. Wenn ein Autor weniger kampflustig ist, kann er sich der »reinen Poesie« widmen, ohne wie früher deswegen als »unpolitisch« abgestempelt zu werden. Seine Honorare sind aber meistens miserabel. Für ein Buch, an dem er zwei Jahre lang gearbeitet hat – und das Arbeitstempo in diesem Beruf ist höchst individuell –, erhält er achtzigtausend Forint (etwa zweitausend Mark). Die sozialen Institutionen zur Unterstützung der Künstler schaffen es nicht mehr, ein Existenzminimum zu sichern. Maßnahmen der staatlichen Fürsorge, wie Steuervergünstigungen für die schöpferische Arbeit, gehören ohnehin der oft und mit Recht beschimpften Vergangenheit an.

Die meisten Literaten konnten schon früher nur in den

seltensten Fällen von ihren Veröffentlichungen leben. Sie arbeiteten in der Presse, in der Volksbildung oder in sozialen Einrichtungen. Die zu erwartende Arbeitslosigkeit wird allmählich auch diesen Spielraum einengen. Der Schriftsteller teilt darin das Elend seiner Leser. Sein Status nähert sich mitunter der Lage aller »nichtproduktiven« Bevölkerungsgruppen, wie Rentnern, alleinstehenden Frauen mit Kindern, jugendlichen Arbeitslosen und Lehrern. Mit dem Schwinden des ohnehin schwachen sozialen Netzes steigt die Tendenz zur Herausbildung eines geistigen Proletariats.

Dies sind nur die äußeren Voraussetzungen der literarischen Tätigkeit, die sich, dem Marktprinzip folgend, blitzschnell ändern. Während die kleinen und großen Verlage um Atem ringen, die verzweifelten hauptberuflichen Künstler nach Mäzenen Ausschau halten und der Lebenskampf das literarische Milieu immer weniger erträglich macht, vollzieht sich ein Rollenwandel, der ohne Übertreibung das Prädikat »historisch« verdient. Der ungarische Schriftsteller und mit ihm gewissermaßen der Intellektuelle überhaupt hört auf, ein Prophet in seinem Lande zu sein.

Der Revolutionsdichter Sándor Petöfi, der mit sechsundzwanzig Jahren im Juli 1849 in einem Rückzugsgefecht des ungarischen Freiheitskrieges gefallen ist, war der strengen Auffassung, die Dichter seien Propheten und dazu berufen, wie Moses einst das Volk durch die Wüste in das Land Kanaan zu führen. Diese Tradition hat die ungarische Literatur selbst im letzten Jahrzehnt noch mitgeprägt. Mangels einer zivilen Gesellschaft spielten osteuropäische Schriftsteller sehr oft eine Rolle, für die in anderen Ländern mit ungebrochener demokratischer Entwicklung ganze Institutionen vorgesehen waren: Schriftsteller in Osteuropa fungierten als Gewissen der Nation, selbst zu Zeiten, als die staatliche Kontrolle fast lückenlos auf sämtliche Lebensbereiche ausgeweitet worden war. Zahlreiche Literaten beteiligten sich an der geistigen Vorbereitung des Oktobers 1956, und als Zentralorgan der damaligen Opposition diente die ursprünglich nach sowjetischem Modell gestaltete *Irodalmi Ujság* (»Literaturzeitung«).

In der späten Kádár-Zeit wurde die Zensur zunehmend gelockert beziehungsweise durch Selbstzensur der Autoren ersetzt. Der Pluralismus, der in der Politik als absolutes Tabu galt, fand allmählich in die Literatur Eingang. Es gibt kaum ein Problem der heutigen ungarischen Gesellschaft, das nicht irgendwann früher bereits literarisch erwähnt worden wäre, und sei es nur in vagen Anspielungen oder Metaphern. Das rapide Sinken der Geburtenzahlen, die Lage der ungarischen Minderheiten in den Nachbarländern, die Einschränkungen der persönlichen Freiheit durch den Staat, die Korruption der Provinzpaschas – dies waren alles Themen, die im legalen Rahmen fast ausschließlich literarisch behandelt werden konnten. Ende der sechziger Jahre mußte jeder Sozialwissenschaftler das Wort »Armut« durch Ausdrücke wie »Benachteiligung« mildern, ein Autor hingegen durfte die Zustände beschreiben. So wurde dem ungarischen Leser durch Konráds »Besucher« (1969) ein tiefer Einblick in das Großstadtelend gewährt, während die Staatsbeamten bei der Erwähnung des Wortes »Armut« immer noch in panische Angst gerieten.

In der relativ liberalen Behandlung der Literatur steckte sicherlich eine Portion Verachtung der Beamten gegenüber diesen Schreiberlingen, deren einzige Einkommensquelle der damals noch staatlich verwaltete Literaturbetrieb war. Eine edlere Motivation der Zugeständnisse den Schriftstellern gegenüber mag der Wunsch gewesen sein, das Image des Systems in den Augen des Westens aufzubessern. Das Ergebnis war eindeutig: Die Literatur erwarb sich eine fast uneingeschränkte moralische Glaubwürdigkeit, während die sie gestaltende offizielle Politik immer mehr an Ansehen verlor. Versuchte die Politik die literarischen Freiheiten zu beschränken, endete dies immer mit ihrem moralischen Fiasko. Die letzten Anstrengungen der Kádárschen Kulturpolitik, eine Zeitschrift oder eine Theaterpremiere zu verbieten, nahmen sich angesichts der allgemeinen Krise geradezu lächerlich aus.

Natürlich war das poststalinistische System in Ungarn nicht von Schriftstellern gestürzt worden, wenn auch zahlreiche Autoren an der Oppositionsbewegung beteiligt waren und sind. Das »Gewissen der Nation« spielte hier höchstens eine stimmungsmachende Rolle. Die osteuropäischen Strukturen sind nicht an der Stärke ihrer Gegner, sondern an ihrer inneren Schwäche zusammengebrochen. Die Parteiführer, die früher sich sorgten, ob man zum Beispiel die Darstellung eines Streiks in einem Roman oder Film zulassen durfte, sind jetzt direkt mit dem Phänomen des Streiks konfrontiert.

An die Stelle der früher diffusen literarischen Opposition sind in Ungarn inzwischen mehr als fünfzig politische Parteien getreten. Die meisten Schriftsteller scharten sich um zwei von ihnen: um das »Demokratische Forum«, das nationale Werte vertritt, und um den »Bund der Freien Demokraten«, der aus der Menschenrechtsopposition der siebziger Jahre hervorging. Die ehemals herrschende Sozialistische Partei hat kaum Autoren in ihren Reihen vorzuweisen. Politik beginnt in Ungarn ein normaler Beruf zu werden. Pathetische Beschwörungen wirken anachronistisch und sorgen bestenfalls für Skandale. Gegen eine Tyrannei kann das schöne Wort als moralische Waffe eingesetzt werden. Aber hilft es gegen eine Preiserhöhung?

Was sicher nottut, ist eine Selbstvertretung der Schreibenden oder aller Künstler des Landes, und zwar zum Schutz ihrer Interessen. Eine wohlfinanzierte Massenkultur bedroht all das, was in Osteuropa jeder Unterdrückung zum Trotz Kontinuität bewahrte: den handwerklichen Charakter des künstlerischen Schaffens, seinen vorindustriellen Charme. Es besteht die Gefahr, daß Medien und Videoindustrie den Geschmack des potentiellen Publikums radikal verändern, seine enorme Aufnahmefähigkeit – und damit seinen eindeutigen Vorzug gegenüber der gelangweilten Kulturmüdigkeit westlicher Gesellschaften – zunichte machen. Die Rolle der Autoren für die Aufrechterhaltung der traditionellen literarischen Strukturen wird sicher weniger spektakulär sein als ihr früheres Prophetentum, dafür aber existentiell wichtig.

22. Februar 1990

Frank Schirrmacher

Jeder ist mit seiner Wahrheit allein

Die Schriftsteller und die Revolution

Die Sprechchöre der Revolution sind zu einem Gewirr von Stimmen geworden. Meinungen, Gefühle, Erklärungen wechseln tausendfach ihre Besitzer. Seit November letzten Jahres scheinen Mittel- und Osteuropa in wenigen Monaten aufholen zu wollen, was ihnen seit Jahrzehnten versagt blieb.

Unter denen, die sich in Büchern und Aufsätzen zu den aktuellen Ereignissen äußern, sind berühmte Namen: Stefan Heym, Günter Grass, Heiner Müller, Christoph Hein. Auch Egon Krenz zählt dazu, der sich, wie vordem der Geheimdienstchef der DDR, nun Schriftsteller nennt. Von den Mitteleuropäern äußern sich zwei wichtige und angesehene Autoren, die beide von Schriftstellern zu Politikern wurden: der Tscheche Václav Havel und der Pole Andrzej Szczypiorski.

Man kann diese Texte als Bruchstücke eines einzigen, zusammenhängenden Revolutionsdramas lesen, in dem jede Rolle gut besetzt ist: da ist der edle Held ebenso wie der tumbe Königsmörder, der vertriebene Weise und der zynische Narr, da gibt es den besserwisserischen Heuchler, den nörgelnden Thersites, den unglücklichen Hamlet, und es gibt auch, kaum auftretend, die wie für immer verstummte Kassandra. Es ist ein Drama mit tragischen Momenten, die zuweilen ins Groteske gehen, und man würde sofort mit der Inszenierung beginnen, hätte man nicht den Verdacht, daß am Text noch geschrieben wird und man das Ende und die eigene Rolle darin nicht kennt. Jene, die dort auftreten, sind so unterschiedlich im Habitus und in der Mentalität, daß ein Konflikt unabwendbar scheint. Es ist aber kein Konflikt, der im Stück stünde. Es ist kein Konflikt auf der Bühne, sondern der Wirklichkeit: als würden sie aus dem Konzept und der Rolle geraten, weil Stichworte vergessen werden und ein babylonisches Sprachgewirr herrscht. Wer nämlich die Texte dieser Autoren liest, dem wird sofort ein befremdlicher Sachverhalt klar: die fast vollständige Verschiedenheit der west- und ostdeutschen Schriftsteller zu ihren mitteleuropäischen Kollegen. Erst jetzt, wo ganz Europa wieder zugänglich ist, wird erkennbar, daß die europäische Intelligenz gespalten wurde. Erst jetzt wird erkennbar, daß sich das deutsch-deutsche Intellektuellenmilieu in vielem bis zum Verwechseln gleicht, daß ihm aber als Ganzes die Erfahrungen und Thesen der mitteleuropäischen Intellektuellen fremd geblieben sind.

Weil man die Stimme mancher DDR-Intellektueller mit der Stimme der vom Stalinismus unterdrückten Völker verwechselte, blieb die Herausforderung verkannt, die von dem Kontinent ausgeht. Wahr aber ist, daß Deutschland hier eine Ausnahme war: in keinem anderen Land des Ostblocks haben sich die Schriftsteller so sehr dem Typus des westlichen Intellektuellen genähert wie in der DDR. Die Wiedervereinigung als Kulturnation hatte im Gespräch der west- und ostdeutschen Schriftsteller längst stattgefunden. Es ist kein Vorwurf, wenn man feststellt, daß viele von ihnen psychologisch und ökonomisch in einer privilegierten Situation waren – nicht nur in Hinsicht auf ihre eigene Gesellschaft, sondern im Blick auf alle Gesellschaften, in denen sozialistische Gesellschaftsmodelle durchgesetzt worden waren.

Man kann diesen Unterschied in Worte fassen. In seinem Tagebuch *Notizen zum Stand der Dinge* schreibt Andrzej Szczypiorski: »Gottlob können wir im warmen Dunst der Illusionen existieren, obgleich mich manchmal die wirklich kalte Hand der Wahrheit bei der Kehle packt... Die Zeit ist gekommen, daß jeder ein bißchen für sich, daß jeder mit seiner Wahrheit allein ist. Erst jetzt werden wir reif. Erst jetzt kann daraus etwas Großes hervorgehen. Erst jetzt ist die Stunde der Wahl, des Durchbruchs, der großen leuchtenden

Entdeckung des eigenen Ichs gekommen.« Der Satz wäre in Rumänien, in der Tschechoslowakei, in Ungarn und auch in der Sowjetunion denkbar, in der DDR und natürlich auch in der Bundesrepublik wäre er schwer vorstellbar. Warum? Schon die Prämisse wäre zweifelhaft. Von der »Wahrheit« zu reden, als sei sie ein Wort wie jedes andere, schien mit Recht suspekt; auch die »leuchtende Entdeckung des eigenen Ichs« fiele dem scharfen Urteil der Rationalität zum Opfer. So wie Andrzej Szczypiorski und Václav Havel reden, von der Wahrheit, von der Liebe, von Gott, von Sittlichkeit, reden Intellektuelle in der Tat selten. Im Vergleich zu ihren deutschen und westlichen Kollegen sind Havel und Szczypiorski merkwürdig anachronistisch, fast rührend unterlegen. Gegen die scharfe und böse Rationalität eines Heiner Müller wirken sie wie Figuren der fünfziger Jahre.

Was sie in Wahrheit unterscheidet, ist die Redesituation. Andrzej Szczypiorski notierte seine Gedanken zum »Stand der Dinge« in dem Augenblick, da in Polen das Kriegsrecht verhängt und er verhaftet wurde. Václav Havel schrieb aus dem Gefängnis. Aber selbst in dieser Situation werden sie sich der Unangemessenheit ihrer Sprache bewußt. Szczypiorski spricht immer wieder von der Unmöglichkeit, in diesem System wirklich zum Märtyrer zu werden. Das Perfide liegt darin, daß das System die Opposition längst vorgesehen hat. »Das System zu sabotieren bedeutet, das eigene Leben zu sabotieren. Man kann nämlich nicht außerhalb des herrschenden Systems existieren, ihm zum Trotz, in dauerhafter Opposition. Vielmehr muß man sich mit dem System verschmelzen und so sein persönliches Interesse weitgehend sichern ... Weil aber das System wunderlich ist ..., ist es eher einem mittelalterlichen Märchenschloß ähnlich ..., wohin die Sonne nie vordringt und wo sich seit Jahrzehnten Schimmel und Staub des Vergessens absetzen.«

Hier ist auch der Dissident zu Hause. Er bewegt sich in einer Mehrheit, die, um das Leben zu bewältigen, sich auf »Heuchelei, Verschlagenheit und Diebstahl« versteht. »Da die Staatsmacht«, schreibt Szczypiorski, »den Bürger belügt und bestiehlt«, sei es »sein heiliges Recht, den Staat zu belügen und zu bestehlen«. Das System ist in sich so konstruiert, daß es eine Alternative zu ihm nur in seiner Zerstörung und im völligen Widerspruch geben kann. Eine Ausnahme dazu gab es – und dies erklärt den Unterschied – nur in der DDR: Der Schriftsteller, der in der DDR lebte, aber in der Bundesrepublik auftrat oder publizierte, hatte zwei Öffentlichkeiten – das System und seine Alternative. Aber in den anderen Staaten des Ostblocks war dafür etwas anderes geschehen: in der Welt der Lüge kann man wieder von Wahrheit sprechen.

Man kann, um die Entfernung auszumessen, eine Bemerkung Heiner Müllers zitieren, die sich in seinem Band *Zur Lage der Nation* befindet und ursprünglich im Dezember 1989 in einem Essay im »Neuen Deutschland« zu lesen war: »Ohne die DDR als basisdemokratische Alternative zu der von der Deutschen Bank unterhaltenen Demokratie der BRD wird Europa eine Filiale der USA sein.« Das ist eingeübte, aus der Ideologie abgerufene Vorstellungskraft. Stefan Heym beendet sein Buch *Einmischung* mit Zweideutigkeiten: »Die Freiheit, vor kurzem erst errungen, die großartige Demokratie, so greifbar nahe, wünschen die Leute nun in konkreter Gestalt zu konsumieren... Und sollte die Saat selbst, wie so oft schon, wieder ertränkt werden in einer Flut von Chauvinismus..., das Klare und Vernünftige wird auferstehen, nicht als Phönix vielleicht, eher wie ein Spatz, der den Kopf aus dem Dreck steckt und trotzig von neuem zu tschilpen beginnt.«

Selbst wenn man alles streicht, was hier pure Eitelkeit, Phrase und Gedankenlosigkeit ist, bleibt doch im Kern ein beunruhigender Befund. Heym und Müller reden so, als seien die Ereignisse vom 9. November 1989 fast ein Unglück: ein Betriebsunfall, der hätte vermieden werden können. Der Mauerdurchbruch ist gleichsam der letzte Fehler in einer Kette von Fehlern, die das System deformierten, es aber nicht grundsätzlich in Frage stellten. Natürlich verteidigt keiner von ihnen die totalitäre Brutalität des abgetretenen Regimes. Aber sie reden fast überhaupt nicht davon. Sie reden von der Dummheit der abgetretenen Garde und deutlich von der Bosheit des westlichen

Systems. Die Strenge, mit der sie das westliche Milieu verdammen, hat sie, die von ihm ökonomisch außerordentlich profitieren, denn auch in den Augen vieler unglaubwürdig gemacht.

Christoph Hein, dessen Reden und Aufsätze aus den Jahren 1987 bis 1990 in dem Buch *Die fünfte Grundrechenart* gesammelt sind, ist unter den Verfechtern eines eigenständigen Weges der DDR der differenzierteste. Er, der vor Jahren eine der mutigsten Reden gegen die Zensur gehalten hat, hat das Einmalige der augenblicklichen Situation erkannt. In einem Brief vom 20. November schreibt er: »Es gibt eine Chance für unsere Hoffnung, allerdings ist es die erste und gleichzeitig die letzte.«

Die ständige Abwehrhaltung, die man seit August bei manchen Autoren in der DDR beobachten kann, läßt denn auch nach der doppelten Funktion der eingerissenen Mauer fragen. Sie scheint für manche auf einer geradezu vorbewußten Stufe das gewesen zu sein, was die Propaganda jahrelang von ihr behauptete: ein Schutzwall, hinter dem der eigene Lebensentwurf sicher verteidigt werden konnte. Stefan Heym schreibt im Oktober 1989: »Dabei ist zu notieren, daß die Verlockung, die DDR zu verlassen, nicht nur von den größeren Fettaugen auf den westlichen Fleischtöpfen herrührt. Sind doch die Menschen, die der Republik den Rücken kehren..., in ihr aufgewachsen und erzogen worden, und man hat ihnen oft genug von den Idealen des Sozialismus gesprochen, von Solidarität und Gemeinbesitz..., so daß man annehmen möchte, etwas davon wäre haftengeblieben in den Gehirnen, und zumindest bei einigen der Ausgereisten könnten neben dem Fressen auch edlere Motive eine Rolle spielen.«

Man muß das zweimal lesen: Heym redet hier ohne jede Ironie ja nicht nur von dem Bedürfnis nach dem kleinen Glück, sondern auch von einem der gnadenlosesten Erziehungssysteme überhaupt. Wie kommt es, daß man immer wieder das Gefühl hat, die Urheber solcher Sätze hätten einen Verdacht nicht gegen das System, sondern gegen die Menschen, die in ihm lebten? Heiner Müller bringt das mit zynischer Melancholie in einem Satz auf den Begriff: Man müsse sich »von der linken Zuordnung des Begriffes Revolution verabschieden«, wir lebten im »Jahrhundert der Konterrevolution«.

Das Ziel, das die DDR einmal erreichen soll, scheint in der Bundesrepublik schon verwirklicht. Anders als die Tschechen, Polen, Ungarn oder Rumänen können sich die Verfechter einer eigenständigen DDR in keine unbestimmte Zukunft hineinträumen. Aber sie haben darüber auch die revolutionäre Gegenwart versäumt. Noch am 15. November, eine Woche nach der Grenzöffnung, stellte der Leipziger Lyriker Heinz Czechowski fest: »Ich vermisse in Leipzig die Stimmen der Schriftsteller überhaupt.« Zu diesem Zeitpunkt waren einige sprachlos, andere, wie etwa Christoph Hein, in Untersuchungskommissionen tätig. Stefan Heym hat später bemerkt, die Trennung von Volk und Intellektuellen, die damals begann, sei von westlichen Medien erfunden worden. Das war ohne Zweifel selber wieder eine Legende. In Wahrheit hat sich wiederholt, was Christa Wolf einmal eine Jahrhunderttragödie genannt hat. Vor vielen Jahren schrieb sie an zentraler Stelle in ihrem Roman »Kindheitsmuster«: »Sie will nicht – noch nicht – erklärt haben, wie man zugleich anwesend und nicht dabeigewesen sein kann, das schauerliche Geheimnis der Menschen dieses Jahrhunderts.«

Dies alles sagt nichts über den Wert der Literatur, die in der DDR entstand und künftig noch entstehen wird. Der Irrtum mancher Rezensenten des Westens, der darin bestand, ein Werk, nur weil es verboten war, zu loben, wird nicht dadurch behoben, daß man nun das Modell umkehrt. Heiner Müller mag noch soviel Nonsens reden und auch, wie auf dem Berliner Alexanderplatz, ausgepfiffen werden: er wird immer einer der bedeutendsten Autoren der zeitgenössischen Literatur sein. Sein Bild von Europa als einer nur noch Giftmüll produzierenden Idee verweist bereits in eine Zukunft, die mit den alten Ideologien gar nicht zu bearbeiten ist.

»Selbst die achtbarste Intention und das edelste Märtyrertum dürfen doch keine Eintrittskarte zur Literatur sein.« Das notiert Andrzej Szczypiorski. Er notiert es, während in Polen das Kriegsrecht herrscht und er selber nicht publizieren kann. Der Mut, die eigenen Illusionen auch im Augenblick der Krise immer wieder zu zerstören, ist bewundernswert. Szczypiorski macht Beobachtungen in seiner Kultur, wie wir sie aus dem anderen Teil Deutschlands nicht kennen: er beobachtet das Mißtrauen zwischen den Menschen, die Tricks der Staatsmacht, die sozialen Projektionen, in denen Antisemitismus und Nationalismus wiederkehren.

Es handelt sich hier also in erster Linie um die Auseinandersetzung eines Intellektuellen mit seinem Staat. Es ist von sekundärer Bedeutung, daß er sich »sozialistisch« nennt. Wie Havel, aber anders als die prominenten Autoren der DDR, klagt Szczypiorski Menschlichkeit, Solidarität, Freiheit nicht als sozialistische Errungenschaften ein, sondern als Bestandteil eines westlichen Staatswesens.

Am 12. Dezember 1981 hält Szczypiorski vor dem Kulturkongreß in Warschau eine Rede über den »Antisemitismus ohne Juden«. Einen Tag später wird in Polen das Kriegsrecht verhängt. Unter den vielen, die verhaftet werden, befindet sich auch Szczypiorski. Der Konflikt, den er austrägt, ist der Konflikt zwischen nicht legitimierter Staatsautorität und persönlicher, intellektueller Verantwortung. Er erfüllt damit die pathetische Forderung des Intellektuellen an sich selbst: unbequem zu sein, Widerstand zu leisten, Ungerechtigkeit anzuprangern. Dennoch gab es gerade auch im Westen Kreise, die solchen Widerstand als revanchistisch oder entspannungsgefährdend kritisierten. Václav Havel, dem Ähnliches widerfuhr, spricht davon nachdrücklich in dem Sammelband *Am Anfang war das Wort*.

Der mitteleuropäische Dissident befand sich also in einer doppelten Klemme: er wurde von seinem System eingesperrt, mußte aber, als Unruhestifter, auch mit dem Tadel der westlichen Zivilisation rechnen. Diese intellektuelle und persönliche Einsamkeit läßt sich nur schwer nachvollziehen, und unter allen Staaten des Ostblocks ist ihr wohl nur die DDR dank des dialektisch einspringenden anderen deutschen Teils entkommen. Ohne Zweifel liegen hier Gründe für die starke religiöse Orientierung Szczypiorskis und Havels. Wollte man aber die Haltung benennen, die aus dem essayistischen Werk der beiden so stark und unverwechselbar hervortritt, dann kommt man unweigerlich auf das Wort, das Szczypiorski seinen Notizen voranstellt: Gerechtigkeit gegenüber der sichtbaren Welt.

Dabei treten beide der Meinung entgegen, der Dissident könne aus der Erfahrung des ihm zugemuteten Unrechts Kraft schöpfen. Das Unrecht ist selten absolut, es ist nicht monströs, es kennt kleine Vergünstigungen und geheime Ausgänge. Man kann sich nicht dadurch erhöhen, daß man leidet. Man kann sich im Leid nicht stilisieren: weder als zorniger alter oder junger Mann noch als »unbequemer Zeitgenosse«, noch als »mutiger Zwischenrufer«. Der Dissident wurde fortlaufend von der Sinnlosigkeit seines Dissidententums überzeugt. In einer Betrachtung mit dem Titel »Der Sinn der Internierung« beschreibt Szczypiorski das Teuflische der Situation durch eine bewegende Reminiszenz, die mit einem Bild die Situation des mitteleuropäischen Intellektuellen erfaßt.

Im Internierungslager erinnert sich Szczypiorski daran, wie er als junger Mann von den Deutschen ins Konzentrationslager Sachsenhausen deportiert worden war. Als er im September 1944 nach Sachsenhausen eingeliefert wurde, wußte er, daß das Dritte Reich seinem Ende entgegenging. Er konnte sterben. Wenn er nicht sterben würde, würde er in einigen Monaten befreit werden. Anders im Internierungslager Jaworze. »Der Internierung fehlten die Perspektiven, weil das Unbefristete dieses Zustandes die gesamte Zukunft in ein graues Gallert verwandelte, dem jegliche Konturen fehlten.«

Diese mittelmäßige, leidvolle, mit Angst und Furcht erfüllte Ewigkeit muß für jeden, der sie nicht erlebt hat, unvorstellbar sein. Die es erlebt haben, sind aber keine Phantasmen und keine Figuren einer heroischen Vergangenheit, sondern Zeitgenossen. Deren Rekurs auf ihren Opferzustand läßt sich freilich von deutschen Intellektuellen kaum nachahmen: die Erfahrung des Hitler-Opfers könnte er niemals stellvertretend für die Nation artikulieren. Es ist wieder die Chiffre aus dem »Kindheitsmuster«: die Unerklärbarkeit, wie man zugleich anwesend und nicht dabeigewesen sein kann, das Geheimnis der Menschen dieses Jahrhunderts.

Doch wenn wir die Erfahrungen eines Szczypiorski auch nicht lebensweltlich teilen können, wir haben doch ihre Resultate vor Augen: als Schriften, als Erinnerungen, als Essays, als Interviews. Die Idee eines Europas, in dem diese Erfahrungen zur Sprache kommen, müßte auch nüchterne Geister mit Spannung und Erwartung erfüllen.

Um eine Ahnung von der Dimension dieses Prozesses zu bekommen, muß man nur auf die Neujahrsansprache des Schriftstellers Václav Havel hören, die er in seiner Eigenschaft als Staatspräsident hielt. Man muß sich diese Sätze vorstellen, wie sie nach fast sechzig Jahren Diktatur, nach fast sechzig Jahren Schweigen in einem der Zimmer des europäischen Hauses gesprochen werden: »Ich nehme an, daß Sie mich nicht für dieses Amt vorgeschlagen haben, damit auch ich Sie anlüge. Unser Land blüht nicht. Das größte schöpferische und geistige Potential unserer Völker wird nicht sinnvoll genutzt ... Wir sind moralisch krank, weil wir uns daran gewöhnt haben, etwas anderes zu sagen als zu denken. Wir haben es gelernt, an nichts zu glauben, einer den andern nicht zu beachten, sich nur um sich selbst zu kümmern. Wir müssen dieses Erbe als etwas akzeptieren, das wir selbst an uns haben geschehen lassen.«

Spürt man, daß jeder dieser Sätze, gesprochen von einem Schriftsteller, der aus dem Gefängnis kam und Präsident wurde, revolutionäre Prosa ist? Daß sie, auf der Bühne gesprochen, schon den Makel der Unwahrscheinlichkeit trügen? Das Erbe, das an Europa geschehen ist, scheint noch nicht angetreten zu sein. »Nach Auschwitz, Majdanek, Workuta und Butyrki«, schreibt Szczypiorski in seiner vorletzten Eintragung, »gibt es in Europa weder Juden noch Christen. Die Juden sind ausgerottet, die Christen beraubt. Geblieben ist ihnen nur das Kainsmal auf der Stirn, genommen wurde ihnen die Hoffnung, jeder Mensch einzeln sei ein Kind Gottes.«

Man erkennt sofort wieder diesen Ton: diesen pathetischen, rührenden, fast anachronistischen und jedenfalls literarischen Ton. Eine Wortwahl, die hierzulande unangebracht, weil erfunden wäre, legitimiert sich nur durch den, der spricht. Das Gespräch zwischen diesen weit voneinander entfernten Sprach- und Wortfeldern hat noch kaum begonnen. »Wer ist wer?«, dies sei, so schrieb der junge Dramatiker Václav Havel vor vielen Jahren, die zentrale Frage der modernen Ästhetik. Sich zu sich selber zu bekennen sei der größte denkbare Vertrauensbeweis in einer undurchsichtigen Welt. Die Frage »Wer ist wer?« sei die zentrale Frage des Staates – das bemerkte in seinem letzten Geheim-Referat der Stasi-General Mielke. Widerstandsgruppen zu enttarnen sei lebensnotwendig für das System. Als er dies vortrug, hatte die Erkenntnis die Mächtigen schon besiegt.

10. April 1990

Die Autoren

Karl Heinz Bohrer, 1935 in Köln geboren, ist Professor für Literaturwissenschaft an der Universität Bielefeld, Literaturkritiker und Essayist. Er veröffentlichte u. a.: »Die Ästhetik des Schreckens. Die pessimistische Romantik und Ernst Jüngers Frühwerk« (1978); »Ein bißchen Lust am Untergang. Englische Ansichten« (1979); »Zur Kritik der Romantik« (1989).

Pierre Bourdieu, 1930 in Denguin geboren, ist Professor für Soziologie am Collège de France. Er veröffentlichte in deutscher Übersetzung u. a.: »Entwurf einer Theorie der Praxis« (1976); »Die feinen Unterschiede. Kritik der gesellschaftlichen Urteilskraft« (1982); »Homo academicus« (1988).

György Dalos, 1943 in Ungarn geboren, lebt in Wien und Budapest. 1968 wurde der Schriftsteller in einem politischen Prozeß verurteilt. Er veröffentlichte in der Bundesrepublik u. a.: »Mein Großvater und die Weltgeschichte. Eine Dokumontage« (1985); »Archipel Gulasch. Die Entstehung der demokratischen Opposition in Ungarn« (1986); »Die Beschneidung. Eine Geschichte« (1990).

Mircea Dinescu wurde 1950 in Slobozia (Rumänien) geboren. Seine kritische Lyrik und sein politisches Engagement ließen ihn während des Ceauşescu-Regimes zum Idol der jungen Intellektuellen und dann zu einem der führenden Köpfe der Revolution werden. In deutscher Übersetzung veröffentlichte er: »Exil im Pfefferkorn. Gedichte« (1989).

Hans Magnus Enzensberger, 1929 in Kaufbeuren im Allgäu geboren, lebt als freier Schriftsteller in München. Er veröffentlichte zuletzt: »Mittelmaß und Wahn. Gesammelte Erzählungen« (1988); »Requiem für eine romantische Frau. Die Geschichte von Auguste Bussmann und Clemens Brentano« (1988); »Der Fliegende Robert. Gedichte, Szenen, Essays« (1989).

Joachim C. Fest, 1926 in Berlin geboren, gehört zu den Herausgebern der »Frankfurter Allgemeinen Zeitung«. Er veröffentlichte u. a.: »Das Gesicht des dritten Reiches. Profile einer totalitären Herrschaft« (1963); »Hitler – eine Biographie« (1973); »Aufgehobene Vergangenheit. Portraits und Betrachtungen« (1981); »Im Gegenlicht. Eine italienische Reise« (1988). Er ist einer der Herausgeber der »Geschichte der Bundesrepublik«.

Peter Glotz, 1939 in Eger (Böhmen) geboren, ist Mitglied des Bundestages und war von 1981 bis 1987 Bundesgeschäftsführer der SPD. Er veröffentlichte u. a.: »Manifest für eine Neue Europäische Linke. Die Sozialdemokraten und die Zukunft« (1985); »Kampagne in Deutschland. Politisches Tagebuch 1981–83« (1986); »Die deutsche Rechte. Eine Streitschrift« (1989).

Johannes Gross, 1932 geboren und in Marburg/Lahn aufgewachsen, lebt als Journalist und Schriftsteller in Köln. Er veröffentlichte zuletzt: »Notizbuch« (1985); »Phönix in Asche. Kapitel zum westdeutschen Stil« (1989); »Das neue Notizbuch« (1990).

Jacqueline Hénard, 1957 in Berlin geboren, ist Korrespondentin der »Frankfurter Allgemeinen Zeitung« in Wien.

Helga Königsdorf, 1938 in Gera geboren, ist habilitierte Mathematikerin und lebt als Schriftstellerin in Ost-Berlin. Sie war bis Ende 1989 Mitglied der SED. In der Bundesrepublik veröffentlichte sie zuletzt: »Die geschlossenen Türen am Abend. Erzählungen« (1989); »Ein sehr exakter Schein. Satiren und Geschichten aus dem Gebiet der Wissenschaft« (1990); »Ungelegener Befund« (1990).

György Konrád, 1933 bei Debrecen geboren, lebt als Schriftsteller und Soziologe in Budapest. Durch seine regimekritische Haltung war er in Ungarn politischen Repressionen ausgesetzt. Schon in den frühen achtziger Jahren trat er öffentlich für die Befreiung des Ostblocks im Rahmen eines von Militärblöcken unabhängigen Europas ein. Er veröffentlichte in der Bundesrepublik u. a.: »Der Komplize. Roman« (1980); »Antipolitik. Mitteleuropäische Meditationen« (1984); »Geisterfest. Roman« (1986).

Günter Kunert, 1929 in Berlin geboren, verließ 1979 die DDR und lebt heute als freier Schriftsteller bei Itzehoe. Er veröffentlichte zuletzt: »Vor der Sintflut. Das Gedicht als Arche Noah« (1985); »Berlin beizeiten. Gedichte« (1987); »Auf Abwegen und andere Verirrungen« (1988).

Kurt Masur, 1927 in Brieg (Schlesien) geboren, ist seit 1970 Gewandhauskapellmeister in Leipzig und wird ab 1992 als Musikdirektor die New Yorker Philharmoniker leiten. Er war einer der einflußreichen Unterzeichner des Aufrufs zur Gewaltlosigkeit, der für den Verlauf der Montagsdemonstration am 9. Oktober 1989 in Leipzig von entscheidender Bedeutung war.

Christian Meier, 1929 in Stolp (Pommern) geboren, ist Professor für Alte Geschichte in München. Er veröffentlichte u. a.: »Die Entstehung des Politischen bei den Griechen« (1980); »Caesar« (1982); »40 Jahre nach Auschwitz. Deutsche Geschichtserinnerung 1987« (1987).

Herta Müller, deutsch-rumänische Schriftstellerin, wurde 1953 bei Temesch im Banat geboren und reiste 1987 in die Bundesrepublik aus. Hier veröffentlichte sie u. a.: »Der

Mensch ist ein großer Fasan auf der Welt« (1986); »Barfüßiger Februar. Prosa« (1987); »Reisende auf einem Bein. Erzählung« (1989).

Frank Schirrmacher, 1959 in Wiesbaden geboren, leitet in der »Frankfurter Allgemeinen Zeitung« die Redaktion »Literatur und literarisches Leben«. Er veröffentlichte u. a. »Kafka. Verteidigung der Schrift« (1986).

Karl Schlögel, 1948 in Hawangen im Allgäu geboren, lebt als freier Wissenschaftler und Schriftsteller in West-Berlin. Er veröffentlichte u. a.: »Moskau lesen« (1984); »Die Mitte liegt ostwärts. Die Deutschen, ihr verlorener Osten und Mitteleuropa« (1986); »Jenseits des großen Oktober. Petersburg 1909–1921« (1988).

Brigitte Seebacher-Brandt, 1946 geboren und in Bremen aufgewachsen, verheiratet mit Willy Brandt, lebt als Publizistin bei Bonn. Sie veröffentlichte u. a.: »Ollenhauer. Biedermann und Patriot« (1984); »Bebel. Künder und Kärrner im Kaiserreich« (1988).

Milan Šimečka lebt als Philosoph und Essayist in Bratislava. Er ist einer der bekanntesten Unterzeichner der Charta 77 und wurde für seine politische Überzeugung in der Tschechoslowakei inhaftiert.

Werner Söllner, rumäniendeutscher Schriftsteller, wurde 1951 in Horia geboren und lebt seit 1982 in Frankfurt am Main. Er veröffentlichte zuletzt: »Kopfland. Passagen. Gedichte« (1988).

Susan Sontag, 1933 in New York City geboren, lebt als freie Schriftstellerin in New York und Paris. Sie veröffentlichte in deutscher Übersetzung u. a.: »Kunst und Antikunst. Essays« (1968); »Todesstation. Roman« (1985); »Aids und seine Metaphern« (1989).

Andrzej Szczypiorski, 1924 in Warschau geboren, war seit 1976 mit der Dissidentenbewegung in Polen verbunden und wurde mit Verhängung des Kriegsrechts 1981 im Lager Jaworza interniert. Als Kandidat des »Bürgerkomitees Solidarność« erhielt der Schriftsteller 1989 einen Sitz im Senat. In deutscher Übersetzung veröffentlichte er u. a.: »Die schöne Frau Seidenman. Roman« (1988); »Eine Messe für die Stadt Arras. Roman« (1988); »Notizen zum Stand der Dinge« (1990).

Michel Tournier, 1924 in Paris geboren, studierte Germanistik in Paris und Tübingen. Die deutsche Geschichte und Literatur sind für sein Werk von zentraler Bedeutung. Er veröffentlichte in deutscher Übersetzung u. a.: »Der Erlkönig« (1972); »Gille & Jeanne. Erzählung« (1985); »Der Goldtropfen. Roman« (1987).

Angel Wagenstein lebt als Schriftsteller und Regisseur in Sofia.

Martin Walser, 1927 in Wasserburg am Bodensee geboren, lebt als freier Schriftsteller in Nußdorf am Bodensee. Er veröffentlichte zuletzt: »Dorle und Wolf. Eine Novelle« (1987); »Jagd. Roman« (1988); »Über Deutschland reden« (1989).